对话国宝

DIALOGUES WITH TREASURES

上博讲坛

第一辑

上海博物馆 Shanghai Museum 新民晚报 主编

文匯出版社

“上博讲坛”系列丛书（第一辑）
编委会

序

汤世芬

文物，是人类文明浩渺星空中的一颗颗明星，照亮我们回望人类走过的纵深曲折的前路，启迪我们探寻和追问：我们来自何方，我们又将走向何处。与文物对话，让我们深思，给我们智慧。

作为深化阐释中华文明精神标识、大力促进人类文明交流互鉴的重要窗口，上海博物馆依托丰富的馆藏文物资源，扎实的学术科学研究，多元的展陈教育内容，拥有海内外体系最完整的中国古代艺术通史陈列，在文物学与艺术史、考古学、博物馆学等领域均确立了学术领先地位。

人才济济的专业团队与丰富多元的馆藏相映成辉，奠定了上博在相关领域的成就与地位。为进一步推动人才建设，打造文博人才高地的“上博样本”，2019 年起上海博物馆与新民晚报联手启动了“上博讲坛”，致力于构建以上博各研究门类人才为第一资源的具有标志性、代表性、权威性的学术品牌，老专家先行，引导上博中青年专家从幕后走到台前，通过公益性文博知识普及讲座传播文物知识与博物馆文化，成就人才发展与文化传播的“双赢”舞台。如此，不仅仅是让上博专家更为公众认知，更是拉近了我们与浩渺星空里一颗颗如明星般闪耀人文光辉的文物的距离。

“上博讲坛”举办之初，是以线下公益讲座为主要方式，一经推出便深受市民观众欢迎，每场讲座均一票难求。此后，考虑到受众范围等因素，“上博讲坛”开始以直播形式开展讲座，联动各媒体平台视频号，并设置直播视频回放功能，真正做到专业性与普及性兼顾、学术性与趣味性并举，使得更多观众足不出户便可领略文化魅力。

2022年，为更积极主动响应社会主义文化建设的新要求，对标高质量的公共文化服务满足人民群众日益增长的精神文化需求，上海博物馆精心谋划，推出“大博物馆计划”，积极搭建干部人才多元发展的平台且力求惠及更广大海内外观众和读者。在此背景下，“上博讲坛”与“江南文化讲堂”均被纳入人才培养模式的重要部分。与“江南文化讲堂”聚焦江南文化主题，邀请上博专家与馆外社科、文化名家同台演讲、对话的形式不同，“上博讲坛”以上博优秀人才资源为首，通过各类专家之口，围绕馆藏文物及相关研究，横跨不同时期、不同地域，向公众娓娓道来文博类专题学术科研篇章，为静止、沉默的一件件至宝文物“代言”，诉说了由点到面、由静到动、由过去到现在乃至未来的幕后故事。

本书涵盖“上博讲坛”第一季讲座全部内容，以上海博物馆文物收藏历史为开篇，一一为观众和读者解答了青铜、瓷器、书法、绘画、竹刻、漆器、钱币共7个门类文物背后的秘密：如何在青铜器研究工作中利用考古信息、资料及研究成果？竹刻艺术如何发展为雕刻类雅玩之冠，又让腰缠万贯、才高八斗的世家子弟金西厓倾心一生？皇帝个人的嗜好如何影响明清两代官窑瓷器的制作和使用？上博所藏数量巨大、时空交替和种类繁多的清代楹联作品有何异同之处？如何摆脱帝后玺宝非历史的演绎，甚至神化的成分，还原其真实面貌？要全面解读中国漆器，为何需研究境外漆器藏品？“割配”的现象如何启发古书画鉴研？如何从“黑石号”沉船打捞出水的唐代陶瓷器窥见唐代海上丝绸之路的繁盛？如何从西汉时期的钱币发展，触探历史的脉动？在翻阅本书过程中，读者将跟随专家的讲述，仿佛打开了一道贯通古今、穿越时空的神秘之门，能了解到不同门类文物特征，感受到其中蕴含的深厚文化内涵，完成一次次与专家、与文物、与历史的时空对话。

“上博讲坛”举办至今已进行至第四季，其发展离不开广大观众与读者朋友的支持与期待，讲座内容也不断推陈出新，时常结合公众兴趣与反馈，新增文物保护修复主题，去年线上直播的“青铜器修复与复制技艺”一期观看人数多达几十万。未来，上海博物馆将继续着力打造“上博讲坛”文化品牌，推动馆内专家充分释放人才的智慧和力量，与公众分享研究成果，打造文博领域具有影响力与知名度的文化传播平台，形成人才各阶段稳步发展与提升公共文化服务“共赢”模式，持续围绕服务国家战略与上海城市发展战略，赋能城市发展，努力建设习近平文化思想最佳实践地，助力打响“上海文化”品牌。

博物馆是人类文明的灯塔。上海博物馆不仅仅是包罗万象的中国古代艺术殿堂，也是一个满足人民群众对美好生活追求的公共文化空间，还是人们仰望人类文明星空的观景台、贯通古今中外历史长河的栈桥点、链接文明互鉴的大码头……

欢迎来上海博物馆，欢迎融入上海博物馆的朋友圈，欢迎和我们一起仰望星空，对话至宝！

2024年7月1日

（本文作者为上海博物馆党委书记）

目 录

第一讲

陈克伦
上海博物馆研究馆员、
原上海博物馆副馆长

博物馆与收藏家 亦师亦友

上海博物馆的大厅中，有整整一面墙，镌刻着“上海博物馆文物捐赠者名录”，目前，上海博物馆藏珍贵文物的 23.6% 来自捐赠。可以说，上海博物馆是和收藏家互动最密切的博物馆之一。

上海是一个非常特别的地方，开埠以来，工商业聚集，诞生了一批收藏家。上海博物馆成立于 1952 年，在此之前，就得到了社会各界的帮助。在上海博物馆初创阶段，收藏家是博物馆的顾问，被以礼相待；在上海博物馆成长、发展时期，收藏家是博物馆的朋友，彼此赤诚相待，互相尊重、互相帮衬；在上海博物馆事业发展的关键时期，是收藏家朋友伸出手提供实实在在的帮助。特别是 20 世纪 90 年代初，上博新馆建馆的时候，那时国家经济尚在发展阶段，上博的建设经费很大一块是收藏家朋友提供的。不过，上海博物馆有个规矩，不能伸手要求，维系博物馆与收藏家的是友情和信任。而对于曾经给过博物馆帮助的收藏家，博物馆一定不能忘记，要把他们当作自己人给予关心和帮助，使他们有一种博物馆是“自家人”的感觉。只有把博物馆管理好了，让收藏家们看到并认可，他们才会把收藏捐给你。这一点，上海博物馆一直坚持在做。

地处考古性资源稀缺地区，上海博物馆却能在半个多世纪里，以专业、诚信和温情对待天下的收藏家，使众多熠熠生辉的文物宝藏得以相继入藏上博，铸就起上海雄厚的文物家底。上海博物馆的收藏历史，也是一部文物捐赠的历史。收藏家们为传承中华文脉倾心尽力，付出巨大代价。台前幕后都隐藏着许多令人动容的故事。囿于篇幅，选取几位收藏家朋友的故事，希望他们的精神能够弘扬下去。因为一座博物馆，就代表了一座城市，能帮助博物馆是一件很光荣的事情。

胡惠春——两代深厚上博缘

1949 年 9 月 7 日，上海成立了“上海市古代文物管理委员会”；4 个月后，改名为“上海市文物管理委员会”。这里集合了一批上海的文物大家，有 8 位是收藏家，其中包括胡惠春。他们呼吁“上海不能没有一座像样的博物馆”，并积极参与筹建上海博物馆。

1

明嘉靖 景德镇窑青花云龙纹缸
上海博物馆藏

2

清乾隆 景德镇窑粉彩百鹿纹尊
上海博物馆藏

3

清乾隆 景德镇窑冬青釉印花古铜器纹瓶
上海博物馆藏

胡惠春（1910-1993）是民国年间金融巨子胡笔江的大公子。胡笔江于1921年和友人创办中南银行，后来在北四行和交通银行任职高位。

20世纪30年代，因胡笔江大力支持抗战，所乘飞机被日军击落，他不幸遇难。胡惠春继承父业，掌管中南银行。胡惠春中学毕业后进入燕京大学攻读地质学，不过从小接受中国传统教育，深受中国历史文化影响的他对此并没有兴趣，他的兴趣在于文物与历史，笃学尚古，雅藏御瓷、书画、文玩、渐成序列。早在40年代初，他的收藏已为人所瞩目，当中尤以明清官窑瓷器收藏为精华。

1951年国家在香港地区征集乾隆三希堂中珍品王献之《中秋帖》和王珣《伯远帖》。周恩来总理在当年11月5日发出的电报中写道，同意购回王献之中秋帖及王珣伯远帖……所需价款确数可由我方在港银行与中南胡惠春及郭昭俊当面商定并电京批准后垫付，待中秋帖及伯远帖运回后拨还。胡惠春积极行动，用自己的中南银行作为担保，将"两帖"从银行取了出来，随后立刻带着郭昭俊转到澳门。在澳门，郑振铎等人用周总理调拨来的35万港币买下了这两件国宝。

1950年，胡惠春把珍藏的明清官窑瓷器等各类文物268件捐赠给尚未建成的上海博物馆。对于筹建当时文物基础极为薄弱的上海博物馆，起到了奠基的作用。

1960年，胡惠春创建敏求精舍，并担任了八任主席。敏求精舍至今保持着很高的收藏层次，集中了香港地区品位高雅的收藏家、鉴赏家。"敏求"语出《论语》："子曰：'我非生而知之者，好古，敏以求之者也'。"这句话道出了胡惠春对文物有深入的认识，只不过是因为热爱文物，勤于求索罢了。

此后，胡惠春专注于文物收藏与培养女婿范季融成为接班人。范季融1936年生于上海，父亲范回春也是一位大商人，在上海经营电影公司和跑马场。1950年，范季融跟随父亲去了香港，随后考取了美国斯坦福大学的电机专业，获得物理学博士学位。不久之后，范季融与胡惠春的女儿胡盈莹结婚，

4

西周早期 伯禾憂鼎
上海博物馆藏

成为胡家的女婿。1979 年，胡惠春委托范季融到上海清点胡家老宅的文物。1988 年，上海博物馆开始筹建新馆，胡惠春偕同夫人王华云又将珍藏的百余件瓷器全部捐给了上海博物馆。

女婿范季融得到胡惠春的真传，在文物收藏方面颇有建树，且也是品德高尚之士。1975 年，范季融和马承源馆长（编者注：马承源当时为上海博物馆保管部组长、青铜研究部主任，1985 年至 1999 年任上海博物馆馆长。）在纽约相识，之后为办理暂得楼陶瓷馆捐赠之事，他又与上博副馆长汪庆正以及陶瓷部的同仁成为朋友。1990 年 7 月，范季融和马承源在香港的一家小古董店里买到了一尊晋国的鼎，这引发了范季融对青铜器的兴趣。1990 年下半年和次年，他从香港回到上海过周末，当面请教马承源，学习如何从“器形、纹饰、类别；铭文；制造法和锈的成形”三个方面研究青铜器。

范季融曾经对汪庆正、马承源说：“我这里的青铜器，上博如果认为不错，我就捐赠过来。”

2009 年 11 月 23 日，范季融、胡盈莹夫妇将其收藏的 9 件秦公晋侯青铜器捐赠给国家，以支持祖国博物馆事业发展，为上博青铜器收藏的质量加

5

西周 鼎
上海博物馆藏

6

战国 商鞅铍
上海博物馆藏

码。作为美籍华人，范季融与友人一起在纽约成立“美国上海博物馆之友基金会”，共募集资金 100 多万美元支援上博新馆的建设。近年，在他的不懈努力下，与北京故宫、台北故宫博物院、上海博物馆签订协议，合作出版“西清四鉴”之今访。《西清古鉴今访》耗时七年搜寻、编目和编辑已成，《宁寿鉴古》《西清续鉴 · 甲编》《西清续鉴 · 乙编》尚在编撰中。

暂得楼是胡惠春为自己的收藏所起的堂号，在香港、纽约均设有分馆。“暂得”一词取自王羲之《兰亭集序》：“欣于所遇，暂得于己，快然自足”。上海博物馆人民广场馆 1996 年开馆至 2023 年整修前，二楼常设有“暂得楼陶瓷馆”的展厅，共展出从晋唐至清末百余件展品，其中以清代官窑瓷器为大宗。更重要的，亦是对胡惠春家族大公无私精神的致敬和永久纪念。

潘达于——守护上博镇馆之宝“大克鼎”

《国家宝藏》的热播，让很多人熟悉了上海博物馆青铜器的镇馆之宝大克鼎，以及守护双鼎的护宝人潘达于（1906-2007）。

潘达于，苏州人，原姓丁，18 岁嫁入潘家，因丈夫承镜早逝，为了掌管门户遂改姓潘。苏州潘家是望族，其高祖潘世恩历乾隆、嘉庆、道光、咸丰四朝，爵位承袭 50 年，可谓“四朝元老”。之后最有名的是任军机大臣的潘祖荫，潘达于的丈夫是过继给潘祖荫的孙子。光绪十五年（1889），大克鼎出土于陕西扶风法门镇任村，即归潘祖荫所得。次年祖荫病逝。待夫人去世后其弟祖年赴京料理，将所藏悉数运回苏州，定下“仅守护持，绝不示人”的规矩。潘祖年逝世后，潘达于就担起了保护家藏文物的重担。

大克鼎出土后，便为潘祖荫重金收购所得。而大克鼎的“兄长”大盂鼎也由左宗棠赠予潘祖荫，一起被潘家收藏。这两个宝鼎和毛公鼎被视为“海内三宝”。为护佑这些宝物，潘家几代人费尽心血。

轮到潘达于担起保护家藏文物的重担后，有外国人打宝鼎的主意，提出以

600两黄金加上洋房，换取两个大鼎，被她一口拒绝。1935年，又有国民党官员来说苏州新盖了办公大楼，希望借两个宝鼎去展览一下。潘达于知道他们想以“借”的名义占有宝鼎，当然没同意。为保护文物，她将青铜器等埋入屋内地下，其他文物藏入秘密的“隔间”。日本兵曾七次闯入搜寻，但也未发现宝藏。至1944年，潘达于悄悄回苏州老宅察看，发现埋藏两个宝鼎的地方因木箱腐坏而塌陷了，她和家人又把大鼎挖出来，用破旧的衣物和杂物掩藏。就这样，文物完好无损地保存了下来。

1949年中华人民共和国成立以后，经历了几个时代的潘达于感受到了一种从未有过的新气象。

1951年，潘达于与家里人商量之后决定将两件宝物无偿上交给国家，移居上海后，她向华东军政委员会文化部致信，道：

> 窃念盂、克二大鼎，为具有全国性之重要文物，极宜贮藏得所，克保永久。诚愿将两大鼎呈献文化部，并请拨交上海市文物管理委员会筹备之博物馆珍藏展览，供广大观众之观瞻及研究，藉以彰先人津逮来学之初衷。
>
> 一九五二年四月三日

7 大克鼎铭文拓片

西周 大克鼎
上海博物馆藏

文化部非常重视潘达于来信，派人陪同潘达于来到苏州，将宝鼎挖出。埋藏15年之久的大盂鼎和大克鼎保存非常完好。文化部召开大会表彰潘达于捐宝，为她颁发奖状及2000万元奖金（旧币）。潘达于没有接受奖金，回复说，我不要这笔钱，我就是要捐给国家。

潘达于自20世纪50年代至60年代，又分批向上海博物馆、南京博物院捐赠大量文物，其中书画就有410件。

2003年，上海博物馆特地从北京借调回了大盂鼎，举办大盂鼎和大克鼎两宝合一的回顾展览，以庆贺潘达于的百岁生日。

上海博物馆十分关心潘达于的生活，在其晚年遵从她的想法在苏州为她买房子、聘保姆，料理她的日常起居。上博觉得这样的收藏家对国家的贡献实在太大了，应该满足他们的愿望。在这方面，国家很认可上博的做法。

李荫轩——“东西放在博物馆放心”

李荫轩（1911-1972），安徽合肥人，生于上海，是李鸿章五弟李凤章的孙子。在家庭环境熏陶下，从懂事起，李荫轩便喜欢把玩历代钱币，长大后更是一发不可收，此后他几乎把全部的精力投入到收藏古钱币上。他从20世纪30年代开始收藏青铜器，几十年间共收藏了二百余件，其中极具历史价值的就有数十件，如小臣单觯、纪候簋、鲁候尊等。从器物内的铭文来考证，这些藏品都是非常有历史意义的，有的印证了一场战争，有的弥补了一段史实，均为青铜器中的上品。

李荫轩收藏的这些文物，几十年来一直保存完好。尤其是在抗日战争期间，为了免遭日本侵略者的掳毁，他花了很大的精力，终使这些文物没有散落。

上海博物馆的专家一直想与他结交，自1955年起不停寻找了六年，才有机会认识他。通过接触与学术探讨，李荫轩与马承源馆长成为挚交。

“文革”初期，为了避免文物被损毁，李荫轩想到了上海博物馆。他拨通

9

西周 小臣单觯
上海博物馆藏

10

西周 厚趠方鼎
上海博物馆藏

了博物馆的电话，说要把“所有的文物都捐给你们”。不久，博物馆的人就来了，博物馆也没有想到，仅清点就从头一天下午一直忙到第二天上午，李荫轩的藏品实在太多了，光卡车就足足装了数辆。

文物从李家搬离前，博物馆逐一登记造册，给李荫轩留了一份，给他所在的单位留了一份，博物馆留了一份，讲明是代为保管。

当他们离开的时候，李荫轩说：“东西放在博物馆放心。”

1979 年的一天，李荫轩的妻子邱辉来到博物馆找马承源，称李荫轩已于 1972 年因脑溢血病故，并对他说：“我的丈夫李荫轩，一生喜欢收藏文物，生前亦曾希望把自己珍藏的文物献给博物馆。现在，我按丈夫生前的愿望，同时也是我个人的心愿，决定将这些文物全部捐献给上海博物馆。”李荫轩夫妇不仅向上海博物馆捐赠了大量珍贵的青铜器、古钱币、中外图书，还有许多金表、图章、勋章、外国古董等，这些文物的价值难以估量。在他们的捐赠物品中，“厚趠方鼎”是世上唯一一件在北宋就已被文献著录的青铜方鼎。

邱辉从小家境富庶，也是富家千金，一辈子未曾工作。晚年时，她在加拿大儿子处居住了六年以后回到上海，由上海博物馆负责解决了她在博物馆附近的住房，料理她的生活，负责她的护理、医疗等。

邱辉 102 岁在上海去世，上海博物馆帮老人办了后事，又费了很多周折，把邱老的骨灰邮寄到了加拿大。

刘靖基——只买不卖的人要捐赠

刘靖基（1902-1997），江苏常州人，是我国老一辈民族工商业者的杰出代表，著名爱国人士和社会活动家。在上海的收藏家中，刘靖基可说是数一数二的人物。他收藏的书画不但数量多，而且精品多；多年来收藏的宋元明清名家作品数以千计，其中不少是旧藏家（如庞莱臣等）的珍藏。这和他的鉴赏水平及经济实力是分不开的。他不但收藏书画，还收藏有清朝皇帝用过的龙椅、

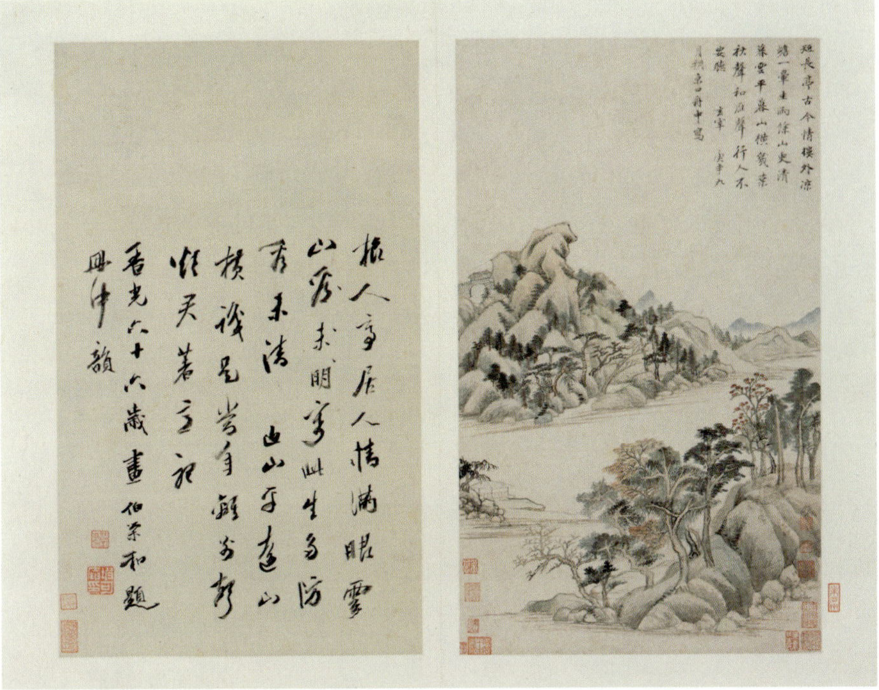

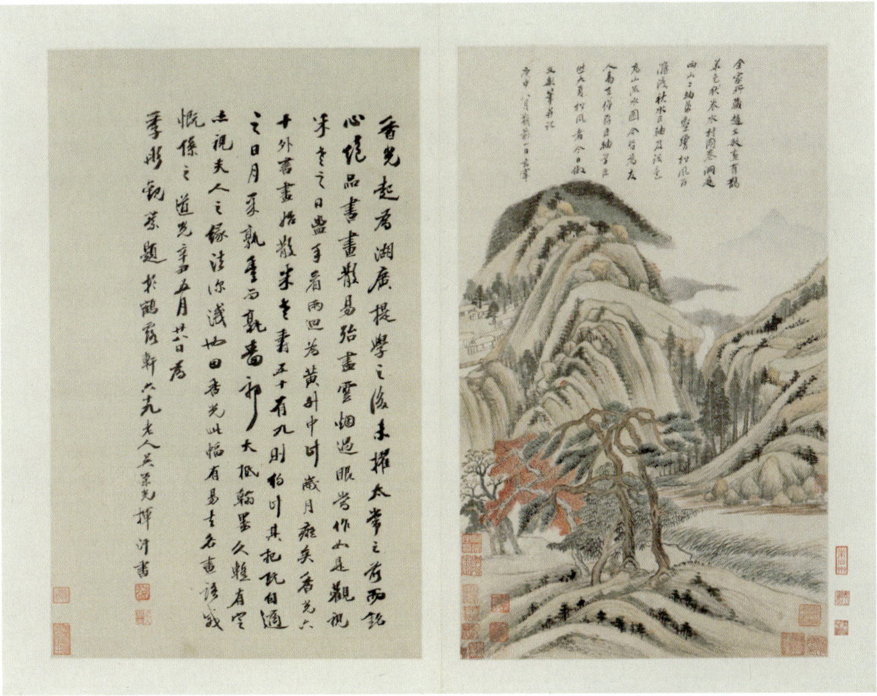

11

明 董其昌 秋兴八景图册（局部）

上海博物馆藏

12

元 倪瓒 六君子图轴

上海博物馆藏

龙案以及文房四宝，弥足珍贵。

刘靖基讲自己“只买不卖”，收藏中极少数赝品也绝不再流进市场。

1949 年前，他是上海面粉和纺织业的大亨，后来在陈毅市长的感召下，把产业从香港挪回了上海。

刘靖基有很高的社会地位，博物馆长期与他为友，他几乎每周都会请上海博物馆专家到家里一起鉴赏名作，朱屺瞻、谢稚柳等都曾为他掌眼收藏。

遭到抄家时，他主动致电上博要求捐赠文物超过 1300 件。上博表示可以代为保管。工作人员花费几天几夜帮他做了清单，运走时将每一件作品认真包裹好；上博信守承诺，将这批文物妥善置放多年后，又悉数返还。

刘靖基非常感动，他对上博专家说:“在这些书画作品里，请你们挑 40 件，我捐了。”

可当专家开出作品名录时，他还是整整五分钟没有开口，最后说了句“你们是把我的眼睛挖掉了”，可见这些藏品在他心中的分量。

刘靖基捐赠的 40 件书画珍品，其中有南宋张即之《行书待漏院记卷》，元赵孟頫《行书十札卷》、倪瓒《六君子图》轴、冯子振《行书虹月楼记卷》，明谢时臣《武当霁雪图》、董其昌《秋兴八景图》，清王翚《重江叠嶂图卷》等重要作品，为 20 世纪 80 年代上博入藏最为精良的一批书画。在捐赠大会上，刘靖基慨然道，没有一个收藏家是能做到“子孙永保”的，只有国家才能真正永远地保护这些国宝。

顾公雄——捐赠国家为大义

顾公雄（1897-1951）是苏州大收藏家顾文彬曾孙，以所藏“过云楼”书画闻名。

顾文彬是道光年间的进士，当过刑部郎中，他后来辞官专门研究字画。到了第三代顾麟士，过云楼收藏大大扩充，字画已有千余幅，其中不乏美术史上

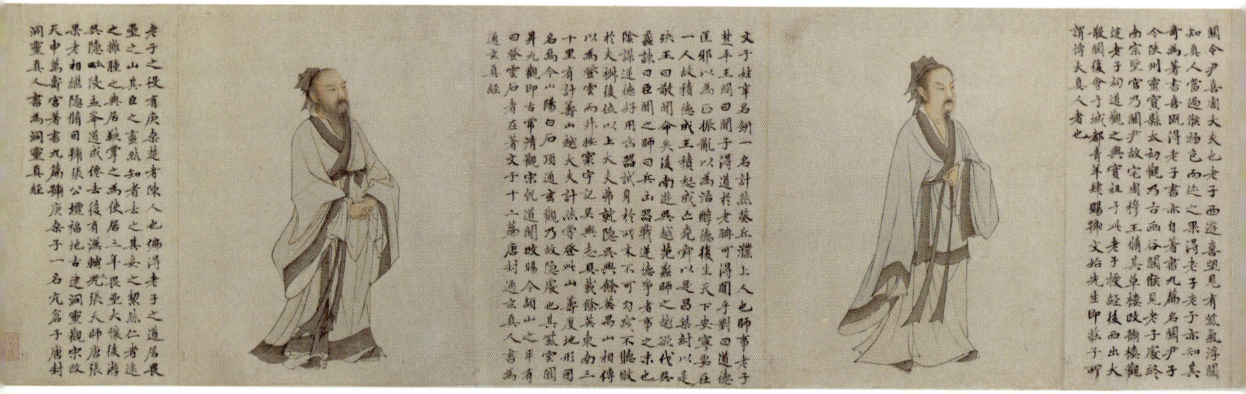

的精品，过云楼收藏达到全盛时期。“过云楼”名重江南，收藏书画、碑帖、金石、善本等图书逾千件，几代人为保护这批珍贵遗产呕心沥血。顾麟士去世后，家产分为四份，其子顾公雄和妻子沈同樾（1896-1978）得到了一份。顾公雄临终时留下遗言，“把我的书画献给国家。”

1951 年，筹备中的上海博物馆接受了沈同樾和 5 个子女共同捐赠的百余件古书画，这是上博筹备之初受捐的第一批古书画。1959 年，沈同樾再向上海博物馆捐赠了一批古书画。两次捐赠藏品共计 393 件，这奠定了上海博物馆书画收藏的基础。

1951 年接受捐赠时，上博奖励了沈同樾 1 亿元旧币，相当于 1 万元人民币。但抗美援朝时，顾家将这笔钱又捐给了国家。

1996 年时，顾氏后人都已是工薪阶层。上海博物馆当时要奖励顾氏后人每一户 10 万元，他们坚决谢绝，上博又坚决赠予。此后，北京的顾氏后人的房子要装修，但手头拮据，上海博物馆了解情况后即予以帮助。上海博物馆还委托常熟博物馆照看当地顾氏后人的生活，帮助他们聘请家用保姆，承担医药费用等。

上海博物馆原副馆长汪庆正曾感叹，顾氏后人倘若拿出任何一件作品去拍

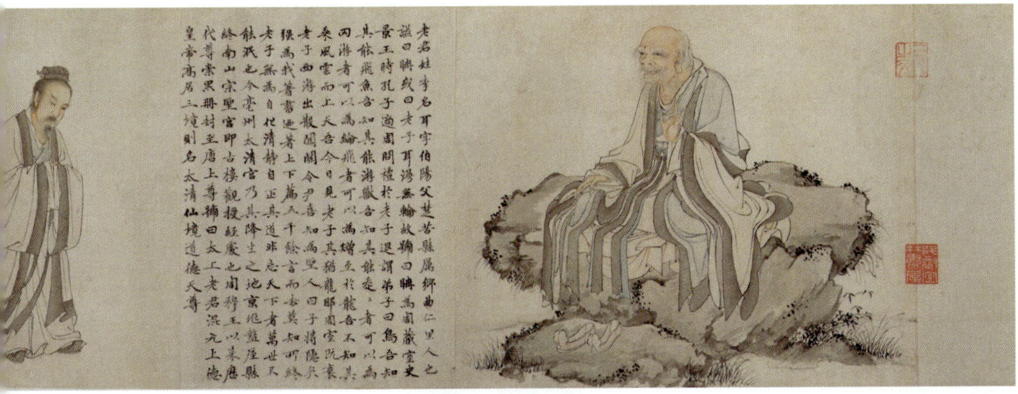

13 元 华祖立 玄门十子图 吴炳 行楷写传 合卷（局部）
上海博物馆藏

卖，换取几百万元都是保守估计。但顾氏后人坚决执行了顾公雄先生“全部捐赠给国家”的遗言，这种深明大义的举动，值得所有博物馆人尊敬。

杜维善——爱“钱”更爱国

杜维善（1933-2020），上海川沙人。1933 年出生，1949 年随父杜月笙定居香港，后赴澳大利亚攻读地质。开始收集地质标本，返回香港后收集古币。杜维善的收藏爱好既承袭自父亲收藏文物古玩的雅兴，又出于年轻气盛。

1977 年，杜维善因为酷爱收藏转而从商，致力于古币的收藏和研究。

他的藏品中最丰富的是秦半两和五铢钱，最珍稀的是丝绸之路古国钱币。20 世纪 80 年代，受夏鼐论著及新疆出土的古波斯帝国萨珊王朝银币启发，开始收集丝绸之路沿途中亚细亚古国金银币。经过 20 多年的收集，其藏品之丰、数量之多、品种之全、质量之高，令人叹为观止。遂成为这一领域的收藏名家。他是通过丰富齐全的钱币收藏研究丝绸之路古国历史的开创者，在全世界同类收藏家中也堪称首屈一指，由此享誉海内外。

当时上海博物馆的馆长马承源、副馆长汪庆正去香港拜访杜维善，看到他

14

贵霜－萨珊王朝 金币

上海博物馆藏

15

贵霜－萨珊王朝 银币

上海博物馆藏

展示的几十枚丝路古币十分震惊，更不用说他实际收藏有 300 多枚了。因为馆藏文物超过十万件的上海博物馆曾经千辛万苦才从新疆博物馆借调到一枚萨珊王朝的古币。

惊世藏品的背后是杜维善爱“钱”成痴的执着、魄力和眼光。

杜维善认为倾注了几十年心血和财富完善古币藏品的体系，与其一个人在家独自欣赏，不如让全国人民都有机会了解。1992 年和 2003 年，杜维善先生和夫人谭端言女士先后两次将所收藏的丝路沿途 50 多个古国各个时代的钱币 2128 枚及 210 册研究书籍全部捐给上海博物馆。杜维善首批捐献的中亚古币中，出处遍及西域 50 多个国家中的 20 多个，竟然集齐了伊利汗国完整的九位大汗时期的金银币，尤其令人瞩目的当属萨珊王朝的金银币，堪称价值连城，实际上其价值根本难以用金钱来衡量。上博也因此成为全国收藏丝路钱币最丰富的地方。

吴湖帆——“画坛盟主”的收藏经

2015 年时，上海博物馆曾经举办了“吴湖帆书画鉴藏特展”，展览展出相关古书画文物 97 组（113 件），其中 24 件展品为国家一级文物，是整个展览的四分之一。展品时代跨度自唐宋及清千余年，可窥吴氏鉴藏规模之一斑。所有展品都来自吴湖帆的捐赠。

吴湖帆（1894-1968），江苏吴县人，斋名“梅景书屋”，清代著名金石学家吴大澂之嗣孙。著名书画家（画坛有“南吴北张”之誉）、收藏家。20 世纪三四十年代与吴待秋、吴子深、冯超然并称为“三吴一冯”。收藏宏富，善鉴别、填词。山水从“四王”、董其昌，上溯宋元各家，冲破南北宗壁障，以雅腴灵秀、缜丽清逸的复合画风独树一帜，尤以熔水墨烘染与青绿设色于一炉并多烟云者最具代表性。

20 世纪上半叶之际的大规模文物聚散，是当今海内外各大公私收藏格局定型前的最后一次，具有鲜明的时代性。尤其是 30 年代故宫书画南迁寄存沪隅，古代书画文物穿梭往来，规模空前，成为中国书画鉴藏史上的重要篇章，期间发生的鉴藏活动及其研究成果，同样是中国画学史上的重要组成部分。主要活

16
北宋 米芾 行书多景楼诗册（局部）
上海博物馆藏

17

北宋 郭熙 幽谷图轴

上海博物馆藏

动于20世纪上半叶，集创作、鉴藏与研究三位一体的梅景书屋主人——吴湖帆的成就，不仅于其同辈中属佼佼者，其核心地位与巨大影响，更如王时敏于清初画坛之情形。

其收藏来源有四：一、吴大澂旧藏，多为金石文物；二、夫人潘静淑（军机大臣潘祖荫侄女）家藏，有“四欧堂”之欧阳询帖（《化度寺塔铭》《九成宫醴泉铭》《皇甫诞碑》《虞恭公碑》）、梅花喜神谱等;三、外祖父沈氏“宝董阁”所藏，《常丑奴墓志》《董美人墓志》等；四、本人收集，唐怀素、宋梁楷、刘松年、元倪瓒、吴镇、鲜于枢及吴门四家、清四王等的名作。清代七十二状元扇（捐苏州博物馆）、米芾《多景楼帖》（归上博）、汝窑瓷器。

吴湖帆学识渊博，精于文物鉴定。1949年以后任上海中国画院筹备委员、画师，上海市文史馆馆员、上海市文物保管委员会委员、故宫博物院评审委员，上海文联委员、美术家协会副主席等职，20世纪50年代经常帮上博“掌眼”，其收藏也大部归上博。

华笃安——化私为公的篆印守护神

1996年，上海博物馆的“中国历代玺印馆”建成开放，展出上自西周，

18

明 吴晋『愧能』石章
上海博物馆藏

19

明 苏宣『深得酒仙三昧』石章
上海博物馆藏

20

清 邓石如『我书意造本无法』石章
上海博物馆藏

21

清 高凤翰『雪鸿亭长』石章
上海博物馆藏

下迄清末的历代玺印篆刻代表作500余件，成为国内外第一个贯穿篆刻发展史而专题陈列印章精品的艺术馆，华笃安所捐印章占了五分之一。而馆内的明清石章五分之四原属于华氏所藏，其标签上均有华笃安先生捐赠字样。

华笃安（1902-1970），江苏无锡人，早年在锡沪两地经营纺织业。他掌管大型民族纺织企业数十载，为人淡泊，但如果遇上喜爱的优秀传统艺术品，则会尽情收纳。

自20世纪50年代起，他对明清印章、尺牍发生兴趣，先从丁敬（浙派篆刻开山鼻祖）后人、胡庆余堂（胡雪岩创办）后人处收进一批印章，从此便一发不可收，先后汇集了江南一带久负盛名的四位玺印收藏家即丁辅之、葛昌楹、高洛园、俞序文四家的旧藏，终于成为流派印收藏大家。其收藏的“西泠八家”印章达700方之多，仅丁敬一人的作品就有80余方。其收藏的《明贤尺牍》有于谦、祝允明、唐寅、文徵明、徐渭、李东阳等人的手翰。

“文革”开始，华笃安将全部珍藏交上海博物馆代管，使这批珍贵遗产得以完好保存。1983年，华笃安的夫人毛明芬（1901-2003）秉承先夫遗愿，将华先生收藏的珍贵明清流派印章1546方，珍贵明清各家诗翰尺牍78册、散页257件，悉数无偿捐献给上海博物馆。上博明清流派印收藏富甲天下，其基础就是华笃安的旧藏。

华笃安对中华民族感情极深，收藏起意是不想让国宝流失境外。他视钱财、名利如过眼云烟，用一生的执着，为后世留下了一笔无价的精神财富。

施嘉幹——钱币收藏大家

施嘉幹（1896-1975），江苏吴县人，出生于上海。早年学习工程，1921年考取公费留美，在麻省理工学习结构，获硕士学位。后在美国桥梁及建筑公司实习，在此期间开始收集、研究中外近代钱币，并加入美国钱币学会。

1924年施嘉幹学成回国，开始其建筑结构事业，负责上海众多重要建筑的建设工程，同时兼任交通大学教授，教授“工程设计”。1952年施先生调往北京，先后担任纺织部总工程师、建设部总工程师、全国政协委员，负责国内许多重大工程的建设，成绩斐然。“文革”遭受长期隔离审查，1972年恢复工作，担任建筑科学院技术顾问，以古稀之年编译国外建筑学著作。1975年因心肌梗死去世。

施嘉幹的近代机制币收藏至20世纪40年代已经颇有规模，1946年曾经在美国旧金山、华盛顿举办展览。他结合自己的研究，撰著《中国近代铸币汇考》一书，1949年10月在上海出版中英文两种版本。该书对从清代到民国时期的中国及相邻国家的机制币进行了系统的考述和研究，对各种铸币的重量、面值、铸造年代、流通情况都作了详细的考证，对一些特种稀有钱币作了科学的评论。

据1998年7月17日施嘉幹夫人董逸新在致上海博物馆的信件中说道，“文革”期间，施嘉幹收藏的钱币，“北京钱币查抄无还，在沪钱币得到上海博物馆收存。……1978年后，上海博物馆落实政策将币全部退还……1972年老施曾表明‘我的钱币不但有经济价值，亦有历史上的价值，应归国内历史博物馆所有’。”董逸新表示：“期待着它们有一个好的归宿。上不辱没先人，下教益于后代。回顾世事沧桑，遵照故人遗愿，我们决定将施嘉幹先生收藏的全部历史钱币（4059枚）捐赠上海博物馆入藏。我们也相信贵馆能够精心保管，长久展陈，深入研究，承前启后，发扬光大。”

实际上，在1970年5月15日，施嘉幹曾致信郭沫若，介绍自己收藏的情况，“在上海所存各币22盒，送交上海博物馆保存，取有收据”，表达了将来想整理之后公开展出的愿望。1998年，施先生子女代表母亲把当年由上海博物馆保管、落实政策时发还而存在银行的几箱金银币送到上海博物馆。送来时，银行的封条还未破损，施家兄妹连看也没有看，便把所有钱币交给上博。自此，董逸新在北京的所有居住、医疗、护理、生活费用均由上博承担，一直到2006年董女士去世。

谭敬——捐赠战国著名量器

谭敬（1911-1991），字龢盦（和庵），广东开平人。出身富豪家庭，是广东十三行后裔。其祖父来上海经营建筑业，成为上海滩的富翁。曾经为谭氏收藏的书画，到各博物馆后往往被当作“镇馆之宝”，著名鉴定家张珩在主事国家文物局征集工作时，常常告诫同事要十分关注从谭敬处流散出来的东西。可见其收藏规格之高。

1949 年，谭敬被聘为上海文管会特约顾问。他收藏的一批书画如米芾《向太后挽词》、马远《踏歌图》、宋徽宗《四禽图》、赵之昂《临十七帖》等精品，后辗转入藏故宫博物院。1951 年，上海文管会邀请他返沪，受到潘达于捐赠大克鼎的激励，立即将其珍藏的战国著名“齐量三器”中的“陈子禾子釜”和“陈纯釜”捐赠上博。他将《资治通鉴》稿本捐赠给北京故宫。同时，他为上博的创建也贡献了自己的智慧。

陈梦家——传奇的收藏家

陈梦家（1911-1966），浙江上虞人，出生在南京。著名历史学家、考古学家、古文字学家。陈梦家在青少年时代就显示出众的才华，16 岁考取中央大学法律系，并开始写诗，师从徐志摩、闻一多。他的早期诗作就表现了诗人非凡的气度，不到 20 岁出版《梦家诗集》，成为当时有影响的青年诗人。从 20 世纪 30 年代开始，他因研究宗教、神话、礼俗而进入古文字研究领域，并开始研究古代青铜器。1944 年赴芝加哥大学讲学，在美国三年一直在收集流散北美的中国青铜器资料，于 1947 年汇编成《美国收藏中国青铜器全集》。新中国成立初，陈梦家在清华大学讲授“中国文字学”，1952 年调入考古研究所任研究员，1954 年完成 70 余万字的《殷墟卜辞综述》。

收藏明式家具是陈梦家的业余爱好，他的收藏来源于北京和江南各地的败

明 黄花梨雕花高面盆架
上海博物馆藏

落大宅，风格端庄、典雅。他与徐森玉是至交，与上博因学术而结谊。20世纪50年代初，谭敬捐陈氏量器，就是陈梦家从中撮合。60年代初他写信给上博，表示其收藏只要上博看上，可“尽量捐赠”。1966年“文革”开始，陈梦家备受摧残，9月，自缢身亡。20世纪80年代初，夫人赵萝蕤致信上博，重提捐赠家具之事，为此马承源专程赴京商定捐献协议。1995年9月，赵萝蕤又来信提出“上海博物馆新馆即将落成，将家里收藏珍贵明代家具40余件捐赠以供陈列，希望能善加保管，使祖国文化遗产代代相传。”几天后，赵女士来电话，说：“情况发生变化，请将捐赠信掷还。”对此，赵萝蕤临终还深表遗憾。赵萝蕤去世以后，上博将陈梦家收藏中的26件明式家具从其亲属手中征购了回来。

23

明 紫檀直棂架格
上海博物馆藏

庄万里——拳拳爱国心

庄万里（1899-1965），菲律宾华侨富商、慈善家、社团领袖，福建晋江人。19 岁移居菲律宾，先后经营土产、食品、食物油、烟草、纺织、钢铁等，形成财力雄厚的庄万里集团。庄万里喜欢收藏中国古代文物书画，以其“两涂轩”收藏的古物书画著称于世。1936 年，他环游世界，途经山海关，久闻城门匾额——“天下第一关”为明严嵩所书，笔力遒劲，虽然其时已在午夜，他仍到城楼观睹，谁想到“天下第一关”的匾额已被盗运到日本。失望之余，他痛心疾首。于是在国外旅游，他凡是见到中国书画珍品，皆不惜重金购买。他说：“当秉我财力之所及，时间能兼顾，吾将尽量搜求几百年来失散于异域之我国文化古物，借以保存国宝，一俟将来运回祖国，或择地设馆庋藏，以供同好研究，或交请中央政府……以尽吾宣吾文化之素志。”庄先生的拳拳爱国心跃然纸上。

24

清 闵贞 醉八仙图轴

上海博物馆藏

25

蓝瑛 仿黄公望山水图轴

上海博物馆藏

明 佚名 十八学士图屏（局部）
上海博物馆藏

2002年6月21日，上海博物馆绘画馆展出“菲律宾庄万里先生‘两涂轩’珍藏书画精品”，这是由庄万里子女庄长江和庄良有向上海博物馆捐赠的，计223件。庄氏后人捐赠的这批书画，包括宋、明、清千余年间的人物、山水、花鸟画与书法作品。其中尤以人物画最为精湛。其中明人的《十八学士图屏》，其人物刻画技巧纯熟，在明朝绘画中是少见的；闵贞的《醉八仙图》轴、蓝瑛的《仿黄公望山水图》轴以及董其昌的《手札九通卷》等都可以称为“国宝”。庄氏后人捐赠的这批书画是迄今为止国内文博界收到的数量最多、价值最高的来自境外的书画捐赠。30多年来，庄万里的子女一直在寻找父亲遗留下来的这一批“文化遗产”的归宿。庄长江兄妹为实现父亲一生收购流失境外的中国书画珍品的良苦用心，让其父收藏的这一批书画珍品回到了祖国的怀抱，终于达成庄万里夙愿。

葛士翘——青花瓷大家的上博情

葛士翘是香港著名实业家和古陶瓷收藏家、鉴赏家，精心收藏中国古陶瓷器40多年。他珍藏的中国瓷器品类繁多，全都是工艺精巧之作。1987年，葛士翘曾以“天民楼藏瓷”为名，将家中的珍藏放在香港大会堂展出，轰动整个香港。1992年上半年，又在台北鸿禧博物馆举办“天民楼青花瓷特展”。

1992年葛士翘因病去世后，葛氏家族成立“天民楼”基金会，其长子葛师科任主席。1996年10月，上海博物馆新址在人民广场落成，在由天明楼基金会捐助的“葛士翘展览厅”展出了“天民楼藏瓷”。这是其首次在内地公开展示，在业内引起轰动。

葛士翘生前是上海博物馆的老朋友，他与上博因学术而结缘。葛先生经常来上博观摩藏品，互相切磋；天明楼藏品也对上博的专家敞开大门。20世纪80年代中期，葛先生罹患重病，他最后一次是坐着轮椅来上博的。可以说他对上博充满了感情。葛士翘去世以后，其子葛师科等仍然是上博的朋友。在上博建新馆时，天民楼基金会主动捐赠65万美金设立“葛士翘展览厅”，在当时这是对上博最大的支持，也是对葛老先生与上博友谊的最好纪念。

结语

无论是过云楼，还是暂得楼，本意就是文物只是暂归于己，得之即去。早年，上海博物馆能在短时间内建成，并较快完成自己的收藏、展览和研究体系，很大部分要归功于收藏家的支援，这种支援包括了友情转让和无偿捐赠。很多藏家都有着化私为公的高尚情操，他们有一个共识，认为文物最好的归宿是交由国家保管，而上海博物馆也十分注重做好对国家有重大贡献的文物捐赠者、收藏家的工作。正是因为有了这些可敬可佩的收藏家朋友，上海博物馆得以誉满全球，成为收藏中国古代艺术品的一流博物馆。

扫码收听《博物馆与收藏家 亦师亦友》音频内容

第二讲

周 亚
上海博物馆研究馆员、青铜器专家

考古材料在馆藏青铜器研究中的运用

在中国博物馆界，过去相当长的一段时间内比较偏向于使用传统金石学方法研究馆藏青铜器，即把器物和铭文的著录作为重点。关注器物与文献的关系，就是关注青铜器铭文当中提及的一些事件、人物和历史文献的关系，这就是所谓的证经补史。以往研究关注的重点往往是这些，却缺乏对青铜器器类、器形、纹饰或者铸造技术等方面的研究。随着中国现代考古学的发展，考古发掘出大量古代文化遗物，经过考古学家运用地层学和类型学的方法分析，为青铜器研究提供了必不可少的科学依据。现在中国博物馆界用考古资料研究馆藏青铜器，已成为一个比较普遍的方法。

不少博物馆包括上海博物馆收藏的青铜器都是早年流传下来的传世品，这些青铜器因为缺乏出土资料，研究的科学性就丧失了大半。因为不知道它原先是埋藏在墓葬还是窖藏，也不知道它原先埋藏的时候和哪些器物形成组合，更不知道它们原来的主人的身份地位，这些问题就会不可避免地让我们在对馆藏青铜器断代、定名，甚至是辨伪等方面，出现一些程度不同的歧义。

虽然现在考古学把青铜器整个的发展序列比较完美地建立起来了，但是对一些新出现的器物或者纹饰的认识，还会存在一些问题。所以，我们的工作就是要充分利用好考古材料，充分发挥它们在青铜器和先秦史研究当中应该有的作用。

为此，上海博物馆的工作人员非常重视对最新考古信息、资料及研究成果的收集、分析，并在实际的研究工作中加以利用。

考古资料在馆藏青铜器的断代、定名、辨伪研究中的运用，以及在文化属性和性质认识上的作用

断代

考古学家运用地层学、类型学的方法，已经建立起了一个比较完整的整个青铜工艺发展的序列。这个序列作为馆藏青铜器断代的基本依据，断代的结果就会比较可靠。至于一些新出现的问题，还是要用考古资料，希望不断有新的考古材料供我们运用。

如果大家经常到上海博物馆，就可以在青铜馆的第一个展柜里看到一件青铜爵（图 1），形制稚简拙朴，素面无纹。它刚到上博时不被大家重视。这种爵在过去的古玩市肆被认为是汉代以后的“野造”，即民间手工作坊制品。虽然最初都认为这件爵风格古朴，不似汉代民间作坊的作品，但是对它的具体年代还是没有把握。

20 世纪 70 年代，在河南洛阳偃师二里头发现了一大批文化遗址，后被考古学界定名为二里头文化遗址。遗址的时代要早于商代，现在多数考古学家认

为这个遗址属于夏代，但是不是真正的夏，还希望有文字来证明。从二里头遗址所处的地理环境，以及它的时代来分析，它符合文献上讲的夏文化的活动区域范围和时间。二里头遗址出土了这样的一个陶爵，之后也出土了铜爵（图 2）。如果把这个青铜爵和二里头遗址出土的铜爵、陶爵来做对比，就可以发现它们在形制上、制作工艺上非常接近。于是，这件青铜爵的年代才被确定为公元前 18 世纪到公元前 16 世纪之间的二里头文化时期。年代和文化属性的确定，使这件爵的文物价值得到了体现。这件青铜器一下子就从东汉时期的野造，变成二里头文化遗址的一件青铜器。可以说这是中国最早的青铜容器和礼器之一，对研究中国青铜器的起源及二里头时期中国的青铜工艺都具有很重要的文物价值。到目前为止，二里头文化出土的青铜容器屈指可数，即使这件爵的艺术价值不是很高，但自此以后，这件爵一直被放置在上海博物馆青铜器陈列中早期青铜器的展柜中。一些国家和地区博物馆来上海博物馆挑选展品，往往也主动提出希望把这件爵列入展品目录。

同样，天津博物馆收藏的青铜爵，过去它的时代也没有被正确认识，也是在二里头遗址出土了类似的青铜爵以后，它的时代才被认定为二里头时期的青铜爵。这也是利用考古资料确定了青铜器的时代。

上海博物馆有件管流爵（图 3），是我们从废品收购站征集回来的，下面三个足断掉了，需要修复。我们修复文物是要有依据的，三足都断了就没有依据，所以之后是在这个爵的下面配了三个明显后配的足。当时管流爵征集来以后，一个博物馆的老研究人员专门写了一篇文章，从这件爵的形制、制作工艺来分析，他认为这是一件非常早期的青铜爵。但当时因为缺乏考古资料，他认为这可能是商代的一件青铜器。直到后来二里头遗址出土了一个陶制的管流爵，它的形制和我们的这件管流爵很接近。另外在我们这件管流爵上面，大家可以看到类似圈足的裙边上有镂孔，这和我们前面看到的二里头遗址出土的青铜爵上面的镂孔特征相符合。这个管流爵的形制和二里头遗址出土的陶制管流爵又是符合的。所以这件青铜器的时代，就可以提前到二里头文化时期。

1

夏 束腰爵
上海博物馆藏

2

夏 铜爵
1973年二里头遗址出土

3

夏 管流爵
上海博物馆藏

走进上海博物馆展厅就可以看到镶嵌十字纹的青铜大钺（图4）。过去相当长的一段时间里，这件钺的时代被判断为商代晚期，年纪大一些的参观者过去到上海博物馆参观时，都看到它是放在商代晚期部分展览的。后来北京大学的朱凤瀚教授，他根据二里头遗址出土的镶嵌十字纹的铜片，认为其镶嵌的工艺和纹样的结构，和上海博物馆这件钺非常一致，所以这件钺的时代可以提升到二里头文化时期。

古父己卣是上海博物馆早年入藏的一件直筒形青铜卣，颈部有环钮设兽首提梁，盖的捉手作圈状。盖及腹饰浮雕大牛角兽面纹，巨目凝视，双角翘出器表，颈及圈足饰龙纹，均有云雷纹填地。当时这种直筒形的青铜卣发现不多，依据铭文中的“古”氏曾见于殷墟甲骨刻辞，是商代的一个部族，故将此卣定为商代晚期之器。

随着考古工作的深入，直筒形卣在西周早期的墓葬中屡有出土，1972年甘肃灵台白草坡两座西周早期墓中各出土一大一小两件形制、纹饰相同的直筒形提梁卣（讲者注：甘肃省博物馆文物队《甘肃灵台白草坡西周墓》，《考古学报》

4

夏 镶嵌十字纹方钺

上海博物馆藏

1977年第2期99页）。此后在宝鸡竹园沟13号墓中也出土有一大一小两件形制、纹饰相同的直筒形提梁卣（讲者注：卢连成、胡智生《宝鸡弓魚国墓地》上册63页，下册彩版八，1；图版二二，1. 文物出版社1988年）。此后学界开始意识到这种直筒形的青铜卣，很有可能是西周时期出现的一种特殊形制。

结合古父己卣大兽面纹上牛角翘出器表的做法，不见于商代青铜器的装饰工艺中，但屡见于西周早期的青铜器上，如1975年北京房山琉璃河251号墓出土的伯矩鬲，宝鸡纸坊头1号墓出土的伯簋，竹园沟7号墓出土的伯各尊、伯各卣等器物上兽面纹的双角都翘出于器表，这应该是西周早期才出现的一种装饰工艺。于是我们将古父己卣的时代修改为西周早期，铭文中的"古"氏则很可能是生活在西周时期的一个古老部族。

小臣䜌方卣是近几年在市政府的支持下，从一位日本收藏家处征集回来的。这件方卣很早就已出土，之后被大收藏家吴大澂所藏，在他的《愙斋集古图》里面著录了这件方卣和铭文。吴大澂之后，这件方卣流失到日本了。当时在征集的过程中有专家提出评审意见，认为这件方卣的时代可能是西周早期。

关于小臣䜌方卣的断代，我们找到的相关资料是在20世纪30年代安阳殷墟发掘的1003号大墓，出土的一件石簋残片。在它的器耳上有一篇铭文，铭文显示器的主人正是小臣䜌。1003号大墓，据有的考古学家分析可能是商纣王父亲帝乙的墓，这是在殷墟范围内发现的最后一座王陵，石簋出土于此王陵，时代当非常准确，即商代晚期或末期。小臣䜌随葬于商王陵就表明器物主人的身份、地位不低，他的东西才能够随葬于商王陵。至此，断代问题可以说是彻底解决了，且依据可靠。

但也有人提出，20世纪90年代到本世纪发现过两处墓葬牵涉到小臣䜌，一个是三门峡虢国墓地中出土的玉瑗，上面有"小臣䜌"刻铭。2006年在陕西韩城梁带村芮国墓地，又出土了一件玉戚，上面也是"小臣䜌"刻铭。两件玉器形制很相似，铭文也相同，而且都出土于西周末期和春秋初期这一段时间的诸侯墓中。是不是因此这个时代又会有争议了呢?

据《逸周书 · 世俘》记载，周武王伐商时，“得旧宝玉万四千，佩玉亿有八万”。也就是说武王伐商，缴获了大量商代的玉器，《尚书》里《分器》篇记载战事结束，武王将他缴获的这些商王朝的铜器和玉器，分给了参战的将士、高等贵族。这两件玉器和墓葬当中同时出土的其他玉器的时代不相同，所以这两件玉器应该就是他们的祖先参加了伐殷之战，受到武王赏赐而遗留下来的。这两件东西的墓葬时代不能够作为小臣𢆶方卣的断代标准，相反小臣𢆶石簋的时代可以很明确地作为我们断代的依据，那么我们方卣的时代就被定为商代晚期，这是非常可靠的。

在上海博物馆进门的第一个壁柜里面有件斝（图 5），时代定在二里头时期，夏代晚期。在二里头遗址出土的青铜斝只有两个，一个圆底，一个平底，把我们这件所谓二里头斝和真正二里头出土的斝，做一个器形比较，可以看到，我们这件斝的腹部下面是一个半球体，腹部有一个较大的鼓出，而二里头出土的青铜斝腹部没有这么突出。如果把二里岗文化（编者注：二里岗文化是以河南

5

夏 连珠纹斝

上海博物馆藏

郑州二里岗遗址商代文化遗存而命名的文化类型，又称二里岗期商文化，是介于二里头夏文化、殷墟晚商文化之间的青铜时代早期的一种考古文化。）上层出土的青铜斝，和它做比较的话，可以发现它们在器形和纹饰上都存在着诸多一致，也存在着一些差异。出土的二里岗时期斝，柱是属于菌形柱，而我们这件斝上面的柱还是属于所谓的钉状柱。从柱的发展过程来讲，钉状柱的时代要早于菌形柱。显然上博的这个斝和二里岗文化上层斝的时代，还存在一定距离。

二里岗文化下层出土的青铜斝，虽然形制上和我们的斝有很大不同，但是柱的形式还是钉状柱，与我们一致。根据这两个考古材料，我个人的意见倾向于我们这件斝的时代应该是在二里岗文化的下层和上层的连接时期，它可能略晚于二里岗文化的下层，而略早于二里岗文化的上层。我们现在还是把它放在二里头时期，将来我们青铜馆改建的时候，我会建议把这个时代做一些调整。

同样在上博二里头时期青铜器壁柜里的云纹鼎，也定为二里头时期。但是我们把它与二里头出土的青铜鼎比较，可以发现二者存在着比较大的差异。最大的差异在于足，我们这个三足几乎已经是圆锥足，但是二里头鼎的下面是个四棱锥足，很直且比较内聚，三足收得比较紧，和我们这个相比看起来还是存在比较大的差异。但郑州二里岗文化上层一期出土的一件云纹鼎和我们这件鼎，从形制也好，从纹饰也好，几乎一模一样。所以这件青铜鼎的时代，我个人也倾向于应该是把它改到商代早期，也就是二里岗文化时期。

定名

定名为什么一定要运用考古资料？上海博物馆收藏的鄂侯弟曆季卣（图6），若称为觯，它比觯大，若称它为壶，它也不像壶。过去我们有老的博物馆研究人员把它定义为青铜卣，但是和传统青铜卣的器形存在着极大差距。到底应该定它为什么器呢？

鄂侯弟曆季卣，是 1963 年上海博物馆在上海冶炼厂一堆由湖北运来的废铜烂铁堆中拣选抢救出的一件珍贵的青铜器。卣作高颈垂腹，口微侈，腹部设

西周 鄂侯弟曆季卣
上海博物馆藏

有一个兽首鋬，盖隆起，有圈状捉手。全器除数道弦纹外，别无他饰。这件青铜器的器形似卣，但无卣形器标志性的提梁，虽然在器颈前后各置一半圆形环钮，似可作安装提梁之用，但这种形制的卣形器从无在器身前后设置提梁的做法，且其腹侧已置有鋬，似无再置提梁之必要。由于这是一件形制比较奇特的青铜器，对器形的定名就成了一个难题，当时虽然将其定名为卣，但一直感觉缺少考古资料的佐证，不成定论。

1976 年 8 月湖北随县安居公社羊子山出土一件鄂侯弟曆季尊，尊为侈口，长颈鼓腹，圆底，矮圈足外撇，腹侧有一个较细的兽首鋬。仅在颈腹处和圈足上各饰数道弦纹，余无他饰（讲者注：随州市博物馆《湖北随县发现商周青铜器》，《考古》1984 年第 6 期 510 页）。这件尊和上海博物馆收藏的这件鄂侯弟曆季卣，不仅铭文内容和字体完全相同，仅饰弦纹的简洁装饰风格也相同，而且腹侧设鋬这种较罕见的做法也一样，更特别的是两者器表的氧化呈色也一致，何况鄂侯弟曆季卣就出自湖北运来的废铜堆中，为此我们几乎可以确定鄂侯弟曆季卣和鄂侯弟曆季尊，应该是出自同一墓葬的同一组酒器。按照西周早期尊和卣通常是一套固定的酒器组合的规律，如陕西扶风庄白 1 号窖藏出土的商尊和商卣，丰尊和丰卣，宝鸡竹园沟 7 号墓出土的伯各尊和伯各卣等。所以鄂侯弟曆季卣和鄂侯弟曆季尊应该也是一套尊和卣的酒器组合，如此我们将鄂侯弟曆季卣的器形定名为卣，就有了比较可以依赖的考古学根据了。

同样上海博物馆藏的一件青铜鼎，过去的定名经常变化，因为上面有错金银，经常被借往境外展出，在借藏时就定名为小口三足罐，或者就是罐形鼎。它到底应该是个什么器，一直没有确定下来。后来在河南南阳楚墓里出土了彭子射汤鼎，铭文中自铭为“汤鼎”。在河南淅川下寺春秋时期的楚墓当中，出土了一件器形相仿的鼎，铭文是楚叔之孙倗之浴鼎。汤鼎的意思就是烧热水的，浴鼎则应该是烧热水供洗漱之用的。这两件鼎和我们这件一样都是小口、球形体、三足。由此可以确定，我们这件器物应该也就是战国时期的一件汤鼎。器名就可以根据这些考古材料确定下来。

辨伪

考古资料有助于馆藏青铜器的辨伪。比如上海博物馆藏的一件商代中期的带鋬觚，过去很长的一段时间里，我们不敢拿出来展，因为在业内，同行，包括考古学界都对它有异议，认为这个鋬是后加上去的。虽然从铸造的痕迹来说，它绝非后加进去的。但在原本的认知中，觚形器并没有鋬。好在后来在陕西武功县郑家坡发现了一件同样带鋬的觚，可以看到，它和我们那件，器形、纹饰一模一样。有了这个考古资料以后，我们那件就敢大胆地放在展厅里，再也不怕别人质疑了，因为再质疑，我们有考古资料可以反驳他。

北京保利博物馆有一件神面纹卣，当年征集时大家都认为这是很重要的青铜器。因为它上面的纹饰之前没有发现过，兽面纹的眼睛接近于人的眼睛，还是“双眼皮”，有着宽厚的鼻梁，这种纹饰确实从来没见过。所以在保利征集了以后，遭到诸多质疑，认为这件东西是假的，是后仿的。甚至有人还说，这件东西是谁做的假他都知道。当时马承源先生写过文章，他认为这种纹饰和美国堪萨斯博物馆收藏的一件簋非常接近，这个簋也是非常有名的一件青铜簋，也是这种宽大的鼻梁，眼睛也接近人形。马先生认为这种纹饰是存在的，但是这个争议依然存在了很长时间。

好在 2007 年，湖北随州，也就是出土鄂侯弟曆季尊的地方，又出土了一批鄂侯的青铜器，其中有尊有卣，还有罍。可以看到它们的纹饰和保利那件卣，非常接近。卣的提梁上，每个折角都有装饰，顶部要装饰一个双歧形的扉棱，这在其他青铜卣的提梁上几乎没有。这几件青铜器的出土，可以说证实了保利这件卣绝对不会是后仿的。出土资料给保利这件青铜器的辨伪，提供了非常翔实可靠的依据。

上海博物馆藏有一件兽面纹龙流盉（图 7），盉作侈口直颈，袋腹，下承三柱足。器形与西周中原地区青铜盉的样式相仿，但其流部作龙形，流口为龙首。鋬作龙形，龙尾卷翘。盖顶为一条盘旋的龙，龙首昂起。三条龙身均以鳞纹作为装饰，造型矫健、灵动、悠长。盖缘、颈部饰龙纹，肩饰斜角雷纹，腹饰兽

面纹，配置以龙纹、鸟纹。盖缘的龙纹和腹部的兽面纹在每一个转折处的尖端都向上翘起，突出器表，颇有特色。然而由于这件盉的总体装饰风格在以往的青铜器上从未见过，纹样的变形与怪异也在以往的同类纹饰中未曾有过，因而一度有人怀疑这件盉可能是件仿制的青铜器。尽管这件盉的形制特点和制作工艺并不类同于后仿铜器，终因缺乏考古学的依据而一直存疑。1974 年 10 月，广东信宜松香厂工地出土了一件青铜盉（讲者注：徐恒彬《广东信宜出土青铜盉》,《文物》1975 年第 11 期 94 页），其形制、纹饰及制作工艺与上海博物馆收藏的这件兽面纹龙流盉非常相似。出土资料发表后，上博老一辈的研究人员敏锐地捕捉到了这一信息，将两者比对后确认上海博物馆藏的兽面纹龙流盉与信宜的盉具有相同的文化属性，应该都是南方地区在吸取了中原西周时期青铜文化之后，将本土文化与之糅合而成的一件青铜作品，排除了它是后代仿制的可能性。结合南方地区考古资料和南方青铜器的特点，确定此类盉应该是春秋时期南方地区的青铜制品。这一意见以后被考古文物学界普遍接受，使之成为一件研究南方青铜文化非常重要的实物资料。

上海博物馆的晋侯稣编钟，当初刚征集来时，馆里有过很大压力。这套编钟是马承源先生从香港抢救回来的，当时出售它的古董商也认为上面的铭文是伪刻的，因此没有人敢买它，当时收藏的价格直到现在都可以说是比较合理的。

这套编钟现在上海博物馆藏里是 14 件，每一件钟上都刻有长篇铭文，熟悉青铜器的人都知道商周时期的青铜器，特别是西周晚期以前的青铜器上面的铭文，基本上都是铸造而成，不是刻的。刻上去的铭文，现在从常识来讲就是后刻的，也就是伪刻的。认为晋侯稣钟铭文是伪刻的，似乎也有很强大的科学依据，即西周时期有什么金属工具可以给青铜刻铭？好像一切怀疑都很有道理。但是拿来以后，我们看到过它的原始状态，我们和马先生一样都坚信铭文不是后刻的。为什么？因为在钟上的字口上有着厚厚的一层青铜的锈。这个氧化锈是要几千年才能形成的。锈覆盖了铭文，显然这个铭文是在锈生成之前就刻上去了，所以绝对不会是后刻的。马承源先生写过文章，根据他的研究，大家可以看它这个上面一笔一画，不是一刀刻成的，是一刀一刀连续錾刻而成，特别是可以看到圆转角的地方一刀一刀的痕迹非常清晰。这说明什么？说明当时金属工具的锋利程度还不能达到一刀刻成一笔的程度，只能一小刀一小刀錾刻而成。同时，这也说明当时有一种比青铜还硬的金属工具，但还处于比较早期的、比较原始的状态。一直到战国时期青铜器上的刻纹，都用这种方法。晋侯稣编钟上的铭文到底是什么时候刻的？我们根据铭文都能够相信这是西周时候刻的，但是始终缺乏一个比较能够令人信服的科学依据，所以业内外质疑声一直不断。

好在 1992 年，北京大学和山西省考古所的考古工作人员清理了晋侯墓地的 8 号墓。这个墓是被盗的，他们清理出来两件小编钟，是盗墓者没有盗走的。

这两件编钟上面也刻有铭文。巧的是，或者说好的是，上博这套编钟的铭文不像以前有的编钟是一钟一铭，这套编钟的铭文是从第一个钟刻起，一直刻到最后一个钟，它是连续的一篇铭文。但上海博物馆藏的这套编钟的最后一件钟上，铭文显然还没结束，最后一个编钟上的刻字止于“降余多福，稣其迈(万)”。“迈”后面是什么呢？ 1992 年出土的编钟铭文为“年无疆子子孙孙”“永宝兹钟”。这个铭文就和上博的钟完全连起来了。从大小、刻法、铭文，可以确定上博这套编钟就是从 8 号墓里被盗的。盗墓者没盗完，留了两个。这两个给将来的我们做了证据。也就是凭着这两个钟，业内再也没有人质疑这套编钟铭文的真实性。这套编钟的铭文记载了晋侯稣随周厉王亲征东方夙夷的事件，为史书所阙载，是对西周史料的重要补充，同时也可据此推算西周历谱。

文化属性的认识

考古资料对青铜器文化属性认识的作用不容忽视。上海博物馆藏的青铜器提梁卣（图 8），一度被认为可能就是中原地区做得非常不成功的青铜器，所

8

春秋早期 兽面纹卣

上海博物馆藏

以它一直没有被当回事。直到后来，我们发现在安徽屯溪1号墓出土的几件青铜卣和上海博物馆藏的青铜卣在形制和制作工艺上非常接近，尤其是提梁的两端的兽首比较长、突出，与中原地区的青铜卣不同。中原地区青铜卣两端的兽首，都是较小的、俯首式的。由此可见，上博这件青铜卣的产地，很有可能就是在吴越文化的区域范围之内。

同时也发现，在吴越地区出土的一些青铜器器形是仿中原地区的，纹饰却都具有很强烈的地方特色，它仿中原仿得不是很认真。由此我们就可以得出一个结论，上博这件青铜卣并不是中原地区铸造的次品，而应该是吴越地区仿中原器形纹饰的一件提梁卣，它的文化属性就被界定为吴越文化。

最近在整理库房时看到的一件龙纹簋（图9），为什么它一直被打入冷宫呢？卡片上说的是“后仿”。同样因为我们过去对它的文化属性认识不够，就认为这件东西的纹饰不像我们以往见到的中原地区青铜器。从纹饰上看，说龙纹不像龙纹，说云纹也不像云纹。是一种什么纹饰呢？我们从考古资料可以看

9
龙纹簋
上海博物馆藏

到，丹徒出土的青铜簋和屯溪出土的青铜盘，器形与之相仿，纹饰几乎一模一样。所以，这件青铜器我们也可以确定它是吴越地区的一件青铜制品，现在我们对这件青铜器又开始重视，也将它放入了展厅。

还有一件凤纹牺觥（图10）偶尔会在上博青铜馆展厅里展出，不常见的原因是它经常会被外借。大家一开始对这件青铜器有些疑惑。为什么呢？它腹部的纹饰是个凤鸟纹，但是这个凤鸟纹后面有长冠，这种样式长冠的凤鸟纹在中原地区的青铜器上几乎看不到。这个是什么类型的青铜器？它的文化属性是什么？直至湖南衡阳出土了一件和我们这件几乎一模一样的青铜觥，上面也是装饰着这种长冠的凤鸟纹。由此断定，上博的这件青铜觥的文化属性应该是南方文化，不属于中原文化系统。

上博展厅里的两件龙耳尊（图11）也非常有意思。这两件龙耳尊是在几年间分批从冶炼厂捡回来的，1976年捡回来两个耳朵，1979年又捡回来两个耳朵，后来捡回来了器身。马承源先生在拿到器身时，马上一闪念就说，前几年从废品回收站拿来的那两个龙耳形，你们帮我拿回来。我们库房的同志把这两个龙耳拿去，马先生就把这个龙耳对在这个尊的断口处，一对对上了，碴口也完全吻合，正是从这里断掉的。我们就把它修复出来，成了现在的样子。但是修复后也还是被质疑。为什么？因为当时没有人看见过有这种器形，有人说耳朵都是瞎对对上去的，青铜器怎么会有这种龙耳，这种器物在中原地区从来没见过。好在天助人也，安徽青阳和南陵，陆续出土了龙耳尊，都是成对的，就是这种类型的龙耳。至此，关于龙耳不应该装上去的质疑声停止了，真假也没有人怀疑了，文化属性也能够确定了，这种龙耳尊应该就是春秋时期皖南地区的青铜制品。

考古资料对馆藏青铜器性质的认识也有很多启示。在上博展厅有一件鼓座（图12），上博同类型的鼓座一共收藏了两件，还有一件经常被借出去外展。鼓座的作用是什么？就是所谓建鼓座，鼓座当中是插着建鼓柱。《隋书》说，“植而贯之，谓之建鼓。” 在春秋战国时期画像纹的上面就有建鼓，一个建鼓，下

10

商 凤纹牺觥
上海博物馆藏

11

春秋 龙耳尊
上海博物馆藏

12

春秋 镂空蟠龙鼓座
上海博物馆藏

面就是一个鼓座。建鼓是和编钟、编磬形成组合使用的。

什么人可以用这种建鼓和编钟、编磬组合?

我们现在考古发现最早的建鼓资料是在陕西韩城芮国墓地。感谢考古工作人员居然在泥土里面把一个已经泥质化的建鼓给一点点剔出来了。下面的柱子还在，还有残留，被整体打包回去，在实验室里慢慢处理。当时发掘以后，我曾到工地去问工作人员有没有鼓座，他说鼓座没有。但是有建鼓，应该就有鼓座，也有可能这个鼓座是用其他有机材质做的，不是用青铜做的，时间长腐烂了。能够把这个建鼓给清出来，已经相当不容易了。我现在甚至怀疑我们之前在一些发掘过程中，很有可能因为一个疏忽把这种泥质化了的木腔皮鼓给清掉了。所以芮国墓地出土的这个建鼓，是考古发掘当中一个很伟大的发现。

我对所有出土过青铜鼓座建鼓的墓葬做过一个统计，它们几乎都是诸侯墓出土的：曾侯、芮公、许公宁、徐国国君，这些都是诸侯，就太原金胜村这个墓是赵氏贵族。发掘者说墓主应该就是当时晋国的实际执政，权倾一时而地位比一般诸侯国国君都要高的赵卿。《史记·赵世家》中有记载："赵名晋卿，实专晋权。"再参考太原金胜村 251 号墓赵卿墓的发掘报告，该墓使用的是一椁三棺，而且是个积石积炭墓，这是诸侯的葬制。古代墓葬都是有很严格规定的，这个人尽管不是诸侯，但是他用了诸侯的葬制，可见他已经僭用了诸侯的礼制。所以在赵卿的墓里面发现一个鼓座，也有可能是他僭用了诸侯礼制。

综合现有的考古数据我们可以这样认为：春秋战国时期的乐器组合中，诸侯国国君使用的是建鼓与编钟、编磬的乐器组合。所以青铜的建鼓鼓座应该是诸侯国君乐器组合中的一部分，它的性质应该是诸侯用的青铜器。这个考古资料也帮我们解决了鼓座的性质。

馆藏青铜器对考古资料的补充作用

考古资料对上海博物馆藏青铜器的研究很重要，但我们也要知道上博的馆藏青铜器资料有时候也会对考古工作起到一些非常重要的补充作用。以曲村—天马遗址诸侯墓地为例，早期北京大学和山西省考古学家首先发掘的是 1 号墓和 2 号墓。这两个墓几乎被盗掘一空，有多处盗洞，1 号墓的盗洞比一个人还大。考古工作者等于就是做空墓的清理。1 号墓和 2 号墓已被盗空，没有考古资料可以提供给考古工作者解决“这个墓是谁的墓”“等级如何”这样的疑问。因为这个墓从葬制来看是甲字形墓，应该是个诸侯级别的，但是里面什么东西都没了，怎么来证明它是一个诸侯墓？这时候就需要根据上海博物馆馆藏青铜器来研究了。因为在 1 号墓清理出了一块青铜器残片，只有一小块残片。在上博展厅里的晋侯對盨（图 13），在盖子的顶部装饰了两头龙纹，甚至可以说是三头龙纹，中间是龙的眼睛。在 1 号墓留下的这个残铜片上，龙的眼睛，

13

西周 晋侯對盨

上海博物馆藏

和晋侯對盨盖上的纹饰一模一样。残片背面的铭文是“初吉……乍宝尊……子子孙孙永”，很显然这是另外一件青铜盨盖上面的一块残片。而上博这件晋侯盨的铭文为“唯正月初吉丁亥，乍宝尊盨，迈（其万）年子子孙孙永宝用”。从残片铭文的内容、位置和字体来看，和我们馆藏晋侯對盨的铭文相符。这就可以根据我们这个青铜盨，来证实 1 号墓的墓主人应该就是晋侯對。相反也就应该可以证明我们的晋侯對盨是从 1 号墓被盗出土的。

被盗一空的 2 号墓也留了一小块残铜钮。上海博物馆收藏了另外的四件晋侯對盨，其中一件盨，是从香港买进来的。买来时，它盖上的钮是残缺的，古董商用几个小铜片做了几个假钮在上面，所以送到上博后很快就被拆掉了。2 号墓出土的这个青铜残钮很可能就是从这个盨上掉下来的，因为它的形制和上博四件盨上面所有的钮一模一样。所以上博这四件晋侯對盨，考古学家也承认应该就是晋侯墓地 2 号墓出土的。也由此可以确定墓 2 应该和晋侯對是有关系的。考古学家已经判定墓 1 和墓 2 是夫妻墓，墓 1 是墓主人晋侯對，也就是晋釐侯，墓 2 是他的夫人。

上海博物馆藏资料对 1 号墓、2 号墓的考古工作，是重要的补充。

上文说到的上海博物馆藏的晋侯稣钟，就是从这个遗址的 8 号墓出土的。馆藏编钟上的铭文也为这个遗址整个诸侯墓地的考古断代提供了翔实的依据。8 号墓出现了晋侯稣这个名字，且这个名字仅见于 8 号墓，“稣”就铸在最能代表墓主人身份地位的鼎和钟上面。主持晋侯墓地发掘的李伯谦先生指出晋侯稣，就是《史记·晋世家》里面有的晋献侯苏。所以 8 号墓的墓主就是晋献侯。

鼎和钟铭文中的“稣”字与《史记》中的记载相吻合，这成为考古学家研究晋侯墓地时代、排序的支点，对晋侯墓地的确认以及九代晋侯墓葬序列的确认具有突破性的意义，也为我国“夏商周断代工程”中西周列王编年课题的解决提供了重要的实证。

考古资料需要谨慎对待

虽然考古资料对我们馆藏青铜器的研究非常重要，而且是我们做研究必不可少的科学依据，但是在采用时还要采取科学谨慎的态度，不能随便拿一个考古资料来对上博馆藏青铜器做一个随意的研究。比方说上海博物馆收藏的一个虎簋，吴大澂曾经收藏过，是在陕西发现的，过去很长时间都是定为西周晚期，一直没有任何异议，直到前些年淅川和尚岭 10 号墓出土了一件簋。虽然它的锈很厚，但是从线图可以看到它的器形、纹饰和上博这件虎簋的形制和纹饰非常非常接近，但在铸造工艺上却存在很大的差异。另外在淅川县仓房乡东沟村征集的一个簋，也是这种类型，和上博这件虎簋非常相似。

2009 年，大英博物馆要办一个上海博物馆收藏的青铜器艺术品展览，策展人是著名考古学家、中国青铜器的研究专家杰西卡·罗森（Professor Dame Jessica Rawson），她是少数在考古学界得到爵位的专家。她来挑选展品之后说，你们对这些展品的断代我都没意见，但是有一件我可能要提出不同的意见。我问是不是虎簋，她说对。我知道她会对此持不同的意见。她的依据就是淅川出土的这个簋，因此她把它的时代改到了春秋的中期。

但是，从铸造工艺上来看，这两个簋完全不在一个层次上，上博的虎簋看上去厚重，淅川的簋看上去就很轻薄。从相关资料来看，这种簋的式样在西周时期是比较重要的，里面有长篇铭文，宋代的《考古图》里有这么一件牧簋。西周时期的青铜器里面会有长篇铭文，到了春秋战国以后几乎就没有长篇铭文了，在淅川出土的这两个簋里面，根本一个字铭文都没有。虎簋虽然只有器盖上的虎形族徽，但这种标记氏族徽记的做法，在春秋晚期的青铜器上已几乎看不到了。

我认为淅川这两件簋在淅川墓地出土的青铜器当中是一个复古现象的代表。除了这两件簋以外，在徐家岭 10 号墓出土的龙纹鬲，也是个复古器。因为器形和淅川下寺 1 号墓出土的鬲完全一样，器形是春秋晚期的，但纹饰是龙纹，这种龙纹普遍流行于西周晚期、春秋早期的青铜鬲上。很显然，淅川的这件鬲也是一件复古作品，它用了春秋晚期的器形，但是装饰了西周晚期的龙纹。我们研究淅川出土的那两件簋，器形、纹饰完全就是仿西周时期的青铜簋，它们也是一个复古作品。它们在淅川墓地的存在，说明淅川墓地青铜器上存在着复古的现象。

我们认为淅川这两件复古式样的簋是不能作为上海博物馆藏虎簋断代的依据，所以在运用材料的时候要慎重，不能仅凭淅川簋就把我们的虎簋一下子断代到春秋中期了。

在上博展厅里有件西周晚期的龙纹鬲（图 14），这个断代也会被人质疑。

14

西周晚期 龙纹鬲
上海博物馆藏

曾有两个考古界的朋友先后问了我几乎同样的问题：这个鬲的断代是不是要斟酌一下？他们认为这个鬲完全就是商末周初陶鬲的式样。搞考古的人断代以陶器为主，陶鬲又是断代的主要依据。商末周初的陶鬲就是有这个式样的，和我们这个鬲的形制一样。所以从他们做考古的角度来讲，时代错了，这个器形的时代就是商末周初的，你把它断在西周晚期，你断错了。但在我让他们仔细看过鬲上的纹饰后，他们就意识到自己错了。这个纹饰就是西周晚期的，西周早期没有这种纹饰。

一件青铜器的断代，是以它最晚的文化因素作为它的下限，作为断代的依据的，按照它的文化因素上限来断代，是不可以的。所以从某种意义上，我们这件西周晚期的青铜鬲，也是一件复古作品，它的器形是复古的，但纹饰还是当时的。

不要看到考古材料都认为是非常可靠的，比如 1963 年 4 月陕西武功县南仁乡北坡村出土过几件青铜簋。吴镇烽先生专门写过一篇文章，就讲到在武功县出土的簋，既不是墓葬，也不是窖藏出土，很有可能是清末民国时期人家埋藏的，里面有真的东西，有一件真的簋，但是另外一件铭文是后刻的，它的形制与真簋是一样的，铭文是仿那件真器伪刻的，字体也不对，刻的字又刻在了垫片上面，垫片是铸造青铜器时加在陶范中用作固定内外范的铜片，字在垫片上就很显然是后刻的。大家在引用资料时，不能把这件假东西也引用进去。

正因此，我们在运用考古资料的时候要采取慎重态度，辨一下真伪。

总之，将考古学资料运用于馆藏文物的研究实践之中，是科学利用文物藏品最行之有效的方法之一。

扫码收听《考古材料在馆藏青铜器研究中的运用》音频内容

第三讲

施 远
上海博物馆工艺研究部主任、研究馆员

金山竹海——金西厓的竹刻人生

此金山，不是上海的金山区；此竹海，也不是风景名胜那个竹海。究竟为何意，且看下文。

民国年间的上海，有一个青年，他出身湖州南浔巨富人家，在接受良好教育之后获得工程师的职位。这个前途远大的理工男，却无可救药地爱上了一门“小手艺”，无论工作有多繁忙，都没有使他停下手中的刻刀。

他原本希望自己像官运亨通、画名远播的大哥一样，成为一名画家，之后接受了大哥的建议，差异化发展，最终一鸣惊人，无论是创作还是理论都硕果累累。艺术史上少了一位锦上添花的画家，却多了一位不可或缺的竹人。

他就是金西厓，20 世纪最杰出的竹刻艺术家、最重要的竹刻理论家，被启功先生评价为“于五百年来竹人之外独树一帜”。2020 年，上海博物馆举办“金石箕笃——金西厓竹刻艺术特展”。上海博物馆的竹刻收藏总数达600余件，以时代序列齐全与精品佳作众多为特点，特别是最具艺术价值的名家之作与深蕴人文内涵的文人竹刻，无论数量还是质量，在世界上都占有无可比拟的地位，而其中六分之一的藏品就是金西厓的作品。

当金西厓自刻自用的数十柄折扇徐徐打开，煌煌十二巨册刻竹拓本一一展卷，在我们未及细览那精妙绝伦的竹刻之前，就先被一个个在近现代文化史上熠熠生辉的名字震惊了。比起对这些名字的熟悉，我们对金西厓及其刻竹的了解实在是太浅薄了。既然如此，那不妨先介绍一下金西厓这个人物，再来说他的艺术，这大概也符合孟子所教导的，“颂其诗，读其书，不知其人，可乎？”

艺术家世与独辟蹊径

金西厓谱名金绍坊，字季言，号西厓，一作西崖。于清光绪十六年（1890）庚寅五月初九辰时出生于浙江省湖州府乌程县南浔镇东大街金氏承德堂。从金西厓爷爷金桐开始，金家就积累了巨额财富，人称“小金三（小金山）”。从一张少年跷腿的照相可以看到，金西厓从小生性聪明伶俐。当时天津、北京才刚刚开出照相馆，他能在六七岁时留影，足见家底殷实。

金西厓排行老四，是小金山上的四少爷。祖父金桐在咸丰年间，开设协隆丝栈和金嘉纪丝行，涉洋生意，财富积累，成为南浔富商“四象八牛”中的一“牛”，留下遗产30万两。父亲金焘16岁中秀才，任缙云训导，后任中书科中书，改授通奉大夫，曾两度出游欧美，崇尚西方文化和生活方式，投资创办电灯厂、医院，培养子女出国留学。

金家到了第三代，就不仅仅是商人和官员的身份，而成了文艺世家。金西厓这一辈，都是民国时期的名流。大哥金城（谱名金绍城）艺术成就最为突出，也是西厓艺术上的指引者。金城曾任上海公共租界会审公廨襄谳委员，后升大理院刑科推事、监造法庭工程处会办、民政部谘议等职。民国后，金城倡议将故宫、热河行宫及盛京内库所藏20多万件文物集中陈列展览，引起轰动。1920年，成立中国画学会，并举办四届中日书画联展，著有《藕湖诗草》《北楼论画》等。他是一位成功的官员和画家。

二哥金绍堂字东溪，喜爱竹刻，但主要精力还是放在家族生意上，著有《可读庐刻竹拓本》《棘端競巧》。三哥金绍基也有很高的文化修养。1902年，与大哥金绍城、二哥金绍堂赴英国游学，主修机电，兼习化学。他与赵元任曾一起指导"万国美术所"的活动，任北平美术学院副院长、北平博物学协会会长，抗战期间还经营玉门的石油开采，是金家后代经商最成功的一位。

姐姐金章是著名画家，也就是著名文物鉴赏家王世襄的母亲。她曾随兄游学英国，专攻西洋美术。1920年金城等创办中国画学会于北京，金章任评事，做画鱼指导，后撰《濠梁知乐集》专论画鱼，并自序。其有《金陶陶女士画册》《金鱼百影图卷》传世，著有《濠梁知乐集》四卷。

在大哥金城的率领提携下，金氏一门可谓是人才辈出，为官、经商，从事科学、艺术无不成功，风流京沪。金城继承了嘉兴画派的笔墨传统，也接受过西方美术教育，在艺术上主张将宋元的写实传统和西方美术加以糅合。但是他英年早逝，很多想法没有能实现，他带过的许多学生后来也继承发展了他的艺术思想。

南浔金家有着浓郁的艺术氛围，人人出手不凡。我们今天还能在杭州西湖南高峰西侧翁家山南麓烟霞洞口看到金焘题写的"烟霞此地多"篆书石碑，款署"光绪二十二年南林沁园甫金焘题"，篆法整饬，笔意工稳，颇具功力。

在这样的艺术家庭里成长，年幼的金西厓自然也会对金石书画产生浓厚的兴趣。早在1912年，金西厓即加入了上海"豫园书画善会"，开始涉足艺林。然而金城却以过来人的经验指点道："现今社会上搞书画的人很多，刻竹的人少，你不若从东溪兄学刻竹，较易成功也。"

金城在画学上重视功力和法度，主张取径宋元大家，折中西洋写生之法，故于画艺殚精竭虑、惨淡经营。他深知画道的艰辛和画界竞争的激烈，乃为其弟指一方便法门。接受了兄长的建议，1917年，金西厓正式开始跟从已有竹刻家名声的二哥金东溪学习竹刻，开启了长达近半个世纪的刻竹生涯。有大哥在竹刻稿本上的无间相助和二哥在竹刻技艺上的倾囊相授，成功只取决于自己的努力了。

没有出国留学的金西厓，毕业于上海圣芳济学院，后任土木和桥梁工程师。他从事工匠之流的手艺，可以说是降维打击。一个富家子弟去学习这些“雕虫小技”，不是为了谋生，完全是兴趣使然，还很刻苦，想不成功也难。正是基于家学渊源的陶冶，使得金西厓在竹刻艺术方面不同于当时的人。他的竹刻作品格调清雅，和一般的工艺家过于重视技巧不一样，他能恰如其分地运用技巧而不是卖弄技巧。差异化发展，让金西厓最终一鸣惊人，无论是艺术创作还是理论研究都硕果累累。

关于金西厓开始刻竹生涯的大致情形，可于其《刻竹小言》自序中略微一窥。“余少习工程，夙疏文墨。壮年就业，奔走遐迩，营建之余，独喜刻竹。伯兄北楼，殚思画学，每取砚池余沈，于臂搁箑边为作小景，付余镌刻。仲兄东溪，素工斯艺，朝夕濡染，遂爱之入骨。居家之日，恒忘饮食，仆仆征途，亦携竹材刀刷相随。”上博工艺部前辈庄永贵先生在《吴昌硕与竹刻家金西厓》中记述：“（金西厓）自从专攻竹刻后，进步极快，很快就赶上并超过其仲兄金东溪的水平……西厓为了提高自己的刻竹艺术水平，扩大艺术视野，仍从伯兄金北楼学习书画，间亦镌刻印章。”

尹椿、潘振镛绘《金绍坊先生二十八岁小像轴》（图 1）作于丁巳（1917）春日，由尹椿画，潘振镛补景。图中所绘人物衫袍颀长，丰姿隽爽，目光如炬，意气风发，精致中不乏儒雅。其闲坐庭中，手展书卷，与翠竹、萱花为伴，所描绘的正是西厓早年日夜精研竹刻时的形象。

竹刻发展与时代流变

晚明以前，雕刻工艺很少直接吸收绘画语言，高级工艺品更是追求材质的

1

1917年 尹椿、潘振镛 金绍坊先生二十八岁小像轴
上海博物馆藏

珍贵性，比如白玉、玳瑁、象牙、犀角、漆器、紫檀等，竹材里只有特殊而稀罕的品种比如湘妃竹才会受到珍视。一些贵重材料的使用甚至还有等级限制，因此这些高级雕刻品，非高官和富有者不能拥有和把玩。

而竹刻艺术，则是一次伟大“翻盘”。它选择毛竹这种“贱材”，使之焕发出了光彩；又广泛汲取了玉石、牙角、漆木等兄弟雕刻工艺的成熟技巧，各种丰富的雕刻手艺成为竹刻技法发展的工艺基础。在此基础上，竹刻进一步吸收了书画艺术的营养进行集成创新，成就了这门既需要文人品位修养，又具有工匠技艺高度的艺术。

通过文人艺术的审美加持，竹刻最终成为雕刻类雅玩之冠。这种品位影响了后世，直至今日，人们仍旧将牙角漆木等雕刻看作工艺品，而将竹刻视为登堂入室的中国艺术。

竹刻最初跻身独立艺术行列，是从晚明嘉定“三朱”开始的。清人钱泳在《履园丛话》里说：“竹刻，嘉定人最精，其法始于朱鹤祖孙父子，与古铜玉、宋瓷诸器并重。”道光朝以后，江南地区的文人竹刻在嘉定竹刻的基础上得到蓬勃发展，其缘由具体而言大概有四：金石学的大兴、阴文浅刻技法的成熟、竹制折扇的风行、镌刻为艺文之士所必修技艺。

由嘉定竹人邓渭“开其端”的竹器刻字为饰之样式，经邑中周锷发展为“字细如蝇头”的箑边细字，这种箑边刻的样式在随后的百年之间大行其道，并逐渐趋向细密，最终蜕变为“微雕”。金西厓指出，“细密难工，亦是一种发展”，但发展至极，“刻成亦无由看清，须持放大镜照读”，其用刀全凭感觉，“用锋颖划去”，并无刀法可言。这类制作“堪称绝技，而非绝艺，徒为好事家所珍，不为真鉴者所赏”。不过至少在清代中晚期，细字镌刻尚未发展到如此不堪，若周锷、韩潮、蔡照、黄素川、曹世楷诸家，皆以细字精能，而字体之用笔、结字俱不失典型，刀法亦历历可赏，绝无含糊敷衍处，与后之所谓“浅刻毛雕”大异。

宋元以来，诗文酬唱和书画题赠同为中国文人士大夫之间开展社交活动的重要载体，降及清代嘉、道年间，箑边雕刻异军突起，作为折扇的重要组成部分，成为友人间相互馈赠的流行礼品。折扇原出日本，北宋时传入中国，未几即有仿制，至明代时已完全本土化。竹制折扇的广泛行用，成为江浙地区文人竹刻蓬勃发展最重要的物质基础。

文人箑边刻行用的主要风格是远绍金陵濮仲谦、近师嘉定周颢的“浅刻”书画作风。此时由周颢开创的表现南宗山水、竹石绘画笔墨效果的阴刻技法已流传开来，为无数精通书画又擅铁笔治印的文人，开辟了奏刀向竹的坦途。

金西厓指出：“（周颢）刀法有继承，有创新，更有遗响。”嘉定的职业竹人由于缺乏综合性的文化素养，实际上无法很好地继承这笔遗产。因此，周颢的刻法在嘉定地区并没有得到很好的继承发扬，反而是江浙一带的文人艺术家，因与周颢同样具备金石、书画、诗文等“竹外功”，而能将周氏开创的那种有着浓郁文人书画趣味的“浅刻”之风传播开去。

到了道光年间，浙江竹人文鼎、韩潮倾心于周颢的竹刻风格，刻山水仿其刻法，吴门竹人也多祖述周颢。但新的问题却出现了，也就是金西厓所说之“清代后期，竹刻山水，多法南宗，不求刀痕凿迹之精工，但矜笔情墨趣之近似。于是精镂细琢之制日少，荒率简略之作日多，其作画刻竹之工力，又远不逮芷岩，于是所作亦无足观矣”的局面。随着文人书画竹刻成为新的流行样式，因应市场需求和产业发展，画刻分途亦自此开始并愈演愈烈，以至到了清末民初，画家挥毫作稿，竹人循迹奏刀，竟成竹刻创作的常态。摹刻稿本能否纤毫必到，亦成为当时评价竹人优劣的唯一标尺。尽管当时活跃着一批知名的竹刻艺人，但其中优秀的亦不过是“雅匠”，作为画本和拓稿的“附庸”从事着竹刻制作。当时的鉴赏家和论艺者，也皆视此为竹刻艺术的当然形态。

创作背景与艺术交游

金西厓正是在这样的时代背景下开始其竹刻创作实践与理论思考的。他的作品以扇骨雕刻为主，这些扇骨竹刻的墨稿或来自于同当世书画名家特别是与兄长金城的合作，或传移模写名家笔法墨迹和金石传拓之本，亦有不少出于自运者。雕刻形式多样，无论阴文、阳文、留青，或则深刻、浅刻、毛雕，皆达到很高水平。

与一般竹人镌刻他人画稿或者画影图形亦步亦趋，或者锦上添花无端用巧的路子不同，金西厓尤其擅长灵活运用不同刻法以表现书画墨稿的笔墨趣味和艺术意境，但又能避免堕入炫耀技艺的歧路，始终保持雅正的艺术品格。作为二度创作，他的刻件竟然常常能较书画原迹更加具有艺术感染力。在名手辈出的民国艺坛，金西厓以高华、清雅、朗润、平正的扇刻风格独树一帜，他在扇骨雕刻上取得的成就使其当之无愧地成为 20 世纪中国竹刻艺术的代表人物。

怎么来形容金西厓的艺术成就？白石老人的四字“金石筼筜”足矣（图 2）。金西厓是江南竹人，齐白石主要在北京活动，选择他的题词用作展览名，更能说明竹刻艺术的影响力不止在江南，而是遍及全国。吴昌硕和金西厓也是忘年交，吴昌硕在世时就对金西厓画作、刻件一再题词题诗，83 岁时为金西厓的书斋题名“锲不舍斋”（图 3），以教诲后生，金西厓如获至宝，并将之视为鞭策。

可以让腰缠万贯、才高八斗的世家子弟金西厓倾心一生，甘愿把一辈子精力投入到这个“雕虫小技”，可以想见竹刻拥有的巨大魅力。竹雕技法精深微妙，不论研究创作都是一种享受。云间名士陈继儒曾在《太平清话》里枚举过几十种“一人独享之乐”，将刻竹与钓鱼、对画、焚香、试茶、鼓琴、校书等高雅的文人兴趣并列。

褚德彝在 1930 年春撰《竹人续录》，其“金西厓”条云：“日夕奏刀，无间寒暑，三年中刻扇骨至三百余枋，可谓勤矣。”按《金西厓刻竹目录》（手稿本，以下简称为《目录》）共登录包括扇骨、臂搁、笔筒、手杖在内的作品总数为 436 件。所录最早的作品创作时间为 1920 年（庚申），为数极少，次年（辛酉）作品渐多，至 1922 年（壬戌）始出现爆发性增长。此后历年所刻数量参差不齐，少至一二件，至多不过 30 余件。粗略统计，年刻 30 件以上者有四年，20 件

3 吴昌硕题『锲不舍斋』匾 台北天玺堂藏

2

齐白石题『金石筼筜』

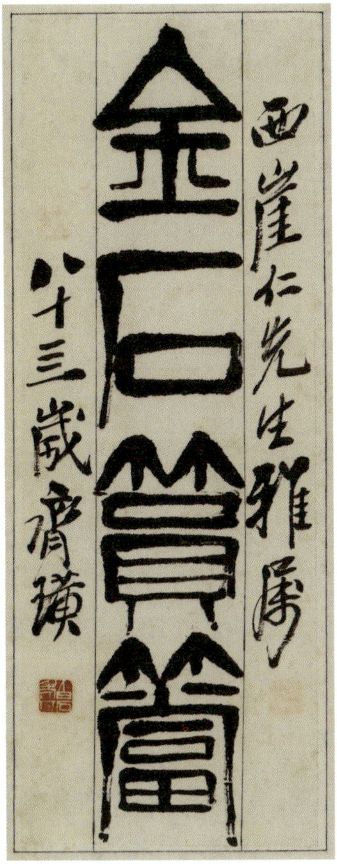

以上者有四年，10 件以上者有三年，余皆年刻 10 件以下。从 1950 年开始至其离世，或作或辍，总共刻制扇骨不过十余件。

在褚德彝撰写该条目的 1930 年之前，金西厓刻制扇骨最多的 1924 年（甲子）也仅有 33 件的创作纪录。褚德彝并未明言是哪三年，考虑到其文意在于说明金氏用工之勤，有理由相信，“三年中刻扇骨至三百余枋”很大可能是对金西厓初习竹刻时的数量记录，其时间自 1917 年至 1920 年之间，约当三年。这些早年的习作，旨在练习手艺者居多，又出于初学之手，水平必然不会太高，除却当时为亲朋索去者，恐怕多付斧爨了。今天唯一能确认的金西厓最早的刻骨作品，即是在《目录》和十二册《金西厓刻竹拓本》中都列为第一号的阴文金城画山水又草书竹扇骨（图 4）。这件完成于 1920 年的作品在雕刻技法上明显比较稚嫩，远逊其代表水平，应是金西厓自留的少数早期习作之一。想来若没有初学刻竹时期的大量练习，也不可能在数年后就取得惊人的成就。

从 1922 年开始，金西厓的竹刻水准明显趋于成熟且水平稳定，作品数量亦多。自 1922 年至 1926 年，是其竹刻创作的第一个高峰期，五年中共刻制扇骨 130 余件、臂搁 27 件、笔筒 5 件，风格多样，技法全面。1926 年，大哥金城离世，此后十多年里他的竹刻创作明显减少。1934、1937 两年完全停止竹刻创作。从 1942 年开始，金西厓进入竹刻创作的第二个高峰期，自 1942 年至 1946 年，五年中共刻制扇骨亦有 130 余件，另有臂搁 5 件。这一时期的雕刻手法相对单一，扇骨多以阴文与浅刻为主。

扇子是竹刻的最大载体，江南地区的折扇，以竹骨为雅，少有士人握持雕刻繁缛的紫檀、象牙、剔红骨扇这样的奢侈之物。怀袖之物的时尚风向标以雅为尊，有文人的清趣在内，才是上品。

金西厓推崇文人雅气，因而他所刻的扇骨，均以简练古朴的造型为主——扇骨头型通常以方根头、古方头、马牙头、挑镫方头为主，形式洗练，绝无喧宾夺主之嫌，与他的扇刻风格十分协调。大骨底端有个小凹槽，是辨别金西厓定制扇骨的方法之一。

4

1920年 金西厓 阴文金城画山水又草书竹扇骨
上海博物馆藏

上海博物馆2020年展出的金西厓作品中，大多是合拢的扇骨，少有打开的扇面。有人开玩笑，真想把扇子一把把展开，看个究竟。展厅中，仅展出了三把打开的扇子，显示的是金先生在绘画上的基本功。

清代文人竹刻名家，往往是诗书画印兼擅的，绝不是仅仅能刻竹而已。多方面的文化艺术修养，是一个竹人能够成长为名家甚至大家的保障。金西厓自谓“夙疏文墨”，在诗文方面并不在行，但作为当时少数受过新型教育的现代知识分子，其文化根基自不待言。早年有较长时间跟随伯兄金城习画的经历，族中及姻旧中又富收藏，加之与同时书画翰墨名家时相过从，其起点之高、眼界之富显然是一般的工艺人士难以比拟的。

我们今天还能看到存世极少的金西厓早年绘画作品（图5），知其花鸟、山水、人物皆能，笔墨沉厚，设色妍雅，允称能品。画面气息淳厚清和，构图则平中见奇耐人寻味，这些特点与其刻竹的清雅格调及经营位置的缜密别致完全合拍。西厓尝自言：“间或画本与竹刻之需求未尽合适，有待商榷斟酌处，亦尝以私意更易之。刻成再示原作者，往往蒙其首肯。”证明他在刻竹上是充分体现了自己的画学修为。

金西厓早年参加了豫园书画善会，结识了一众书画大家，在和这些艺术名流的交往中，得到了众人的赏识。比他年长46岁的海上艺坛宗师吴昌硕，对这位年轻人的作品一见倾心，赞不绝口，结为忘年之交，屡为题诗作画供其刊刻，为他的作品集题字、题诗。足可见金西厓交游之广泛，又见当时艺坛对其竹刻艺术之嘉许。

依托于家族的社会关系特别是伯兄金城在艺文界广泛的人脉，使金西厓结识了众多艺坛名宿、画界巨子。据不完全统计，先后与其有过合作的名家有褚德彝、朱孝臧、高存道、王一亭、郭兰祥、郭兰枝、徐宗浩、郑孝胥、吴昌硕、姚茫父、冯煦、吴待秋、宝熙、赵世骏、罗叔韫、寿石工、王福厂、罗振玉、陈缘督、吴湖帆、庞莱臣、林纾、赵叔孺、溥雪斋、张大千、汤定之、高野侯、齐白石、陈师曾、张石园、吴待秋、吴子深、冯超然、江寒汀、陆抑非、溥心

5

金西厓早期画作

上海博物馆藏

畬、楼辛壶、惠孝同、郑慕康、俞涤凡、王雪涛、徐燕荪、唐云、符铁年、余绍宋、叶恭绰、陈少梅、沈尹默等，京津沪苏杭等地名家几于尽揽。此外，如陈三立、陈夔龙、成多禄、谭泽闿、袁思亮、高振霄、夏敬观、张元济、金蓉镜、王同愈、陈方恪、袁荣法、王树荣、费树蔚、王蕴章、唐文治、曾纪芬、陈祖壬、袁思永、章珏、况周颐、沈卫、姚虞琴等社会名流也与金西厓有或深或浅的翰墨之谊。

吴徵绘《西厓锲简图》卷（图 6）是集中反映金西厓交游广泛的一件作品。此画作于丙寅（1926）冬月，画家用理想化的手法表现金西厓开展竹刻创作的场景，笔墨滋润、设色雅致、气息清远。吴昌硕为题引首，卷后依次有陈三立、谭泽闿、袁思亮、周达、庞元济、朱孝臧、刘锦藻、章钰、金兆蕃、高振霄诸人跋。

艺术地位与理论成就

金西厓将清代中叶以来流行的各种平面竹刻工艺发挥得炉火纯青，留下了

数以百计的作品，成为后期文人竹刻艺术的集大成者。他不仅是浙派竹刻的殿军，更是海派竹刻的中流砥柱，但却始终虚怀若谷，日乾夕惕，在研究历史与总结经验的同时，无时不思考着竹刻艺术的发展，寄望于这门君子之艺的复兴。

在金西厓成名之时，雕刻的一件扇骨，其市场价格业已与书画名家的一件中幅不相上下，南北各大扇庄也纷纷代为收件，其作品极受追捧，但他却喜欢将其保存在自己的手上。正因为如此，今天我们才能在博物馆里看到如此集中的一批收藏。

从 30 岁出道成为竹人，从此业业孜孜，无时或释，到新中国成立时金西厓已经是 60 岁的老人，目力衰退，不再操刀。但让人意想不到的是，七年后，当他被陈毅市长聘为上海市文史馆馆员后，竟然重新拿起了刻刀，又为我们留下了十余件精美的作品，直到 75 岁才真正停止创作，开始撰写有史以来第一部对竹刻的历史与工艺进行全面论述的著作——《刻竹小言》。

金西厓的档案意识极强：他有一本小册子，记录着所有作品的题材内容、雕刻方式、何人书画、书画时间、刻成时间、赠送何人、展览何处、出售何价等信息，巨细无遗。他将自己的精心之作亲手毡拓，日积月累，几十年中从未间断，最后装成煌煌 12 巨册。第一件有记载的作品是在扇骨上阴刻大哥金城所摹《中秋帖》草书，最晚期的一件有记载作品是 1965 年阴文浅刻的吴昌硕梅花，一生有记载的刻件总数为 436 件。我们今天之所以能够立体、深入、全面地走近他，欣赏他，研究他，不能不归功于他的这种“理工男”品性。

在“金石篔筜”展中，金西厓的作品分为两大板块展出。第一板块名为“清风珍一握：西厓所刻扇骨”，共 85 件作品，扇骨材质以竹为主。金西厓的竹刻创作即以扇骨雕刻为主，据其自定刻竹目录手稿所载，总计 436 件作品中有扇骨 383 件，接近九成。早的创作于 1920 年，其年方过而立，晚至 20 世纪 60 年代中期，其年已过七旬。

第二板块名为“与世相媚玩：西厓所镌文玩杂器”，包括臂搁、笔筒、手杖、印规、印章和象生小件，共 57 件作品，材质涵盖竹、木、石等。在扇骨雕刻之外，镌饰各类竹制文玩器物如臂搁、笔筒、印规以至烟筒、手杖，也是金西厓竹刻艺术的重要组成部分。

比如他于1932年摹刻的小克鼎铭臂搁（图7），是集中体现其缩刻书法功力的作品，所用技法即为糙地隐起阳文。臂搁上方以阳文缩摹善夫克鼎铭七十余字，底作胡桃地，下方阴刻褚德彝题记二百余字。

除了竹材，金西厓也雕刻木、牙、石、陶，又能篆印、琢砚。在上海博物馆馆藏印中，有一批金西厓自用印，其中部分是金西厓之女金允臧女士遵照遗愿捐赠给上海博物馆的。这批自用印所涉印人，除金西厓本人外，其兄金城所治最多。

1948年夏，王世襄赴美之前在上海的舅父家暂住，或许应聪慧而又博学的外甥之请，金西厓萌生了将自己关于竹刻的理论思考和实践经验加以整理的念头。1964年，金西厓将平日有关竹刻的札记，包括《刻竹小言》初稿（图8）在内，寄交王世襄"编次缮正"。此后，王世襄一面整理这批札记，一面搜寻文献资料与实物例证，同时就疑难处与舅父反复书信相商，最终将三数千字的初稿整理成今天我们所见到的《刻竹小言》一书（图9）。王世襄也在整理此书的过程中，对竹刻的工艺、历史与鉴赏学从浅解到精通，最终成为现代竹刻研究的泰斗。

《刻竹小言》全书由《简史》《备材》《工具》《作法》《述例》《述例续篇》诸章组成，是有史以来第一部对竹刻进行全面论述的著作，提纲挈领地奠定了竹刻历史与竹刻工艺学的叙述框架，是一部篇幅虽小却体大思精的工艺经典，对毛雕、阴文浅刻、陷地浅刻、留青阳文、阴文深刻、薄浮雕等技法心得均有详论，以遗后世。

在《刻竹小言》中，我们可以看到晚年金西厓对复兴我国竹刻艺术的思索与呼吁，"雕刻为立体艺术，书画为平面艺术，岂可尽废立体艺术，而代之以平面艺术？故竹刻中书画之意趣若愈多，雕刻之意趣必愈少，竹刻岂能为书画之附庸哉！"实际上，在他的第一个竹刻高峰期，就创作了许多雕刻语言浓厚

7

1932年 金西厓 阳文摹小克鼎铭竹臂搁
上海博物馆藏

8

金西厓《刻竹小言》初稿

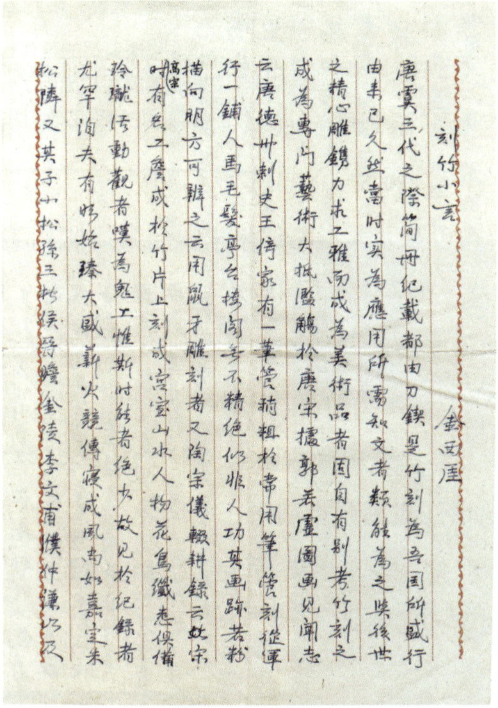

刻竹小言　金西厓

唐虞三代之際簡冊紀載都由刀鍥是竹刻為吾國所盛行由來已久然當时实為應用所需知文者類能為之嗣後世之精心雕鏤力求工雅而成為美術品者固自有别者竹刻之成為專门藝術大抵濫觴於唐宋據郭若虛圖画見聞志云唐德州刺史王倚家有一筆管稍粗於常用筆管刻從軍行一鋪人馬毛髮亭台樓閣無不精绝似非人功其画跡若粉描向明方可辨之云用鼠牙雕刻者又陶宗儀輟耕録云宋高宗时有名工詹成於竹片上刻成宫室山水人物花鳥纖悉俱備玲瓏活動觀者嘆為鬼工惟斯时能者绝少故見於纪録者尤罕洎夫有明始臻大盛薪火競傳寖成風尚如嘉定朱松鄰又其子小松孫三松侯晉巉金陵李文甫濮仲謙以及

9

王世襄写本《刻竹小言》

的作品，包括减地阳文、隐起阳文和陷地深刻等样式，可惜这类作风他并没有坚持下去，或许是受到以扇骨为主的作品体裁所限而致。

金西厓遗憾自己“于圆雕自愧试制不多，理解甚浅”，感叹“竹刻之难，圆雕居首”，祈望竹刻圆雕能“再振重光”。我们今天尚未了解到其圆雕竹刻的情况，不过上海博物馆藏有其木雕像生果蔬一套，即为圆雕之作。金西厓曾谓：“愚以为圆雕宜先从小品入手，便于习作。如遽尔大器，一生疵谬，兴致索然，遂难竟其事。倘能循序渐进，刻苦研习，则天下无难事，定能推陈出新，超轶前匠。”此套像生小品，无疑是其入手研习圆雕时的作品。

展览还首次公开展出了由金西厓家属捐赠给上海博物馆的《金西厓刻竹拓本》原件与捐赠给浙江省湖州市南浔区档案馆的《金西厓刻竹目录》，收入金西厓自选作品四百余件，基本上囊括了金西厓的主要作品，是研究金西厓竹刻作品和创作生涯的第一手资料。

艺术风格与雕刻技法

嘉定竹刻是在民间雕刻工艺基础上吸收院体与浙派绘画的营养发展起来的，作品以圆雕、浮雕、高浮雕等所谓“深刻”为特征，其特点是装饰色彩较强，纹饰丰满浑成、雕刻层次丰富、刀法劲健深厚。与之相对的，是所谓“金陵派”的“浅刻”风格。明末竹人濮仲谦擅长以浅刻法于水磨竹器上镌诗文花草，此种清新雅致的风格被后人推为“金陵派”，视作与嘉定竹刻并驾齐驱的艺术宗风，濮氏由此成为“浅刻”一派的开山祖。“浅”与“深”相对言，无论阴文浅刻、毛雕或薄意浮雕，皆凹凸不烈、起伏不大，注重平面美感的表达。

清前期竹人潘西凤在此风格的基础上融入金石之趣、书画之格，发为浙派竹刻之先声。乾、嘉以降，杭嘉湖、宁绍、台州地区竹人群体的出现，标志着浙派竹刻的成立。浙派竹刻广泛地吸收书法、文人画、画工画、碑版、篆印、金石拓本等多种艺术形式与造型技艺的养分，作品题材新颖、图式鲜明、刀法精炼、格调高雅，集中展现了当时文人阶层的艺术智慧和审美趣味，成为清代后期文人竹刻的代表。同、光以还，随着上海的开埠和崛起，文人、画家、印人渐渐向上海集中，绘画上出现了“海上画派”。江浙竹人亦纷纷往上海鬻艺，海派竹刻由此发端，其主要的雕刻形式仍为“浅刻”。

“浅刻”并非单指阴文浅刻，而是涵盖了所有纹饰凹凸程度都不大的雕刻形式，包括凹下的阴文深刻、阴文浅刻、毛雕、陷地浅刻和凸起的减地阳文、隐起阳文等。“浅刻”与书法、绘画等平面艺术联系密切，是文人竹刻中的主流。即使以圆雕、透雕、高浮雕等“深刻”为特色的嘉定竹刻，在周颢以后的清中晚期也倾向于“浅刻”了。

“浅刻”中的阴文以方圆刀结合刻画点线来表现物象，根据刀痕的深浅有深刻、浅刻、毛雕之分。阴文最适合用来表现中国书画的笔墨痕迹，因而极受擅长书画的文人竹刻家的青睐。“浅刻”中的阳文，分为减地阳文和隐起阳文，这两种雕刻形式主要用来表现钟鼎彝器、泉鉴符牌、甲骨砖瓦等金石器物及阴款阳识等铭文。

一般而言，“浅刻”专就竹肉雕刻而言，属于竹皮雕刻的留青阳文并非严格意义上的“浅刻”。不过其与减地阳文在手法上多少有相通之处。留青阳文综合了减地阳文、阴刻和绘画中的“退晕”效果，利用竹青与竹肉在肌理与色彩上的差异分别纹与地，借竹筠的去留多少形成微微高起的花纹并分出浅深层次，饶具墨分五色的绘画效果。

浙江地区的竹人无一例外率皆专工“浅刻”，金西厓则精通几乎全部的“浅刻”工艺。从其传世作品来看，除未见方絜一派的陷地浅刻外，无论阴文深、浅刻与毛雕，以及阳文中的隐起阳文、减地阳文、留青阳文均极为擅长，不仅在艺术风格上形成强烈的个人面貌，在工艺技巧的高度上与前代大师相比亦不遑多让。

先来看“浅刻”中的阴文系统，即毛雕、阴文浅刻与阴文深刻。金西厓指出，“阴文雕刻，最细最浅者曰毛雕，言其细如毫发也”。传统的毛雕，是以极细的阴文线条刻画纹饰，比如漆器上的戗划花纹和象牙器上的细刻，都是典型的毛雕。金西厓的竹刻创作从不单纯地使用毛雕技法，他反对当时享有“浅刻毛雕”大名的于啸仙一路纯粹依靠微细的刻工表现书画的作风，认为其“不为真鉴者所赏”，而是主张利用毛雕技法长于表现人物须发和鸟兽羽毛的特性，与其他深浅阴文刻法配合使用构成画面。

同样，在对待阴文深、浅刻问题上，他也是从艺术效果出发加以运用，而并不囿于某种先验的雕刻样式。他反对当时世俗有阴文浅刻“越浅越难、以浅为贵”的认识，认为应该按照书画风格的不同来加以选择，飘逸姿媚之风自应出以浅刻，而沉雄凝重之态则非深刻无由体现。这就反映出他从艺术着眼灵活运用技法的高明态度，摆脱了雕刻匠人习惯从工艺角度炫耀某种特定技法的创作倾向。

他特别提醒学者，“阴文中最基本之刻法为深刻，惟虽曰深刻，几无不兼有浅刻，所谓深刻，乃就其刻痕有深处而言，以别于浅耳。”他还进一步说明，“深刻虽为阴文，用雕画本，却往往阴中有阳”。这些不主故常、按需行刀的观念通过他的一系列阴文刻件得到体现，观者不妨仔细推敲本书中的大量作品，必能有所体悟。

再说“浅刻”中的阳文系统。当其所处时代，阳文雕刻同样讲求浅细精微，职业竹人无不以能为纤小之工而炫技惊俗。阳文竹刻中能为纤细之容者，即是隐起阳文和减地阳文，在当时也称为“薄地阳文”。对于这类“薄地阳文”，金西厓同样用辩证思维来看待，他说：“薄地阳文之刻得好否，须看其阴文刻得如何。……凡阴与阳，均不能独自存在，雕刻亦然。”

正如所言，金西厓凭借深厚的阴文刻功，将这种浅细的阳文雕刻运用得出神入化。1932 年的摹刻小克鼎铭臂搁是集中体现其缩刻书法功力的作品，所用技法即为糙地隐起阳文。臂搁上方以阳文缩摹善夫克鼎铭七十余字，底作胡桃地，下方阴刻褚德彝题记二百余字，褚德彝赞为“银钩虿尾，毫发不爽，芷岩、云樵不能专美于前”。1933 年所刻摹泉币八种扇骨以减地阳文摹刻古泉币两组八种，错落相叠，泉币之器形、铭文、花饰及斑驳锈蚀处，惟妙惟肖。金西厓盛赞周之礼摹刻金石“与拓本较，不差毫厘”，其自身水平亦堪与之旗鼓相当，至于高华雅赡之气犹在周氏之上。

在金西厓所处的时代，留青的退晕法已经十分成熟。有意思的是，对绘画赋色很有感觉的他在运用留青阳文时，却并不青睐那种借青筠去留多寡呈现色差以表现水墨渲染和色彩变化的退晕技巧，这或许是他警惕于“书画之趣若愈多，雕刻之趣必愈少”而有意为之。其留青阳文之作，往往大面积保留青筠形成物象，物象轮廓内部则仅仅依照画稿线条出以阴文，别有一种爽朗、清简的美感，其绝精之作可举饯春图臂搁与褎鋗庐图臂搁为例。

关于饯春图臂搁之妙，王世襄先生在《刻竹小言·述例》的“续编”中有过详细的解说，也能在“金石筼筜”展览中见到原作。这里介绍一下褎鋗庐图臂搁（图 10）。“褎鋗庐”是金西厓好友、名画家吴徵的斋名。1940 年的深秋，金氏为吴氏雕刻完成了这件作品。此作仅用“圈边”的方法将墨稿的笔墨轮廓保留在青筠上，空地则用蓑衣地填满。其中密密匝匝、层层叠叠的介字点、竹叶点，都只依靠阴文线条圈边钩廓来表现其前后关系，处理起来难度极大，但金西厓却能做到繁而不乱，满而不塞，匀而不平。

这件作品最为高明的地方，就是运用竹刻中最基础的“圈边平底”刻法与工艺性极强的“糙地法”——这两种极易陷入工艺化僵局的雕刻手段，来表现浓皴大点的文人大写意之作，并取得巨大成功。这是一种令人为之咋舌的大手笔，启功评论金西厓竹刻云：“至其刀痕之细……何殊穿杨贯虫之精也。然于浓皴大点，又复大刀阔斧，如见湿墨淋漓。此岂寻常雕虫之技所可同日而语者哉！”虽然是就阴文作品而言，移之以评此作亦称允当。

“浅刻”之外，金西厓亦曾探索“深刻”手法，特别是早年的几件陷地深刻臂搁，将传统技法与新的造型观念相结合，为竹刻开一新境，今天仍能给人以启发。1922 年，他为了寄托对先父的思念，将父亲的遗照摹刻于竹。这件作品采用了陷地深刻法。陷地深刻传统上用来表现花卉题材，从无用来表现人

10

金西厓 糙地留青阳文吴徵画褒鋗庐图竹臂搁
私人藏

物，更不用说肖像写真。金氏此作，显然受到方絜以陷地浅刻法雕肖像的启发，而易之以深刻。褚德彝《竹人续录》称此作“得其神似，洵竹刻中能品也”。他也用同样的技法雕刻了有记录的唯一一件砚石，即 1927 年冬天作的张石铭小像砚。

竹刻是工艺美术之一品，任何竹刻创作者都不可能脱离材质之美与工艺之巧，仅仅依靠艺术创意而产生杰作，亦不可能脱离时代所能提供的材料基础和历史所形成的技术传统来开展创作。民国时期折扇文化风头正劲，扇骨制作工艺尚能延续清代以来的质量水准，金西厓雕刻所用扇骨皆为当时上品。但同时的竹筒雕与竹根雕则概系商品制作，所取毛竹大根，粗松燥涩，难入雅赏；杭嘉湖地区的文人竹刻，也并没有创作竹根圆雕的传统。这就是金西厓笔筒之作难得而竹根之制罕睹的主要原因，其品相最好的一件笔筒——留青阴阳文梅窗图笔筒，还是金城从日本给他带回来的成器。1922 年冬，金西厓携妻游山，得到一段龟甲竹，十分喜爱，将之制作为臂搁和笔筒并加以雕刻，说明其是很感兴趣于亲手制作竹刻“大器”的。但当时的交通条件和家族生活的现实恐怕不允许他一头扎入山林，去“伐材于渭亩，采植于淇园”（清人汪价《竹笔斗赋》中句）。

不妨说，由于晚清以来嘉定竹刻作为产业的整体衰落而导致的高档竹材供应与竹器制作出现断层，使金西厓的艺术探索与竹刻事业未能在更大程度和更高的水平上获得基础产业的支持，尽管他长期生活的上海其实与嘉定近在咫尺。否则，以金西厓的悟性、见识与创造力，迟至 20 世纪末才渐露曙光的竹刻艺术复兴事业一定会开始得更早一些。

扫码收听《金山竹海——金西厓的竹刻人生》音频内容

第四讲

陆明华
上海博物馆研究馆员、
中国古陶瓷协会副会长

明清景德镇官窑瓷器——皇家烧造体系及其成果

明太祖朱元璋时期多青花和釉里红，永乐皇帝最好白釉，宣德皇帝的青花五彩在西藏被发现，清康熙晚期出现了粉彩，雍正爱珐琅彩，乾隆喜复古瓷器摹仿青铜器型……因此可以说，帝王的个人嗜好影响着明清两代官窑瓷器的制作和使用，在很大程度上决定了瓷器生产的走向甚至烧造的成败。

明清两代朝廷在景德镇设立的御器厂，通常称为明清官窑，也有专家学者直接称之为“御窑”。现在越来越有此趋势，将来可能大家都叫御窑。明清官窑的瓷器烧造品种十分丰富——釉下彩、釉上彩、单色釉瓷器。

烧造有特定的规定和制度，明清官窑烧造制度的核心就是皇家统一的管理体制，体系比较完备，用途比较明确，主要是供给皇家宫廷使用。体系有时候会变，但是总体而言比较明确——一般由皇帝钦定官员，派督陶官来监烧，朝廷营造机构比如明代的工部、清代的内务府负责具体烧造事宜，即负责业务。烧成产品的用途非常明确，提供给帝王为主，直接运往北京，明初是运往南京宫廷，其他地方不去，跟外销也没有关系。但是明清时期的皇家机构非常庞大，所以在器物的用途方面，实际还存在一些宫廷使用的专门场所，比如祭祀或是朝廷的接待机构，如光禄寺，在使用等方面都会有些区别。

明清时期有不少皇帝喜欢景德镇官窑瓷器，个人的嗜好影响着这两代官窑瓷器的制作和使用，很大程度上决定了瓷器生产的走向，甚至烧造的成败。若皇帝很喜欢瓷器，这个朝代的烧造就一定很兴旺。如果皇帝不喜欢或者是经济情况很差，就尽量减烧或者停烧。

官窑烧造制度

皇家官窑体系烧造的制度从明初一直到清末，情况各不相同，尤其在明代变化比较大。历史上官窑有宋官窑、明清景德镇官窑。先要弄清楚什么是宋官窑，什么是明清景德镇官窑。宋官窑实际上是单一的烧青瓷的窑厂，在杭州，现在发现有郊坛下官窑和老虎洞官窑两个地方，已建立了两个博物馆，每天开放，大家若有兴趣都可以去了解。但它们烧的是单一的青瓷。

官窑的名称早在宋朝就已经出现了，北宋政和年间就有烧官窑了，北宋以后，宋官窑的名称就出现了。宋官窑烧造的是清一色青瓷。

景德镇官窑不一样，景德镇烧造各种各样的瓷器，当时在景德镇设立窑厂，明朝御器厂，清代称为御窑厂，所以宋官窑区别于明清景德镇的官窑。

看明代帝王的纪年表可以得知，大多数朝代都在景德镇官窑里面烧造瓷器。

过去因为正统、景泰、天顺这三个朝代（1436—1464）在 29 年间帝位更迭，政治混乱动荡，而此时景德镇御器厂生产的官窑瓷器，也因不署年款，缺乏有明确纪年的器物，其面貌一直模糊不清，相关研究工作始终无法深入，故而这段时间被称为中国陶瓷史上的“空白期”或“黑暗期”。2019 年上海博物馆办了一个“灼烁重现：15 世纪中期景德镇瓷器的大展”，从展览中反映出这一段实际上并不是空白期，明代绝大多数时期都在烧造。

所谓的“空白期”瓷器正好处于宣德与成化两个制瓷高峰之间。过去不少学者曾认为，15 世纪中期陷入了瓷器烧造的低谷，无论是产品数量还是质量都远远不如其前朝后代。20 世纪 80 年代以来，伴随着出土材料的累积与学术研究的深入，几乎可以确认，这一时期的烧造水平很有可能被严重低估了。从景德镇的发展情况来看，15 世纪中期的官窑维持了明代前期的正常烧造水平，不仅将前代永乐、宣德两朝遗留的烧造技术发挥出来，更为后世成化年间烧造技术的进一步发展奠定了基础。

明代文献中有一个景德镇御窑厂（又称御器厂），从正门进去，里面有各种各样工作的场所，还有烧造瓷器的窑炉。现在去景德镇，在一条主干道上可以看到它的正门，已经是保护起来的遗址，明清两代皇家在这里开设工厂，面积不大，但在几百年里烧造了大量的精美瓷器。

珠山龙珠阁，自明始就是御窑厂的代表性建筑物，后逐渐转化成景德镇的标志性建筑。龙珠阁 1990 年重建，阁内珍藏有大批官瓷珍品及官窑史料，对景德镇官窑器的研究有不可或缺的重要价值。

从遗址现存的明代御窑厂的围墙看，皇家的御窑厂并不是很严格的建制，就是以砖瓦为围墙。

景德镇明清御窑厂遗址，如今是景德镇御窑厂国家考古遗址公园，面向中外游客开放。

明代部分烧造与当时的管理情况是这样的。首先，朱元璋建立明朝后，于洪武二年建立了一个陶厂，以供尚方之用，即制陶专供帝王使用。关于这个陶厂，历史上有很多记载。洪武二十六年，朝廷又规定了烧造的方针，怎么样烧，多的时候怎么样烧，少的时候怎么样烧，都有明确规定。“行移饶处等府烧造”，饶就是饶州，景德镇属于饶州，处州即龙泉，这两个地方是由皇家控制的、官方的烧造瓷器基地。1990年发现一些景德镇出土瓷板上显示一些文字有官员的名字,就是当时监烧瓷器的官员。但实际上此时还没有一个十分明确的官窑，这方面学界在认识上有些不同——洪武时的是不是可以称为御窑？因为此时它是个陶厂，但是烧的瓷器是官瓷，提供给皇家的。北京故宫、台北故宫博物院收藏的瓷器中，就有不少洪武的官窑瓷器，也就是那个时候提供的。

明朝随着御器厂的设立，开始有了明确的“督陶官”一职，或中央派员，或地方官吏主管，或太监督陶。洪武进士段廷珪就曾以工部员外郎身份管理陶务，颇有政绩。但明朝官窑很长时间内主要是由宦官，即太监监烧的体制。太监在管理方面可以用“严苛”来形容。御器厂官员中最高的是宦官，工部来的官员管业务即烧造、建筑，然后往下是厂里的官员，还有工头。宦官独揽大权，要怎么做就怎么做，政务、钱粮、人事全部由太监直接控制、直接调动。

饶州府在明宣宗时迎来第一位宦官督陶——太监张善奉命烧造奉先殿的几件龙凤文白瓷祭器。但张善在督陶期间贪渎酷虐下人不堪,并私赠御用陶器，后被枭首示众。张善贪腐事件以后，朝廷做了调整，派工部营缮所监督工匠烧造瓷器。但明代自明成祖朱棣后，太监始终受到皇帝的优待和重用，故而从宣德一直到正统、天顺、成化、弘治、正德，朝廷派出的督陶官，大多是太监。

至明晚期嘉靖之后，又出现了地方官管理的制度。

嘉靖帝初继位时延续了前朝的做法，还是派太监去做督陶官，但是几年过去，他觉得情况不对，体会到了这些宦官在地方上无恶不作，败坏了风气，导致很多大臣不满。在大臣的支持下嘉靖皇帝把督陶太监裁掉了，嘉靖八年召回了各地的镇守太监，对于景德镇的督陶体制也进行了调整，这是一个重要的转变。那时由地方官来管理，地方官管理有一定好处，即上面没有顶头上司，但任务非常重，且越来越重，监督烧造变成地方官的重任，导致地方上的政务没法管，只能管烧造。朝廷工部的官员此时也会在这里监制。

万历十年，由饶州府通判一级的官员进驻景德镇御器厂。但是其中又有情况变化。万历二十七年，饶州通判沈榜因督陶不力而贬官，江西矿税太监潘相趁矿税役兴的时机掌握了御器厂的督陶事务。万历三十年，潘相激起民变后被撤回。明朝政局很不稳定，到万历后期国库亏空，各方面都比较混乱，御器厂基本停止烧造。到了万历四十八年皇帝驾崩，所有的烧造都停了，也就没有太监来插手烧造事务了。

清代内务府监烧制度，也有一个跟明朝相似的情况，但是清朝比明朝开明，一开始就调整了一些针对工匠的制度，以较为宽松的政策进行管理，结束了明朝不合理的编役制。从这时慢慢烧造开始兴盛，官窑烧造兴盛，民窑烧造也兴盛。明代时官窑主导一切，民窑作为不大，现在从传世的明代民窑瓷器，景德镇的民窑瓷器来看，或者是考古发现的民窑瓷器上看，明代民窑质量都不是很高，明代几百年大量的瓷器都是为宫廷而造。

根据清朝的文献，明朝御器厂到清初转到清朝政权手里，由军人监督景德镇烧造，大概是在顺治三年，有并入清军的管粮总捕驻扎在厂里，驻扎进去不一定马上就烧。顺治朝烧造时间很短，次数不多，有两次很大的烧造，却都没有成功。顺治十一年到十四年烧了龙缸，烧这种龙缸难度之高，明代有烧造成功的，清朝却没有。第二次顺治要烧瓷栏杆，紫禁城可以看见很多栏杆就是那种形状，烧瓷栏杆也没有成功。其实，顺治时期没有一个很完整的烧造过程。顺治八年，还烧造过一种青花的龙碗，现在有一点记载，却没有实物，现代也就无法搞清楚实际情况。一直到康熙十年，皇帝命人去景德镇烧祭器，这个祭器是为了祭祀康熙的父亲顺治皇帝。它的烧造就是临时的一个措施——工部要烧造祭器，转到江西，江西巡抚委托下面的地区来烧。

到了康熙十九年大规模的烧造开始了，清朝皇帝第一次派出一个大规模的权力机构驻扎景德镇，四个官员中有来自内务府和工部的。他们在康熙二十年到厂里督造，前后大约经历了八年，到康熙二十七年止。为什么停止？因为连年烧造的东西太多了，库里摆不下，所以康熙二十八年，北京建立了一个瓷器库，以摆放这些瓷器。

现在看到很多康熙时期的瓷器，单色釉的瓷器，豇豆红，上海博物馆陶瓷馆中的几件就是这时期的产品(图 1)。康熙四十四年到五十一年出现一个郎窑，但是郎窑的性质至今不清楚，虽然有研究也有论文，但到底是官窑还是官私合一，有待于继续研究。不过现在基本上清楚，它是个人创办的瓷窑。

到雍正四年，朝廷的内务府派出官员到江西烧造，内务府总管年希尧亲自监督，年希尧是雍正皇帝以前很器重的年羹尧的哥哥，年羹尧被雍正所杀，年希尧受到牵连，但之后不久又重新起用他，把他派到江西监烧瓷器。

两年后能人唐英到景德镇来监烧瓷器。唐英文化修养很高，文学功底也好，唐英在当地兢兢业业，与工匠同吃同住三年，成果累累。清朝官窑的瓷器中，一直觉得雍正的官窑瓷器最佳，正是唐英在景德镇的这一段时间内烧造的瓷器质量最高。雍正官窑瓷拿在手上看，几乎每一件都没有瑕疵，把关把得非常好。

此后直至乾隆二十一年，唐英一直在景德镇督烧瓷器，虽然中间也曾经派他到粤海关，后来又调回来。因为雍正皇帝、乾隆皇帝都很喜欢瓷器，乾隆皇帝不想放弃他。唐英死后，九江关总理每年来巡视，派地方的官员一起，用这种形式监烧瓷器。

官窑长期存在，但到了清朝乾隆年间已经塌掉，要修很难，所以之后的很多瓷器很有可能是搭在民窑里烧，在清朝后期一直是如此。

明清官窑瓷器的品种

明朝的官窑瓷器可以分为三期产品，早期洪武、永乐、宣德可以作为一期；中期成化、弘治、正德。中间还有一个空白期，空白期如何排队值得深入研究。晚期就是嘉靖、隆庆、万历。到天启、崇祯，大量的烧造已经停止。

在这九个朝代里，永乐、宣德和成化烧造的瓷器最受人欢迎，最名贵的明代官瓷也就出在这几个朝代。

从洪武到万历，这几个朝代排一下，比较突出的品种是洪武青花和釉里红，

1

清康熙 景德镇窑豇豆红釉菊瓣瓶

上海博物馆藏

上博的展厅里面也有不少，有一个大的柜子全部是洪武瓷，还有几个中心柜也是放的洪武瓷（图 2、3）。

永乐的甜白，鲜红，青花，在明朝的文献里就认为这三个品种最好，上博也有诸多收藏。宣德就更多一些，有青花、单色釉、彩瓷。成化主要是青花和斗彩为主。另外，嘉靖到万历的五彩也很受欢迎，弘治、正德的东西比较少。

正统、景泰、天顺就是所谓的空白期。成化的青花和斗彩，这两种是非常高水平的产品。弘治有特点，最突出的产品是一种黄釉瓷器，在整个明朝是最好的。到正德，素三彩也是有特点的品种。到嘉靖时有很多祭祀用的祭器，还有宫廷用的瓷器，御器厂大量地烧，主要是青花、五彩。隆庆基本上也是，万历也是。所以到明代晚期，青花和五彩基本上成为主流。

清朝从顺治逐渐恢复烧造，有青花的、蓝釉的。“大清顺治年”制款的瓷器是特定的，不是所有有款的都是由官方烧造出来的。康熙时期也是多青花、五彩、单色釉，从雍正开始，雍正四年一直到十三年，各个品种都出现了，且是大量出现，很难说哪一个特别好，哪一个特别差。雍正十三年，唐英在景德镇，据文献报告，当时各种釉彩统计下来有 59 种，都是非常好的历代仿古工艺。乾隆时期从乾隆元年就开始烧造，60 年时间，烧的品种包罗万象。嘉庆到宣统继续烧，中间鸦片战争时不得不停顿，鸦片战争结束以后还继续烧，但是好的产品已经很少，当中有五年停止烧造。到同治恢复了官窑，至同治中期景德镇的瓷业衰退得非常厉害。但是到了光绪时期，又开始大规模扩烧，宣统时期还有些烧造。

明代烧造的品种已很丰富，分成四个品种——釉下彩、釉上彩、单色釉、杂釉彩。

釉下彩很简单，青花和釉里红。釉上彩包括五彩、斗彩、素三彩，其中五彩最多，杂釉彩也是釉上彩，有几十种。

以品种论，青花最多，明代从洪武就开始烧青花，一直到晚明还是大量烧青花，可以说是景德镇官窑的主流。

2

明洪武 景德镇窑釉里红云龙纹环耳瓶
上海博物馆藏

3

明洪武 景德镇窑青花云龙纹『春寿』瓶
上海博物馆藏

洪武与永乐的青花，两个朝代的产品有明显差距，元末的战争把窑业破坏得很厉害，在明初能够重新烧造已经很不错了。与各方面的技术，工匠、原料，都有关系。明代几朝都烧釉里红，但是越往后越来越少，到明朝嘉靖时期釉里红已经没人会烧，到后期釉里红没有了，就用釉上的红彩来代替。就是烧好一个白瓷，在上面加彩，釉上彩在低温的炉里烘一下也算是一个交代，跟前面烧造的看起来差不多，其实工艺上完全不同。明初的两色釉很少，洪武时期的两色釉瓷器，两种釉色，都是高温烧造。明初最突出的一种就是鲜红，这是鲜红釉瓷器。

还有一个就是白釉，白釉烧造的时间也很长，每个朝代都有，白釉在永乐时期最佳，称为甜白瓷器，上海博物馆馆藏中有非常好的甜白瓷器（图 4），

4

明永乐 景德镇窑甜白釉暗刻花海棠双莺纹瓶
上海博物馆藏

一照出来可以看到手指印，透光，胎非常薄。洒蓝釉也很少见，传世只有一两件碗。景德镇御窑厂出过一些祭蓝釉，蓝色常在祭器中使用，所以称之为祭蓝。

还有新产品孔雀绿，白地黄彩，过去都很少发现。红地金彩的器物也很特殊，在矾红釉上面加金彩，15 世纪中期有这种类型，它或许属于这个时期。20 世纪 80 年代初在西藏发现了宣德青花五彩高足碗，过去看到的青花五彩都是明晚期的，嘉靖到万历的最多，更没有见过这种宣德的青花五彩。青花五彩碗和高足碗。这两件瓷器都曾经来过上海，在上博展览过。

上海博物馆有青花红彩，青花是釉下彩，红彩是釉上彩，两次烧成。还有白釉酱彩，紫金釉也很少见。还有一种专门是为了画彩而做的青花，叫漏彩。

成化时期的蓝地绿彩很少见，蓝地绿彩可能也是空白期前后的。上博的藏品明成化孔雀绿釉青花鱼藻纹盘（图 5），是一件保存极其完好的成化孔雀绿釉作品，存世数量极为稀少，极其珍贵。大家比较熟悉的成化的鸡缸杯是斗彩，那几年鸡缸杯炒得比较热，一度满大街仿造的全是鸡缸杯。

还有成化仿哥瓷，器身有开片。上博的馆藏中有一件景德镇窑素三彩鸭形香熏。

黄地青花也叫青花黄彩，叫法不同。

白釉绿彩，白釉上面画的绿彩。

黄釉，弘治黄釉是整个明朝最好的。有一些御厂窑址出土的标本很特别，里面是黄釉，外面是各种彩，好多都没见过，完整的没见过。

还有蓝地绿彩、绿地蓝彩、黄地绿彩等，另有红地黄彩，正德时代的，也很少见。

嘉靖的白彩，蓝地红彩，景德镇御器厂烧造，很有价值。

到了清代，景德镇御窑厂里面的品种，仿古和创新很多，集中在康熙、雍正、乾隆三个时期，称为清三代。收藏圈里经常会有这样的讲法，清三代官窑非常难得。其中唐英功不可没，很多器物的研制是在他的带领下进行的。到嘉庆以后几乎没有什么太大的创新，高潮已过，只有越来越退步。

5

明成化 孔雀绿釉青花鱼藻纹盘
上海博物馆藏

康熙十九年朝廷派四个官员到景德镇御窑厂监烧，豇豆红就是当时的产品，现在这种豇豆红的瓷器在美国好多家博物馆都有不少，国内反而很少，早年出去的很多。

珐琅彩有康熙、雍正、乾隆时期的产品。

清朝的瓷器实际上彩瓷变成了主流，这是指官窑，因为民窑到清代时也百花齐放，相比较明代，清代的民窑烧造放宽了很多，所以也出了很多好东西。

康熙时期主要生产五彩。康熙晚期出现了粉彩，粉彩到雍正以后开始风靡，大量烧造，官窑也好，民窑也好，整个清朝后来几乎全是粉彩的天地。粉彩、五彩、墨彩都是低温彩。上博有一对蓝地金银彩桃果纹瓶（图6），应该是乾隆皇帝很喜欢的，宫廷还为此配了一个银座子，座子上有乾隆时期的纪年。还有一个仿木纹的桶，不知道的人以为就是个木桶，其实是个瓷器，用画做成这

6

清乾隆 景德镇窑蓝地金银彩桃果纹瓶

上海博物馆藏

个效果。仿古铜器，又叫古铜彩，看起来跟古代一样，铜锈都做得出来。胭脂红彩，青花胭脂红彩也很精美。金彩、灰青釉金彩、炉钧釉，都是清朝新产品。康熙时期开始烧茶叶末釉，其实唐代就出现过这种颜色，文物考古界有专家把它命名为茶叶末，其实，真正的茶叶末还是清代的，即茶褐色，当然名称是人起的，怎么说都可以。故宫的各式釉彩大瓶，前一阵子非常火爆，凡是工艺上有的釉上、釉下，各种彩都有，都集中在一件器物上，非常难烧。当然现在全都能烧出来，景德镇有几个高手能够仿得很好。

明代的官窑中青花一直是主流，清代的五彩、粉彩有大量烧造，另外还有很多单色釉的瓷器出来以后，青花不再是最大的烧造品种了。

官窑瓷的用途

明清景德镇的官窑用途大致上可以列出以下几类：

祭器

第一类是祭祀用器，简单讲，就是用以祭祀祖宗、天地、山川、日月等，凡是想得到的都要祭祀。祭祀活动在明朝非常多，太庙必须要祭。朱元璋上台以后就下令祭器要用瓷器，过去曾经用过陶，有条件的用铜，可铜哪里来那么多，就用陶来代替。明初建立陶厂，景德镇陶厂首先就是用来烧祭器的。洪武元年就有 16 件瓷器爵杯。祭器在哪个地方使用如何使用都有很多规定。

宣德以后一直到成化都没有关于祭器的记载，没有看到正式的祭器。以后烧造的瓷器有的画了金彩，画牛，都是祭祀用的。

真正大量烧造瓷祭器实际上是明嘉靖朝。从嘉靖朝的情况来看，有过一条记载，嘉靖九年规定了要烧各种祭器，圜丘就是天坛，烧青色的，也就是蓝色的，青出于蓝。方丘是黄色的，日坛赤色，祭太阳的。月坛祭月亮的，白色的，江西饶州府烧。嘉靖十六年、十七年都有类似记载。嘉靖二十二年、三十六年都有关于祭器的记载。

瓷器的用途，平时讲得多的就是赏玩之用，实际上景德镇的官窑瓷器有很多用途，有的还是国家正式祭祀时所用，祭器都在正规庄重的场合使用，不是一般的赏玩。

嘉靖时期烧了很多祭器，万历年间也有，在官方的文献里面都能看到，是帝王意志一定要烧。官员只能进谏，请皇帝若没有必要的，就不要烧了。明朝有很多不怕死的官员，很多朝代都有这样的官员来劝谏皇帝，但是皇帝大多不会听。

清代的祭器延续了明代的情况，用瓷盘来代替祭器。到雍正时期改用铜。清初曾经以瓷作为祭器。康熙皇帝时期烧了一些祭器，再后来就没有其他祭器了，所以景德镇就不可能造这样的瓷器。到乾隆十三年皇家改革了礼制，制作仿古礼器，颁布了《皇朝礼器图式》，里面的很多器物用瓷器。还有一些内容，比如皇帝问唐英：祭器做了多少，做了几成？唐英回答皇帝：冬至要赶出来。任务非常紧，要完成那么多任务非常困难，但是唐英非常努力。这是文献中的记载，里面还有瓷祭器的内容。乾隆时期正规的祭器，都是仿古的青铜器样式。

人们见到乾隆朝瓷质礼器多姿多彩的造型、釉色和纹饰，不仅可以像欣赏其他瓷器那样得到美的享受，而且还可以引发思古之幽情。

赏玩

赏玩类的陈设用瓷器，这一类瓷器现在可以看到很多，它们用来摆设，宫廷陈设，好看的瓷器都是陈设类的。以前很少有专家明确区分器物的用途，用途的分类也只是一个尝试，不一定完全正确。像假山一样的都是陈设用的，斗彩的大盘也是陈设的瓷器。嘉靖的大盘是在宫廷里放水果，起到了装饰的作用。

清代康熙晚期以后粉彩、珐琅彩出现了，还有很多釉彩出现，越来越多。到了雍正十三年出现了 57 种新仿造的各种各样的釉彩，到了乾隆时期什么都仿，应有尽有。

釉里红明朝烧造以后，到清朝雍正时期达到了一个最高的水平。上博馆藏的一件釉里红菜蝶纹瓶（图 7），非常完美，上面的白菜极其生动，表明这一时期青花釉里红的烧造技术已达炉火纯青的程度。

古代的瓷器有很多仿造，雍正年间仿造汝窑，上博展厅里都有。一位收藏家曾捐给上博一件仿青铜器的青釉大瓶。有很多器物，是清朝仿明朝以前的。乾隆以后就更多，有一种转心瓶，可以转天干地支，可以算时间。

最高档的就是珐琅彩，只有珐琅彩跟其他的官窑瓷器不一样，从康熙晚期开始，它就是在景德镇烧，烧成白瓷或者是单色釉的瓷器，直接运到北京，然后在宫廷内务府里面设立的造办处珐琅作画彩，宫廷画师提供画稿。在低温彩炉里面烘烤，烧成的产品最好的全部在皇帝自己手里，由他支配。这一类珐琅彩竹菊鹌鹑图瓶（图 8），全世界只有两件，全在上博，我们有我们的优势。

7

清雍正 景德镇窑釉里红菜蝶纹瓶
上海博物馆藏

8

清乾隆 珐琅彩竹菊鹌鹑图瓶
上海博物馆藏

宗教

宗教瓷器是一个大类，有佛教的、道教的、伊斯兰教的相关内容，最多的是道教的。佛教瓷器在明代永乐时期就出现了，有甜白、青花、红釉，有一种僧帽壶，本身跟宗教有关。在西藏收藏有几件青花的、白釉的僧帽壶，上博也有一件，有的上面还有八吉祥的图案。还有就像北京故宫收藏的，西藏萨迦寺里面发现的，文字就是吉祥文字，翻译出来就是日吉祥，夜吉祥，昼夜吉祥。

嘉靖皇帝对佛教的态度非常鲜明——不允许。为什么？他信道教。万历时期有很多佛教瓷器，原因就是皇帝的母亲李太后是佛教徒，北京万寿寺就是万历皇帝为李太后建的，万寿寺现在是北京艺术博物馆。

佛教器物非常多，道教同样有，嘉靖时期大量被皇帝采用，他非常迷恋道教，深居宫中 30 年，一直在做与道教有关的事，嘉靖时期的瓷器有很多带有道教色彩的器物。嘉靖三十七年，皇帝还要烧造三万多件道教的用品。

道教在嘉靖时期制作的东西留下不少，葫芦瓶实际上就是道教常用的，有不少是嘉靖官窑的瓷器。有关道教瓷器的记载有很多，八仙过海、八仙祝寿、云鹤八仙都是跟道教有关，三阳开泰，可能也与道教有关。

伊斯兰教在明代有一定的影响。永乐、宣德时期，郑和下西洋与外界交流，他的船队带回来很多仿造中东地区风格的器物，这也是中西文化交流的见证。此时伊斯兰地区的东西大量是用西亚的黄铜和其他的金属器来制作。景德镇就选取他们的造型，把铜制品、金属制品各种样式的拿过来仿造，工匠是本土的，烧造也是本土的。像上博馆藏的一个烛台就是仿西亚铜的烛台制作的，具有伊斯兰风格。

还有直接与伊斯兰教有关的，河北邢台出土过一件器座，上面写了一些赞颂真主的语言。

此外，还有帝王做寿、结婚、居住用的一些专门瓷器，各种各样，比如清朝皇帝结婚用的器物。还有以皇帝、皇太后、皇后居室命名的定烧器物也很多，如“慎德堂”款，以道光皇帝居住的地方命名，在圆明园那边。慈禧在宫中使用的瓷器，每件上都会署上她曾经居住过的宫殿堂名，如储秀宫、大雅斋。还有是赏赐的瓷器，瓷器底部一般会写着“赏赐”。清朝文献里面讲到有一种赏用瓶，一般称作赏瓶，从雍正开始烧制，专门用来赏赐。

还有一些具有宫廷实用性和供朝廷机构使用的物品，比如说大龙缸，应该也是有观赏性的实用器。另外还有成套的器物，可能更有实用性，出土的标本里面有这样成套的，文献里面记载的都跟光禄寺有关，命令皇家服务机构光禄寺所烧的餐具、茶具，各种品种可能都会用到。还有鼓墩，应该是实用的；另外还有瓷枕，以前认为皇家没有瓷枕，但皇帝也要睡觉，瓷枕很有可能就是生活用品。康熙时期的十二花神杯，到底是实用还是赏玩，不太明确，但是故宫收藏里面不止一套，有好多套，可能当时不一定完全作为赏玩用。官架，放帽子的，实用。还有文玩，文玩有各种各样不同器形。乾隆瓷器花样最多，各种各样的都有，仿漆器、仿石头、仿铜器的，各种各样的仿器。

明清帝王与瓷器的密切关系

1,明太祖与祭器用瓷。朱元璋不一定对瓷器有兴趣,当时尚处于战争年代,他首先想到的就是祭祀用瓷器。后来也没有证据来证明他是喜欢瓷器或者赏玩瓷器，因为他是农民出身，不一定对这方面有很大兴趣。

历史上很多文物与帝王饮食起居有关，主要体现在两个方面，一个是大量的瓷器是皇帝下旨烧造；另一方面，许多是为皇帝及内廷直接使用的。

2，永乐皇帝跟瓷器稍微有一点关系，特别是他的所谓“适于心”。甜白釉色创烧于永乐，恬静优雅，开创白瓷新面貌。有记载称，永乐四年十月丁未，“回回结牙思进玉枕（一说碗），上不受，命礼部赐钞遣还。谓尚书郑赐曰:‘朕朝夕所用中国瓷器，洁素莹然，甚适于心，不必此也’。况此物今府库亦有之，但朕自不用。”把永乐甜白与这种“洁素莹然，甚适于心”的瓷器相联系，最为贴近。可见，朱棣对甜白瓷器情有独钟。

3，宣德皇帝喜玩蛐蛐罐也是一种。宣德是宣宗朱瞻基的年号，他是一个非常有作为的人，二十几岁登基，历史上对宣宗的评价很高，是文能安邦、武能定国的君主，能诗善画，还有作品留世。

宣宗很喜欢瓷器，宣德年间，扩大烧造，尤其是青花瓷，并有一种全新的瓷器品种诞生——洒蓝釉瓷器。宣宗朱瞻基对官窑瓷器烧造十分关心和喜爱，在位十年中，景德镇官窑烧造的瓷器，数量、质量都十分突出，大量精美的传世品已充分说明这一点。但这位皇帝同时也是一个贪玩成性、嬉戏无度的皇帝，酷爱斗蟋蟀，为了满足游戏需要，他专门让景德镇御窑厂为其烧制青花云龙纹蟋蟀罐，命令苏州府提供蟋蟀。他的作为曾使皇太后发怒，将这些蟋蟀罐全部摔碎。20世纪80年代，景德镇御器厂旧址出土了数量较多的青花蟋蟀罐碎片，经过修复，发现图案设计新颖、绘画水平高超，可看到制作者为此倾注的创作心思，有的或许还反映了宣宗本人的创意。如那些画有花鸟、水禽画面的制品，摈弃了图案化器物的繁缛作风，画风清新，构图巧妙，艺术格调高雅。宣宗还比较喜欢美女，早年又苦于没有孩子，在宣德瓷器上面就出现了很多侍女，还有婴戏图。

4，万贵妃跟成化斗彩的传说。这只是传说，没有证据。有传说斗彩是万贵妃要求做的，所以皇帝满足她，让景德镇生产。但唯一跟万贵妃有关的类似线索，跟斗彩没关系，跟瓷器有关的就这么一件，在北京市的一次考古发掘中发现了一个成化二年的小王子墓，这个小王子是万贵妃与成化皇帝所生，孩子一岁不到就夭折了，墓里发现一件瓷器，这件瓷器通体绘青花纹样，烧造质量很高。

倒是万历皇帝为了瓷器还反悔过。万历皇帝人很聪明，张居正是他的老师，后来张居正去世，皇帝没人管束，无法无天，天天享乐。有一个官员进谏，提到他一直在玩乐，其中也提到了青铜器、汝窑瓷器、宣德瓷器。结果上谕来了，马上把这个官员降职到南京。万历皇帝还出尔反尔，决定的事情又反悔。比如他决定烧造瓷器了，但是因为很多官员反对，认为民不聊生，皇帝不应该花这么多银两去烧那么多瓷器，希望他烧一点适可而止就好，不要再烧了。太多官员因为此事进谏，皇帝感受到了一点压力，加之身体欠佳，就同意不烧了。同意的当天他就派太监到烧造处下旨停烧，可是过了一晚，他反悔了，还是坚持要烧，并且马上派人把这些传旨的人追回来。如此的万历皇帝，对瓷器喜欢到这个程度，可见对老百姓很不利。

5，清代雍正、乾隆两代官窑的瓷器基本上是要看帝王喜好。雍正皇帝喜欢古瓷，尤其是永乐、宣德的产品。“崇古仿古，格调高雅、严格把关、一丝不苟”，雍正真的是非常严格，清朝最好的瓷器就是在雍正时期烧的。乾隆帝不仅喜爱瓷器，还在古器物上题了很多御制诗，但在古瓷上面写御制诗，破坏了好多瓷器的完整性。他还大规模造瓷器，遍仿各种工艺品种，仿金银、玉石、竹木、漆器等应有尽有。古铜彩连铜锈都能烧得惟妙惟肖。

过去一直认为康熙对瓷器非常喜爱，因为康熙确实是派了官员到景德镇去烧瓷器，但是他好像对古瓷不太感兴趣。他说：“古瓷器皿俱系昔人所用，其陈设何处，俱不可知。看来未必洁净，非大贵人饮食所宜留用，不过置之案头陈设看看罢了。”从这里感觉到他不是很喜欢瓷器，这可能是他的真实思想。

雍正皇帝登基时，非常勤政爱民，有送他东西的，他酌情收一点点，然后下命令，以后不要来进献给我。实际上他不是不喜欢，他特别喜爱景德镇的瓷器，所以命人烧造了很多。宫里的古玩他觉得不怎么样，人家说宫里这些东西怎么怎么好，他觉得其实未必如此，只不过一般，没有好的。

现在确实有这样的说法，很多珍玩奇宝，从乾隆朝后进来的最多，大量的是乾隆年间进来的。乾隆兴趣广泛，样样都喜欢，各种各样的东西，不光瓷器，其他的也很喜欢。瓷器他也不放过，古瓷喜欢，新瓷也喜欢，长期遥控指挥烧造瓷器，对一些很具体的细节，他也都没有放过，甚至于为了一件东西、一个花纹、一个器盖、一宗落款，非常详细地写信给唐英或者其他的督陶官，说你要按照什么样什么样的要求来做。因为他的要求太具体了，而且都是他本人的要求，下面没办法，一定要把它做好，做得不好就修改，拿过来这个不行要重做。这边做得口大了，这个身体小了，皇帝都会说。所以那个时候御窑厂更忙。乾隆年间大量的瓷器进入宫里，与皇帝的喜好有很大关系。

明清两代景德镇官窑瓷器的烧造，跟不同皇帝的政治态度、文化修养、艺术爱好，甚至于包括宗教信仰，都有密切的关系。他们的态度和观念在很大程度上决定了官窑窑业的走向和发展。

事有两面性，消极的和积极的。大量烧造给人民带来了很多的痛苦和灾难，当时的老百姓生活艰难。但从文化艺术的角度来看，它也有很多有利的方面，无论如何，大量的瓷器烧造给后世留下了巨大的历史文化艺术遗产。明代和清代，官窑瓷器的成果非常大，现在国内很多博物馆都有明清瓷器；走出国门，在外国的博物馆、美术馆，也能看到明清瓷器。当然有很多是民间的用瓷，也有官窑瓷器。官窑瓷器烧造的成果应该说是十分巨大，几百年里面几十代的帝王，还有后宫，包括皇家的一些机构，他们在使用、享受这样一种艺术的成果。到现在瓷器已经成为一种不朽的世界物质文化遗产。

现在经常会用价格来衡量明清景德镇官窑瓷器的价值，较为客观。一件瓷器卖得这么贵，动辄要价千万元，也是客观因素使然。但是从根本上说，明清景德镇官窑瓷器的历史文化和艺术价值最可贵。

在古代很不起眼的偏僻小镇景德镇，在几百年间，给人类奉献了这么多的瓷器，这是无数名中国工匠的创造，是他们以创造、创新的工匠精神，造就了这样一种名扬世界、声震寰宇的艺术瑰宝。真正应该敬仰的就是他们这些人，一代又一代的工匠烧造了精美的瓷器，器成天下走，当地现在只有地下的那些碎片。但历史不会忘记，是他们烧造了中国瓷器史的华彩篇章，是他们创造了历史的奇迹。

扫码收听《明清景德镇官窑瓷器——皇家烧造体系及其成果》音频内容

第五讲

刘一闻
上海博物馆研究馆员、
书法篆刻家

从上海博物馆藏楹联看清代书法演变之迹

中国书法是极富表现力的传统艺术形式之一，它之所以能给人以震撼心灵的审美感受，除了具有独特的点画形态、章法构成以及提按顿挫的力度变化、快慢疾涩的速度差异等因素之外，还有书体面貌、个性风格等审美因素。当然，形制一项作为视觉语言中最直接的表达方式，其作用尤不可忽略——大至巨幛榜书、牌匾中堂，小至册页、尺牍、斗方，正如通屏、条幅、手卷，异如扇面、楹联等，皆无一不熠熠生辉而各具艺术魅力。

楹联，又称对联、对子，或楹帖。

楹联的起源很早，是我国特有的一种文学形式。楹联在宋代并未流行，偶有春联的相关记载，而无实物见证。明代中期之后，楹联虽渐呈流行之势，但大都出现在先书后刻的类如大殿园林等建筑物上，故而，至今能够见到的纸帛墨迹之作十分稀少。到了清代，楹联开始兴盛起来。凡宫廷官署、府邸大宅、梵宇道观，以至酒肆茶楼无不悬立张挂，这一景象可谓随处可见。人们自可从各类各式的联语之中，充分感受到主人的心境和襟怀所在。

楹联字数少则二三言、四五言，多则七八言、九十言，不少是在十言以上，甚至可达上百言。

和通常刊布于纸张上的诗歌不同，楹联当初大都是书就后镌刻在建筑物上的一种装饰。直到明代晚期，楹联或春联往往又刻制在木板或竹片上，成为一种庭院式饰物。而书写于纸或绢的以供室内悬挂的对联形式，则是明末清初间才开始渐渐流行起来的。

概而言之，不同的历史条件下，凸显其艺术属性的书写之法，都在寻找一种最佳的表现途径和审美样式。大体地说，这些堪称唯美的书法之作，在魏晋时期是尺牍、在南北朝时期是墓志碑铭、在五代是题壁、在宋朝是乌丝栏、在元朝是题跋、在明朝是丈八幅，而在清朝，则是楹联书写系统。

上海博物馆所藏清代楹联作品具有数量巨大、时空交替和面目繁多的特点，下面，将通过时间顺序、地域特征、流派风格及创作特点的综合分类，来分别阐述这些藏品的异同所在。

前期书作

从时序上看，反映在清代早期创作系统（晚明至乾隆初期）的形制变化较小，其表现风格属内敛而文静的，款署一般也以少数字为主。

这个时段的作者总体上并不多，如王时敏、查士标、郑簠、何焯以隶书、行书和楷书所作的各式楹联即可为证。

清代初期画坛，在业界享有盛誉并居“四王”之首的王时敏（1592—1680），除了他的绘画成就之外，在书法创作上同样占有一席之地。王氏书法初得自于家学，由于家藏丰富，使他自幼便接触大量碑帖。然而从眼下人们尚能见到的，多为他的附题于画幅上的行书一体。

向来传统书法创作皆讲究出典之要，王时敏自不例外。其时，王氏亦服膺在书画上可称并驾齐驱的董其昌创作，但从笔体上讲，他的此类行书作品自然也称不上风格显著个性鲜明。相反，倒是他的隶书之作却备受推赞。

明清之际，所见碑域类文字本是有限。受时风影响，王时敏的隶书之作基本上沿用的是文氏父子之法。检视其笔法与结构特征，大致是指以清代前期为时间下限，反流溯源历经明代至唐代各家，最终归纳于以东汉《熹平石经》为代表的所谓“石经体”一路风格。在这整条发展脉络中，于王时敏之前之后可见手迹墨翰者，宋代有大名鼎鼎的司马光，元代有隶书名手吴叡、俞和及吴志淳，明代有文氏父子和同为书法篆刻家之身的莆田人氏宋珏，至清代，则有享极时誉的江苏上元郑簠及其代表体系。

上博所藏王氏“卷帘花雨滴，扫石竹阴移”“芝兰君子操，松柏古人心”（图 1）五言以及“当轩半落天河水，绕径全低月树枝”七言联，皆为王时敏隶书的典型之作。此中，作者略异于石经一体的见解之能，尤其表现在由具体创作方式而至的阔笔横运和颖毫偃扬的技法特点上。

查士标（1615—1698）的画名似大于书名，然其所书与其绘画的萧简旷迈，却有异曲同工之妙。资料表明，查氏书法步履董其昌，同时喜好米南宫风神而自成家数。故《昭代尺牍小传》说他“书法襄阳，极似董文敏”，《江南通志》也说“二瞻书法精妙，人谓米董再出”，而包世臣在《艺舟双楫》中则说查氏书法为“行书在佳品上”。

上博所藏查氏行书五言联“开尊黄鸟至，高枕绿阴多”“闲云留鹤步，淡月转花阴”（图 2）虽属未具年款的同一书体，但从行笔和结体的表现特征看，当作于两个时期，前者多见起伏顿挫，而后者则显沉静舒缓。

郑簠（1622—1693）可称是一位活跃于顺（治）康（熙）年间名满江南的隶书大家。他的书作初师明人后反溯源流，此中受汉碑中的《曹全碑》和《夏

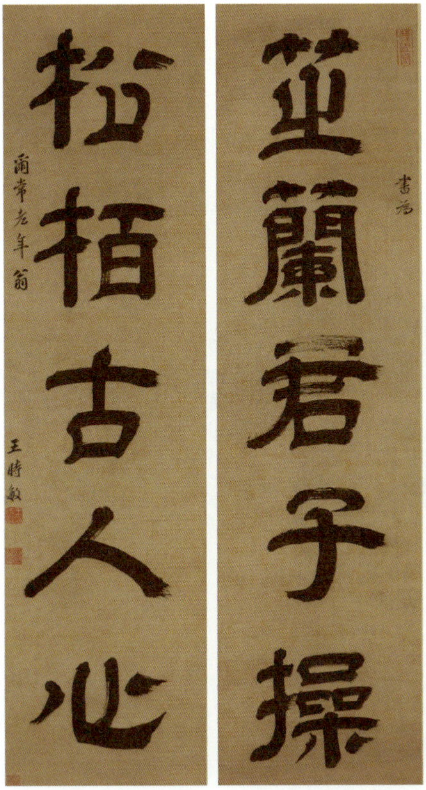

1

清　王时敏　隶书五言联
上海博物馆藏

2

清　查士标　行书五言联
上海博物馆藏

承碑》影响最深。彼时，连对汉碑之学素有研究、与郑氏同有金石之好的朱彝尊也极为推崇郑氏，甚至说他是“金陵郑簠隐作医（郑为世医之家），八分入妙堪吾师”。

在这种氛围的浸染之下，致使习隶者纷纷效尤。此间，同时代除浙江鄞县万经（1659—1741）辈外，继有“扬州八怪”中的金农、高凤翰、汪士慎及高翔等人步其后尘，以成一时之风。然而，尽管说郑簠的影响至此，但对于他的总体书法风貌，业界人士依然有妍佻伤雅之诮。

上博藏品中如“烟霞送色归瑶水，山木分香绕阆风”隶书七言联（图3），

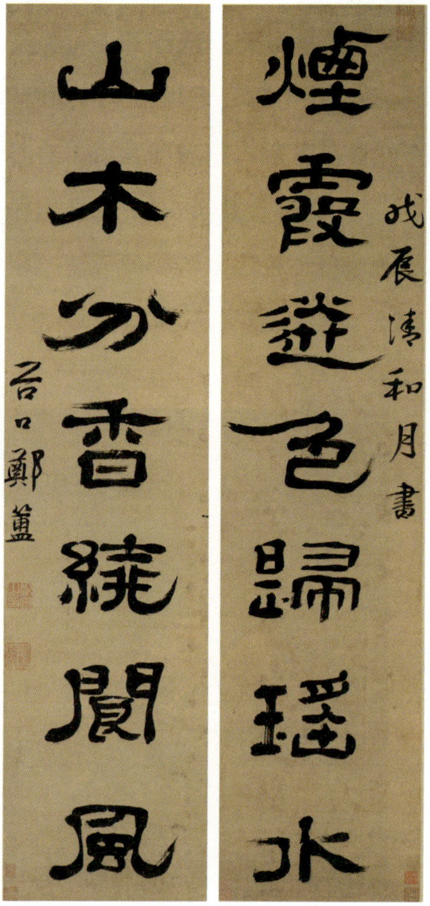

3
清 郑簠 隶书七言联
上海博物馆藏

为颇具典型意义的郑氏代表之作，所见笔道结字间，无不透出遣笔从容的妙曼之姿。尤其结体参入篆书之态而未显突兀，则更可见得作者的匠心独运。

扬州八怪

无论学识还是书画创作之境，金农（1687—1763）理当尊居“扬州八怪”之首。

金农早年问学于何焯，他的成就主要来自于苦读不辍，以致业精于勤而识见不凡。在书法创作上，金农更是迥立高标、独树一帜。《墨林今话》评说他“书工八分，小变汉法，后又师《国山》及《天发神谶》两碑，截毫端作擘窠大字，甚奇”。由此可见，金农的书学路径和他自创一格且极富名声的截毫漆书的大体来由。

毫无疑问，在金农的所有书法作品中，最能代表他的创作水准的，自然是他的“漆书”，换言之，金氏的漆书书法，是对古来汉碑书法艺术的继承发扬和再创造。从传世的金农隶书作品看，确实反映了他的精湛表现技巧和深厚的创作功力。

上博藏金农 58 岁所书“越纸麝煤沾笔媚，古瓯犀液发茶香”七言联（图 4），正是他的漆书代表之作，无论用笔、结字、布势均有独到之功，亦古亦新，妙不可言。

其实，受郑簠影响，金农隶书最初接触的是东汉名碑《夏承碑》。此外，他与同道之友“浙江印派”之首丁敬比邻而居，他们时相往来，诗歌互答切磋艺事，这对金农性喜碑版、广涉金石文字的充分体味，作用自不可估量。

金农前期隶书笔体圆润安雅，结构严整匀密。特定意义上的金农漆书，大致出现于作者 50 岁上下，但见其明快利落、直起直收的用笔方法和内松外紧上宽下窄的结字特征，以及锋芒内敛非楷非隶的笔体样式，明显有异于习常隶书的创作形态。假如说，这一类点画方棱和结字狭长的书写手法为金氏前期漆书的特有表现特征的话，那么从金农的晚岁隶书作品看，似是更多地汲取了《天发神谶碑》中的丰富内蕴。尤其他大量使用刮笔侧锋、果断行运的创作手法，愈加显现出金农书法举重若轻的这一书写特质。

藏品中另一件金农“摛藻期之鞶绣，发议必在芬香”六言联（图 5），为愙斋吴大澂旧藏，从结体自然、遣笔从容的书写风貌看，当属其成熟期之作。

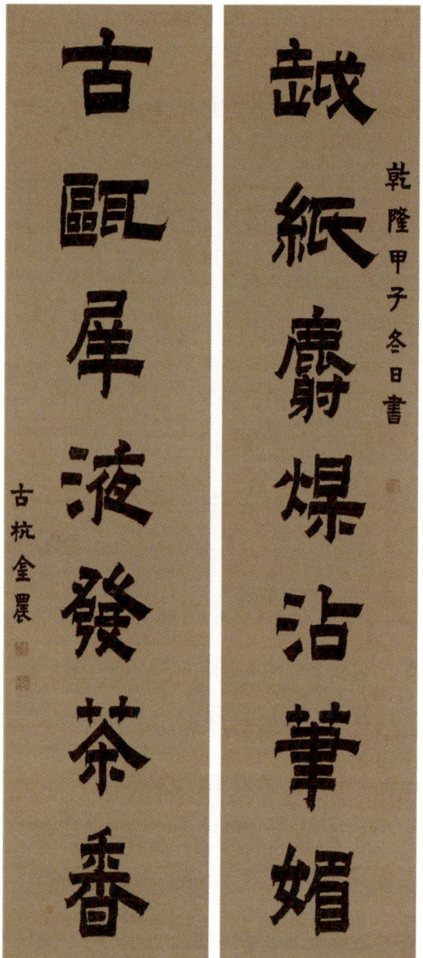

4

清 金农 隶书七言联
上海博物馆藏

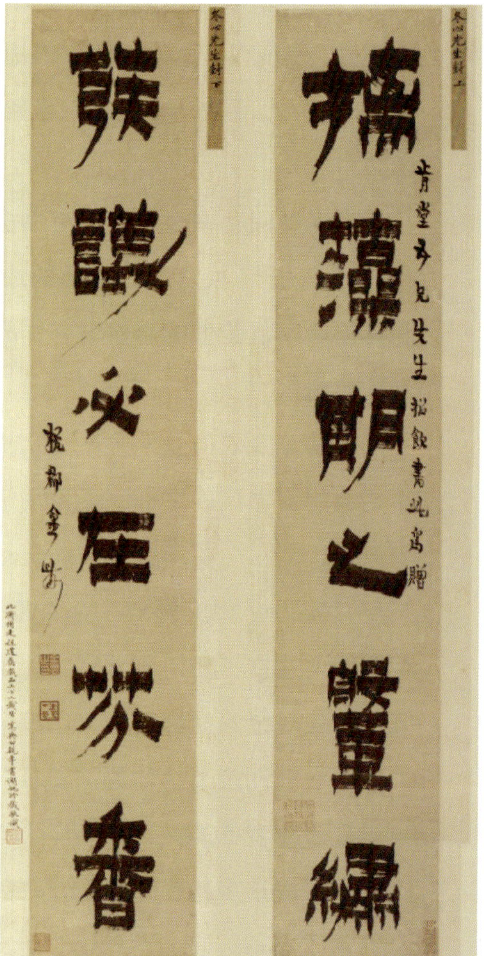

5

清 金农 隶书六言联
上海博物馆藏

署款 76 岁的“德行人间金管记，姓名天上碧纱笼”七言联（图 6），为作者离世当年所书，但见通篇间错落有致、笔体参差，不拘常态、涉笔成趣，无疑为金冬心晚年漆书的代表作品。

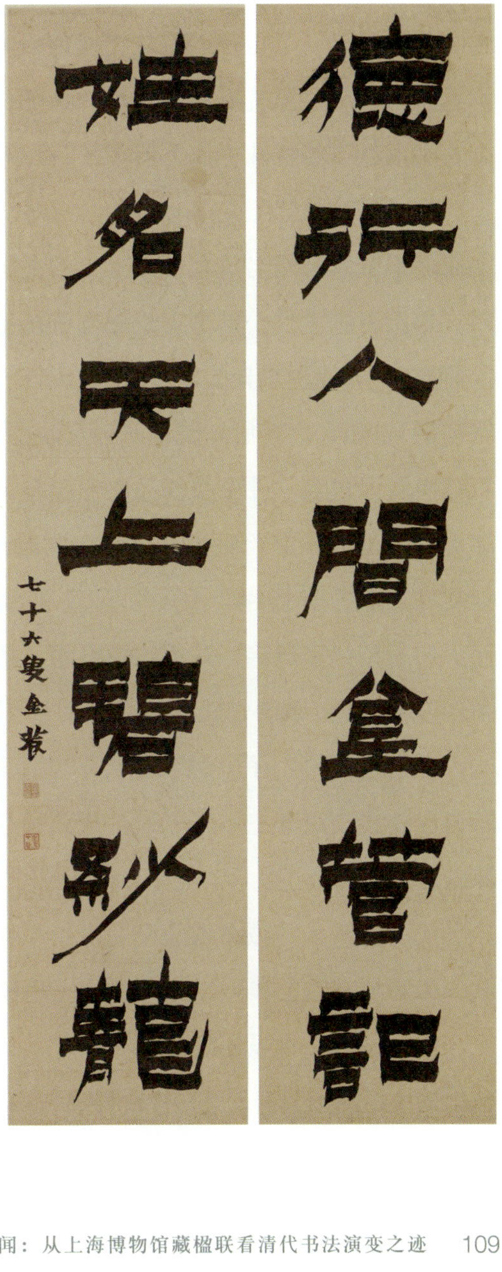

6

清 金农 隶书七言联

上海博物馆藏

当然金农之能不唯漆书一种，而即便都为截毫而书的漆书之称，也有束毫和放毫的不同。除此之外，表现在金农画幅上的题跋书或大量的尺牍之作等，皆从不同侧面塑造了这位卓越艺坛人物的绝高造诣。

在此，有必要再番述说的是，金农所处的时代，碑版的大量出土以及碑学书法创作的社会现象尚未正式出现，故而，若从汉碑借鉴的运用方式上看，原本十分有限。金农隶书的根本意义，正基于他对原本稀少描摹对象的深刻理解和完整体验，以至再行创造最终成为一家之风。他鹤立于当时的隶书体貌，应被看作是摆脱时风直取汉人精髓的典范之作。也正因为这一点，才愈加彰显出金农漆书创作的特殊价值之所在。

在“扬州八怪”艺术创作群体之中，郑燮（1693—1765）是一位在造诣上仅逊于金农、然名声却不相上下的书画大家。

郑氏善画兰竹，以草书长撇之法运笔，笔力劲俏自成一格。他的书法，则以前无古人、徒矜奇异的以篆隶参合行楷诸体的所谓“六分半书”闻名于世。“乱石铺街”也是人们多所知晓的时而反映在郑燮创作中的章法表现形式。所谓“乱石铺街”，即形容一件书法作品在通篇布局上的富于节奏和错落有致。在创作中，郑氏一方面向传统绘画汲取养料，同时也以古代优秀书法作品引为借鉴之本。他从颜真卿的草书名作《争座位稿》中寻求信手而来的虚实参差之态，又从摩崖大字石刻《瘗鹤铭》获得古拙奇峭、雄伟奔腾之势，正因为此，反映在郑氏书作涉笔成趣、欹斜短长外相之下的，自是一派峻迈畅幅天真烂漫的气骨精神。

如郑燮所书“子瞻翰墨擅天下，诸葛风流无古今”一联，融隶、楷、行、草自成体式，观其态亦庄亦谐、观其神亦佛亦仙。不失为一件同时显现碑帖意味的上乘书作。

又上博藏品“藏书古鼎良朋百年相伴，美酒名花皓月四季皆春”行书十言联，为郑燮书法的典型之作。但见运笔跌宕起伏，笔道刚劲恣肆。结字形体多变，似正而奇，每显姿态，此间，尤其通篇由诸体参合而起的变化莫测、新意迭出的一派金石意味，洵为难得。

帖学诸家

在上海博物馆的收藏中，根据整理和清点的结果，明确显示出行书楹联作品为所有藏品最大量的事实。这个现象的发生，除了和朝野悉同的由彼时帝王喜好赵（孟頫）董（其昌）书法而起的习惯欣赏方式直接相关外，当然还源自于帖学书法的自身发展状况以及人们审美观念的根深蒂固。

明清之际，在书法创作上尽管出现过风靡一时的以张瑞图、黄道周、倪元璐、王铎及傅山为代表的所谓“奇崛书派”书风及其这类书风所带来的不断影响，然因时过境迁，清代前期的书坛表现，除尚未形成气候的少量篆隶书创作之外，基本上还是以秀丽流美的董其昌书风和累代相传的固有帖学一脉为其基本表现方式。其时最负盛名的有张照，以及后来以翁方纲、刘墉、梁同书、王文治为书坛主唱的“帖学四家”。

从书法创作的独立视角看，所谓帖学，主要是指魏晋以下如钟繇、王羲之父子的书风样式及其书学体系，在书艺上明显区别于碑学一域。

与我国传统书法一道紧密相连的，当然是为书者向来就具有的以“二王”风格为圭臬的习字风尚，此后亦步亦趋延接不断。倘若历史地看，代代相传的艺术创作，必然也会产生不同时期的代表书家，此犹如唐有颜、柳、怀、张，宋有苏、黄、米、蔡，元有赵孟頫、鲜于枢、杨维桢，明有文徵明、王宠、董其昌等等，此中人物，真可谓好手迭出不胜枚举。

在帖学书法创作领域，身处清代前期书坛的张照（1691—1745），不能不说是一位继往开来引领时风的前驱人物。从时间上讲，张氏比“帖学四家”早半个世纪，他的创作径取“宋四家”中的米芾和明代后期的董其昌，并以行草书风格独步当时（图 7）。

在“帖学四家”之中，翁方纲（1733—1818）是最耐人寻味的一位。在书法创作上，他以正统帖学书风称雄乾、嘉两朝，享誉极高。在书学理论领域，他同时是一位精研金石碑版之学的权威人物。这一反映在实践和研究的表面似

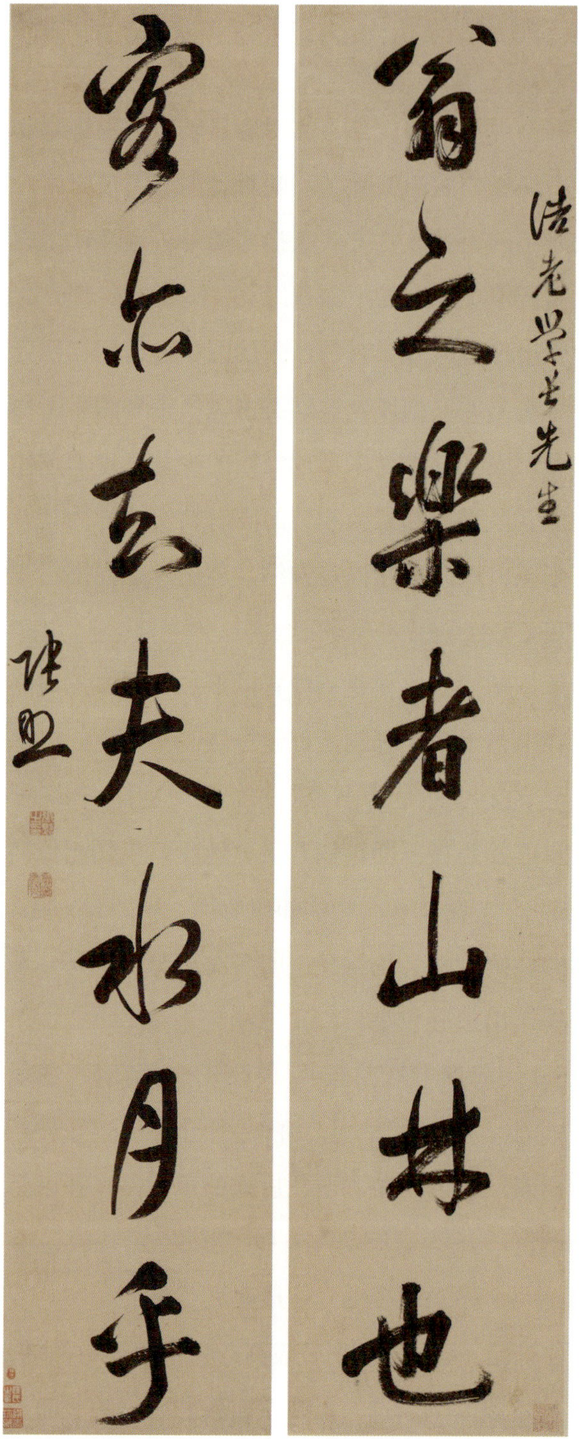

7

清 张照 行书七言联
上海博物馆藏

互不相涉、内中却紧密关联的突出现象，反而从另一个侧面确立了翁方纲在彼时业界的双重地位。翁氏书作以行书为主，他恪守于传统书法的书写原则，究于点画结构的出处与来历，唯恐脱离格辙，近乎亦步亦趋。

“尊彝铭篆倾三雅，政事文章本六经”七言联（图 8），为翁方纲行书之作，从中当可见其深厚的书写功力。另一件“放开眼界，立定脚跟”隶书四言联（图 9），为其中年之作。此为翁氏偶有隶书之作之一，其笔体意味与其行书如出一辙。

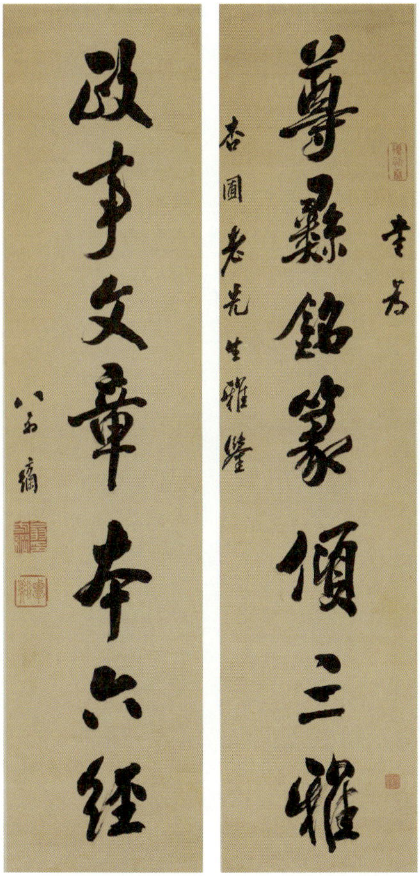

8
清 翁方纲 行书七言联
上海博物馆藏

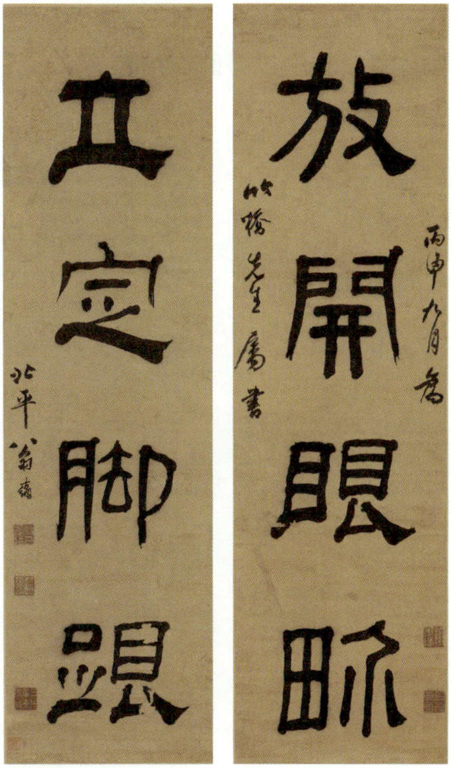

9
清 翁方纲 隶书四言联
上海博物馆藏

在书坛上素有“浓墨宰相”和“淡墨探花”之称的刘墉（1720—1805）、王文治（1730—1802），是两位在艺术风格上可以相提并论和互为比照的书法名家。

刘墉书法早岁入手赵孟頫，中年之后变通诸家自成家数。在学习古人的过程中，刘墉的审美观念与“帖学四家”中的梁山舟颇多相似，即不斤斤计较于形态本身而唯求精神合契。故而相对其他三家，他的书写风格最为突出。刘墉的不同之处正在于，他能够在娟秀华美甚至妩媚纤丽为主要表现特点的彼时书坛，异军突起地以貌丰骨劲、味厚神藏的个性化笔体自显。

刘墉之作初看粗率拙钝、信手而为，然细细推敲之下，方见得他的大智若愚、文冠武略式的另番高明。尤其是刘墉善用裹锋的运笔之道，更使他的创作别具妙处。此中，“客过茅蓬非率尔，诗如锦绣益飘然”行书七言联（图 10），为其最具典型风格的作品之一。

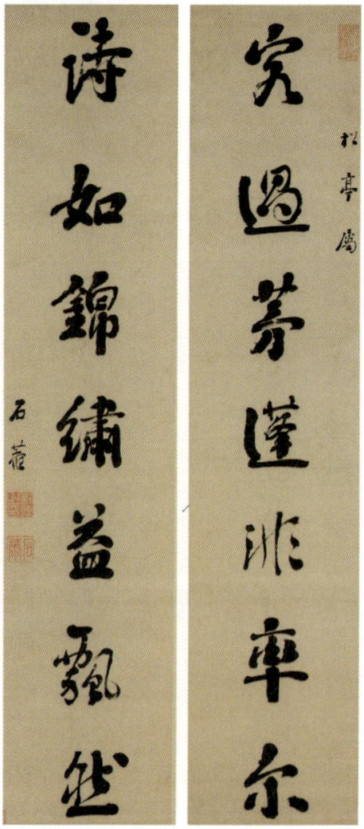

10

清 刘墉 行书七言联
上海博物馆藏

王文治的楷书得法于唐代褚遂良、南宋张即之和唐人写经一体。行书则以《兰亭》《圣教》两序及笪重光和董其昌为借鉴对象。从总的书写风格看，他的书法亦归于秀丽明洁一路。

对于王文治的评价向来褒贬不一，“笔力遒实，体制整密” 的以功力见长的独立书法风格，却是当时大多数书家所难企及并一致赞同的。在总体创作上，王氏的楹联书写似乎变化不大，如“茶香夜煮苓泉活，琴思秋弹桂苑清”（图11）便为其基本模式。此间，以禊帖为主要书写内容的集句之作占了一定比例。

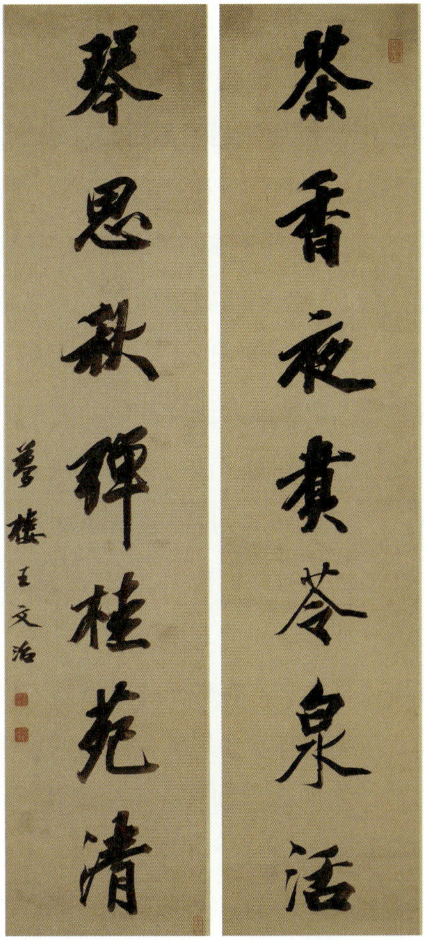

11

清 王文治 行书七言联

上海博物馆藏

邓琰时代

在我国艺术史上，邓琰（1743—1805）是一位蜚声于书坛和印坛的大家。在碑学书法创作领域，同样是一位极受关注的人物。

虽说在邓氏之前，已有郑簠、朱彝尊、王澍、金农、丁敬、钱大昕和桂馥之辈，他们率先开启了金石学的大门，然而，邓琰的价值恰恰在于，他非但能身体力行地体验并拓展了碑学一域的审美内涵，更为重要的是，还为完善碑体书法的书写技能和技艺，以进一步确立碑派书法的美学意义，作出了卓越贡献。邓氏创作的意义还在于，他既有全面继承古典传统书艺的一面，更有立意创新的一面，如果说，前述诸家之作，一般局限于各擅所长的或篆或隶一体的话，那么邓琰的书法创作却是多方面的，他是一位真正意义上的具有个人艺术体系的四体全能的书家，他完全担当得起如赵之谦所云“国朝人书以山人为第一”（马宗霍《书林藻鉴》卷十二，文物出版社，1984 年，页 219）的赞誉。

活跃于清代中期的邓琰精熟于多种书体，其中篆书及隶书为邓氏最为擅长，可谓开风气之先。他在 40 岁前勤奋异常，大量临摹各类古代碑版。仅篆书一项，如《石鼓》《峄山》《开母石阙》《天发神谶碑》及唐代李阳冰《三坟记》等，竟每有临摹百本的惊人记载。邓氏 40 岁后发为自创，个己面貌日渐显现。他的最显著之处，就是通过颖毫间一波三折的笔法以直抒胸臆，来纠正彼时书作中去古甚远的“光”“亮”“圆”“齐”的描摹陋习，使这一法度淹没的靡弱委顿之风得以改变。在邓氏当时的创作中，由往日勤习所带来的书写现象，更让人窥见此中的功力过人和丰厚积淀。

上海博物馆藏有邓琰篆隶书作多件，其中楹联之作 5 件。此邓氏作品“上栋下宇左图右书，夏葛冬裘朝饔夕餐”篆书八言联即为典型（图 12）。运笔洒脱俊逸，结体安雅修长，且已褪去刻意之态，邓氏之作的当家本色日益显现。此时，邓琰的篆书创作渐渐形成以“铁线”为骨、“玉箸”为形的鲜明个人风格愈见凸显。

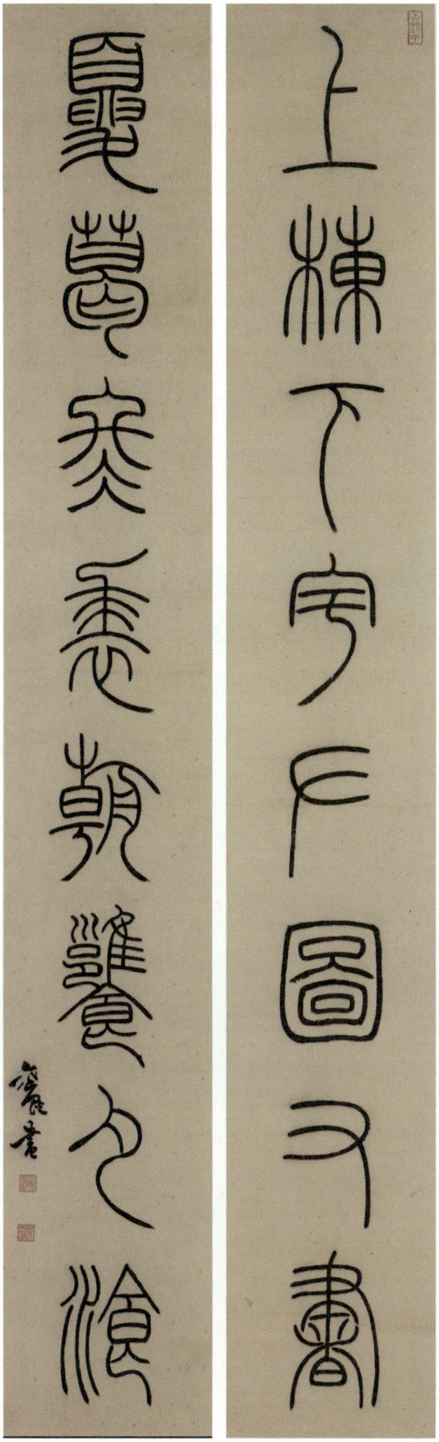

12

清 邓琰 篆书八言联
上海博物馆藏

通观邓琰作品，除不失古代篆隶书法矩度外，且能将此中笔体互相融合别裁新体，信非大手笔断难为之。在此，自不在于赵之谦亦曾临习邓氏书法之故而多作抑扬，此中受益者更无意溢美于一时一事。

上博所藏数件邓琰隶书之作亦多有可观处。如邓氏书赠“春塘”者的隶书“春风大雅能容物，秋水文章不染尘”七言联（图 13）便为一例。通篇地看，此联遣笔熟稔，笔道返秀为朴，结字渐显狭长，较之甲寅秋日自楚归皖的 52 岁所书“万华盛处松千尺，群鸟喧中鹤一声”七言联，更显厚拙意味，尤以其“顽伯邓石如”落款方式，可知其书于嘉庆改元之后，年龄较前者或许更晚。另同为邓氏隶书七言联的“法因北苑砚鹅绢，体仿西昆擘凤笺”（图 14），也是一件出入汉碑的代表之作，笔体劲健、逸畅生动，且变化多端不为常法所囿，此中鲜明的个人风格，尤令人倍加推崇。

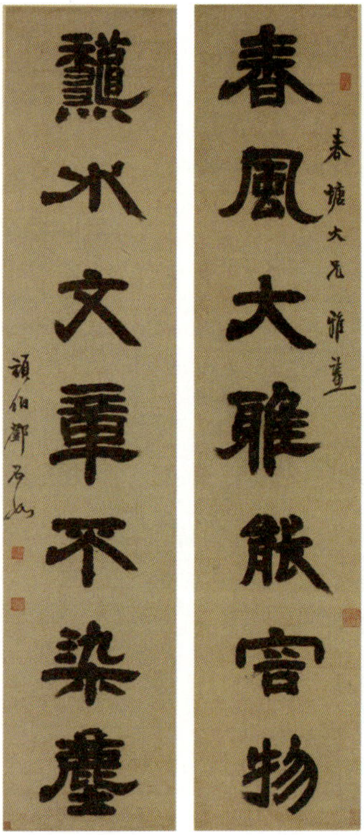

13
清 邓琰 隶书七言联
上海博物馆藏

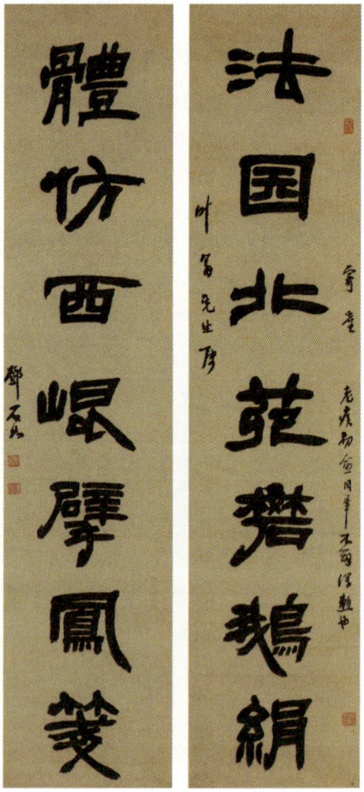

14
清 邓琰 隶书七言联
上海博物馆藏

历史地看，一代巨匠邓琰的出现，直接影响了乾嘉以后书坛整整二百年的创作，尽管邓氏一生仅六十三年，但是他的存在意义，却上可洞开唯晋唐为尊的千年大门，下能启发书法新风的立起，可谓功不可没、影响深远。

在清代中期，活跃着一些在业界颇具声名的书法家和篆刻家，此中，安徽歙县的巴慰祖和上海嘉定的钱坫便是其中代表人物。

巴慰祖（1744—1793）初随当地书画篆刻前辈程邃，是一位富收藏擅书画的篆刻名家。受摹古之风影响，他曾摹刻《顾氏集古印谱》，将其中部分秦汉印集成《四香堂摹印》二卷，几可乱真。在创作上，其刀法、字法和章法皆有独到处。篆刻之外，巴氏书法以隶书为主。

巴慰祖于书法一域的临摹，可谓笔体周正、工力精深，唯憾者，所作鲜有个性。"诗入司空廿四品，帖临大令十三行"隶书七言联为存世不多的巴氏墨迹，细观之下似见明代文家父子的书隶遗格。此作虽少个性风貌，然因其适处碑学书法之初始阶段，故而难得。

钱坫（1744—1806）也是碑域书法的先驱人物，精于训诂小学。在创作上，通常以篆书为主要表现手法。他的篆书取法李斯、李阳冰，复于青铜鼎文中汲取养料而终成一家之风，此在当时书坛可称特殊一例。

钱氏所作的确身手不凡。他的能够全面体现"二李"铁线玉箸笔体意味的深厚功力，远胜于一般书家。如钱坫书于下世当年的"架有异书门无俗客，行为世表文作词宗"便为他的典型之作（图 15）。此间运笔施墨的圆润健拔之状，以及结体布置的安雅有度，皆不愧为一代写手。然而由于嘉庆四年（1799）手疾之碍，他的部分书作也存有把控失当，甚至还生出字态离形以致有气体轻佻之诟。如馆藏作者于此后五年仍以左手所书的那一件"远性风疏佚情云上，清行出俗能干超伦"篆书八言楹帖（图 16），便是生动之例。

馆藏中有一件钱坫真书之作颇引人注目，书于嘉庆丁未（1787）44 岁时，联语为"小学且成金石癖，古文不绝江河流"。笔致内敛厚重，结构沉稳端严，通体间显颜骨柳筋气象。此中，笔调清健的行款与楹帖主体相映成趣，皆具观

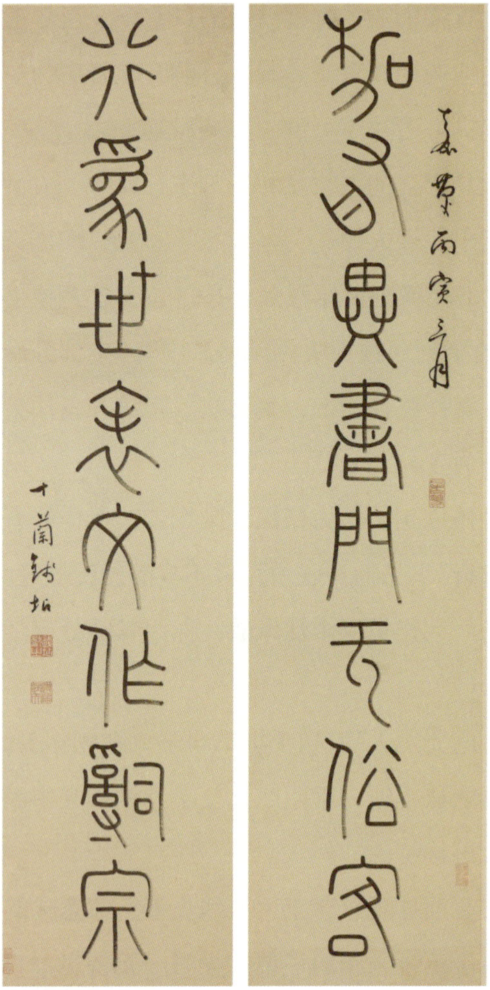

15

清 钱坫 篆书八言联
上海博物馆藏

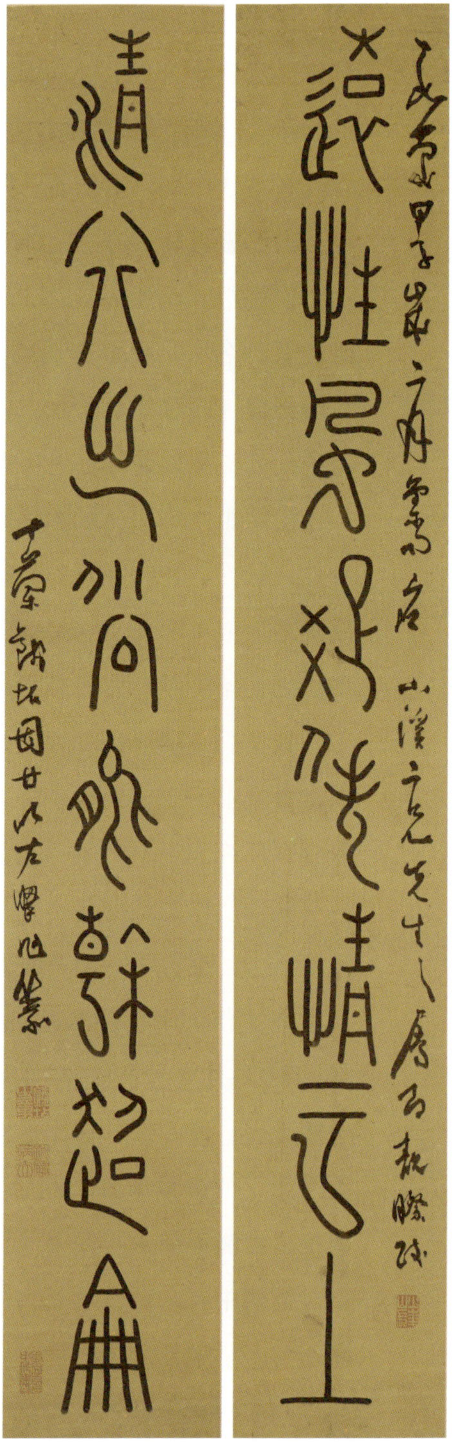

16

清 钱坫 篆书八言联
上海博物馆藏

瞻之美。

除篆书一体，在钱氏书法创作的相关文字中，几乎不涉及他的旁种书体，这自然是因为此类作品原本稀少的缘故。

浙派印家

在邓石如同一时代，出现了一个以丁敬、黄易为首的在我国印学史上占有重要地位的印学团体，此中人员因为大都为钱塘（今浙江杭州）人士，故有“浙江印派”或“西泠八家”之称。

除篆刻之外，这些印人大多兼长书法绘画创作，本馆便藏有黄易、蒋仁、奚冈、陈鸿寿和赵之琛的楹联之作。

在“西泠八家”之中，举足轻重的“丁（敬）黄（易）”之称由来已久，他们对印章创作一域的引领之功自不待言。除淳逸渊雅的篆刻艺术外，黄易同样也在书法绘画方面有不凡造诣。黄易绘画多山水一路，其笔墨主要法自“董巨”及“四王”，显浑郁自然之境。偶写梅花竹石亦多峭拔清隽。黄易书法善多种书体，但成就最高的是厚重古朴、沉着有致的隶书一系。黄氏善书首先来自家学，除此之外的另一原因，便是清代中期蓬勃兴起的碑学借鉴之风。此间，由黄易亲自主持并参与其中的访碑、考碑活动，更是直接激发了他的书法创作热情。

黄易一生酷爱东汉隶书名刻《西岳华山庙碑》，喜其整饬端严中饶有变化的书写风格。随着岁月积淀，尤其是日益深入的探访和考释碑版活动的朝夕相顾，显然已经促使黄氏的书学观念发生了深刻变化，同时在书写样式上，正逐渐走出早年专事一家之迹的狭窄之地。

馆藏黄易“修竹便娟调鹤地，东风蕴藉养华天”隶书七言联，及“竹屋低于艇，梅花瘦似诗”隶书五言联，当为其中年之后的典型作品。前者笔调圆融、结体沉逸，已显出作者的功力所在。另外，为书者信手而发的颖毫缓运状，更凸显其晚年书作笔致从容的势态。总的说来，黄氏书作的静雅婉秀、匀和安当，与其印章风格可称表里互映、书刻合一。

具有诸项创作之能并经由碑域实践之途的黄易及其书法创作，每每反映出他的兼容并蓄、自成一体的个性面貌。故而从这个角度讲，在“西泠八家”之中，黄易是集经典性和代表性于一体的人物。

蒋仁（1743—1795）与邓石如同龄。为“西泠八家”中的前四家之一。上博所藏“作者诸长靡不有，善人为乐莫之京”（图 17）及“看画客无寒具手，论书僧有折钗评”（图 18）七言联，为作者以行楷与行草书就。前者与其边跋文字体式相近，不瘟不火，似滞犹畅，通篇虽仄拗冷逸之至，然不失格辙。后者则多富草意，但见笔意连绵、牵带自然，用笔结字间，俱显矩度在握、成竹于胸。

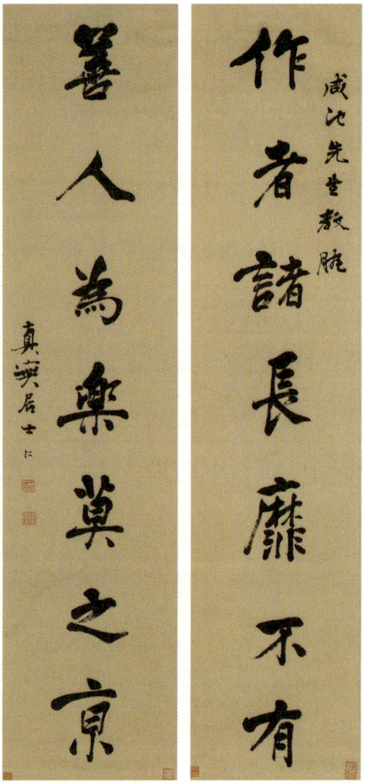

17
清 蒋仁 行书七言联
上海博物馆藏

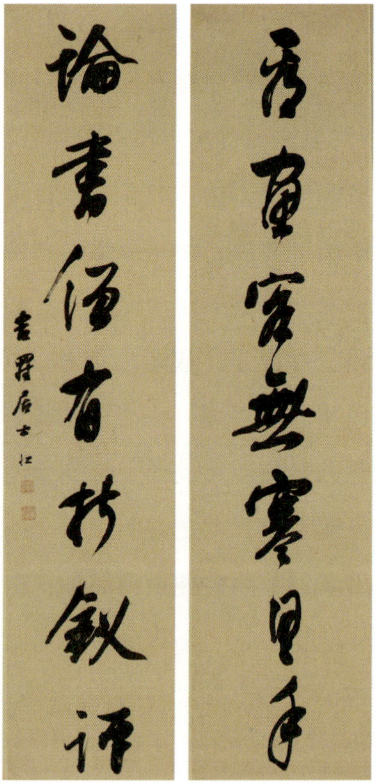

18
清 蒋仁 行书七言联
上海博物馆藏

奚冈（1746—1803）为西泠八家中唯一的一位祖籍安徽后来移居杭州的印人。他的篆刻亦法自丁敬并有发展，最终形成清隽娟秀的印风。他兼善四体书，真书步褚遂良，劲健洒落。隶书广取汉碑之优，任笔为体脱越不羁。馆藏奚冈“小诗试拟孟东野，大草闲临张伯英”隶书七言联（图 19）为其 50 岁集东坡句之书作，彼时值乾隆乙卯年（1795）。奚氏在世 58 年，此或可视其为晚后之作。

陈鸿寿（1768—1822）是浙江印派“西泠八家”中的后四家代表人物，兼长书画创作和制壶技艺。在书法创作一域，他的隶书和行书最为时人推重。上海博物馆所藏陈鸿寿“闲中有富贵，寿外更康宁”隶书五言联（图 20），当为他的代表之作。但见运笔劲健凝练，结体安雅洁秀，通篇气息流畅、古意盎

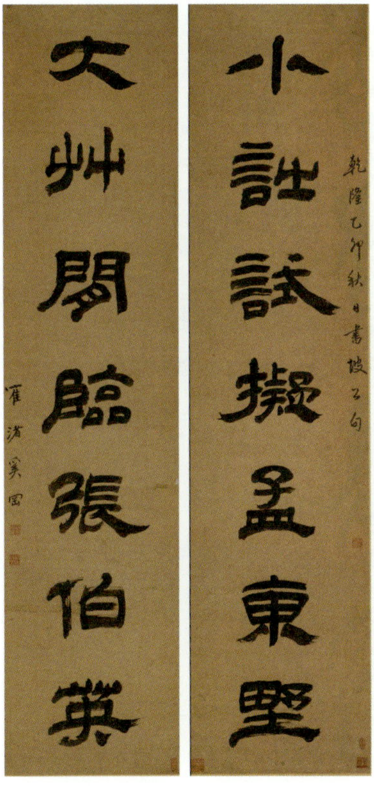

19 清 奚冈 隶书七言联 上海博物馆藏

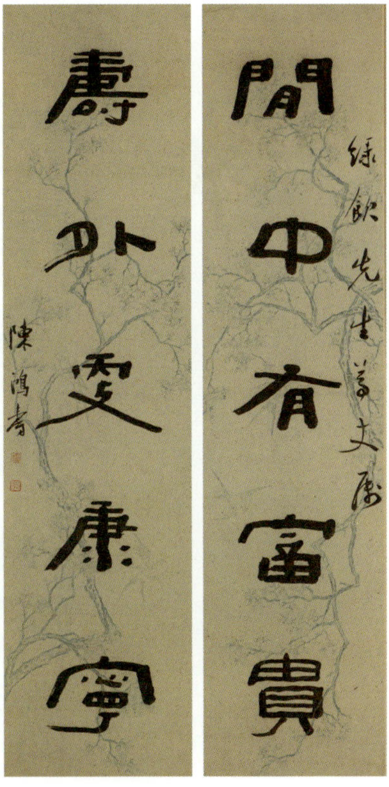

20 清 陈鸿寿 隶书五言联 上海博物馆藏

然。尤其是笔体间柔中见刚、圆中寓方的独特意味，确为同时代隶书作品中少见。对于陈鸿寿的隶书用笔，曾有研究者说他是以略作随势夸张的篆书笔意作隶书，此说亦不无道理。人们皆知，蚕头燕尾式的波磔之笔，应为隶书书写的基本特征，而陈氏此作虽称隶书之作，除结构一式与隶书大体相涉之外，运笔却习以带有篆书笔意的直线和弧线为其主要构成形式。而这种两体兼容的表现方式，更是通常作者所多不运用并不擅长。

诸如此类的亦隶亦篆的书写风貌，还反映在另一件上博所藏的陈氏所书“应将笔砚随诗主，定有笙歌伴酒仙”七联言（图 21）上。此联所显出的更多的篆书意蕴和篆隶一体的交融风调，犹如文学创作中的“杂糅”。此一现象的发生，或许更能让人联想起作为篆刻家之身的陈鸿寿，并进一步管窥陈氏隶书由篆而隶的完整过程来。难能可贵的是，此类可称前无古人的且与彼时邓石如及丁（敬）、黄（易）辈皆不相类的隶书一体，确是因陈鸿寿起，而使人们改

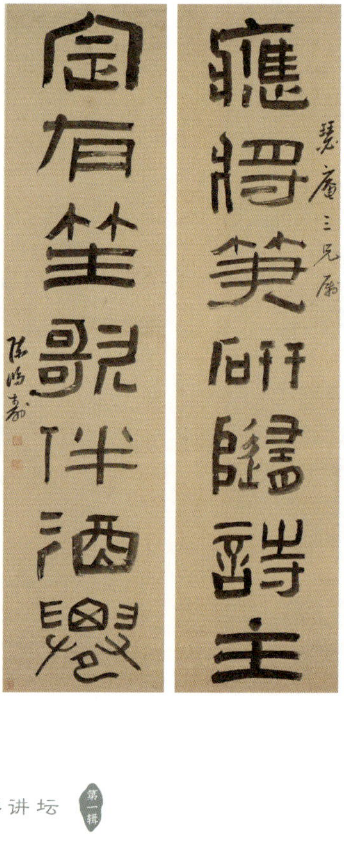

21

清 陈鸿寿 隶书七言联
上海博物馆藏

变了明清间甚为流行的以文徵明、郑簠为代表的习惯审美模式。从这一立场看，更不能不归功于陈鸿寿在隶书书法上的创新之举了。

陈鸿寿的行书和隶书创作，在总体气息上可说是一脉相承。在楹联书写的创作手法上，具体表现为用笔徐疾有致、风调爽健，结体平稳略带欹侧之态。

赵之琛（1781—1860）在排序上与陈鸿寿一样，同属“西泠八家”中的后四家。总的说来，赵之琛的篆刻和书法在风格上十分统一。由印及书，他的书风也每见金石意蕴。赵氏隶书六言联“万事最难称意，一生怎奈多情”为其年近古稀所作，笔体中既简洁明快又温润多姿，通篇间的顾盼呼应之态最令人称道。他的另一件书作“精神秋爽云中鹤，气味春融岭上梅”（图 22）笔体劲爽、景致别开，体现了作者静中求动的创作意图。

22
清 赵之琛 隶书七言联
上海博物馆藏

伊、何展痕

在我国书法发展史上，活跃于清代中后期的伊秉绶和何绍基，是两位绕不过的重要人物，如果从某个视角分析，正是由于碑版之学的蓬勃兴起，才进一步确立了他们在当时书坛的地位及其存在的客观意义。

从日见昌炽的碑学创作的表现理念和审美广度看，乾、嘉之际的邓石如、桂馥和伊秉绶，确是三位可以相提并论的书道中人。本以“当朝四体书第一”之誉独步天下的邓完白自不待说。身为一代朴学硕师的桂氏，则向以内养丰沛与功力精湛而居高临下于彼时学、书两界。

伊秉绶（1754—1815）书法的旷世意义，正在于他不同凡响的创作高度。伊氏创作植根汉人，虽不见通常隶书的运笔和结体方式，却无碍于汉碑神采在他手下的完整凸现。此中现象虽缓起缓收犹平沙落雁，然内中真气弥漫气息犹黄钟大吕显尽高华之态，则唯伊秉绶所能。

馆藏伊氏“清光宜对竹，闲雅胜闻琴”隶书五言联（图 23），为作者 46 岁所书。通篇古泽娴雅、端庄堂皇，又因迥异时风、别开生面而令人耳目一新。最令人称道者，为其笔体间虽少见起伏且时显对称的字态，然这一通常为人们所忌讳的书写方式，却无碍于作者审美的明确表达。有言道，伊秉绶隶书全从篆书中来，而此一被称作篆籀笔法的运笔之能，在伊氏腕肘之下可谓演绎得淋漓尽致。他的颖毫所运缓而无滞状，以及线条粗细几近律一的情形，在其晚年作品中表现得愈发明显。伊氏在世共 62 年，如书于其 60 岁时的“希文天下为己任，君实每事对人言”隶书八言联（图 24），当可视作突出一例。

伊氏同时为刘墉弟子，信其在获得乃师真传时，更多地会受刘墉所擅长的“裹锋”一法的启发，并适度地运用于自己的隶书创作之中。

隶书之外，伊秉绶书法亦以行书一类为表现主调。上款为“山民”的“旧书不厌百回读，杯酒今应一笑开”七言联（图 25），为伊氏 54 岁的书作。虽曰行书，然内中楷、行、草三种类别间以篆书个别结体展现于一纸之内。此般

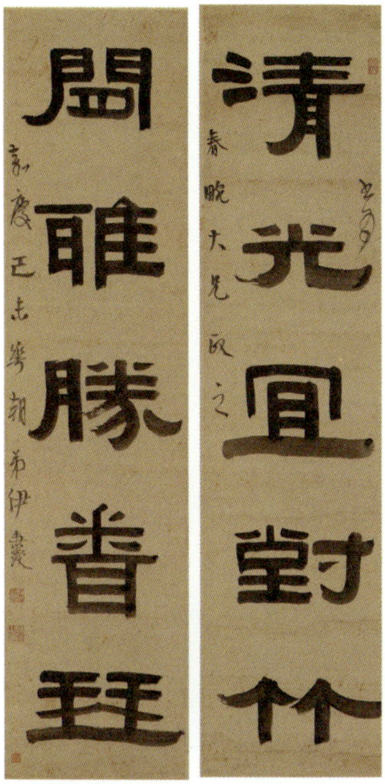

23 清 伊秉绶 隶书五言联 上海博物馆藏

24 清 伊秉绶 隶书七言联 上海博物馆藏

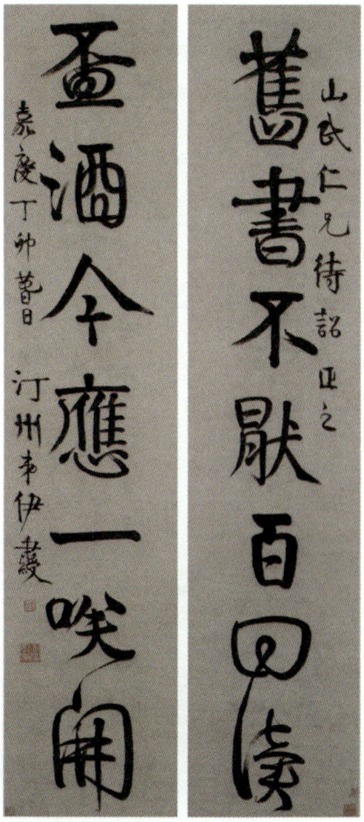

25 清 伊秉绶 行书七言联 上海博物馆藏

书体合成，通常为写家意欲为之而不敢为，然在伊氏笔下，却顿见醇静雅致，别有洞天。馆藏另一件“书有千年对，门容二仲过”行书五言联（图 26），为伊秉绶自称书临董其昌之楹帖墨迹并赠“心原”者，彼时正是作者去世当年。如与八年前相比，唯见大体仿佛之下，笔体更显回还从容，且丝毫未露孱弱之气，通篇气息依然若殿僧入定、慧珠在握一般。

正由于对各类书体的熟稔之因和作者的颖毫施布之长，表现在伊秉绶具体作品中的诸种文字样式，自然会全无怒张蹈厉之态地浑为一体，且时显黄钟大吕吞吐九荒的堂皇气象。

要之，伊秉绶在兼善楷隶别具金石意味创作过程中，除了大体借鉴与裹锋相类的篆籀笔法之外，在题款一域，还不时显现其当初体验晋唐中锋用笔和得力于颜真卿的显著痕迹。这个现象的产生，必然会使伊氏之作在总体风格上更趋丰富多彩、精秀古媚。

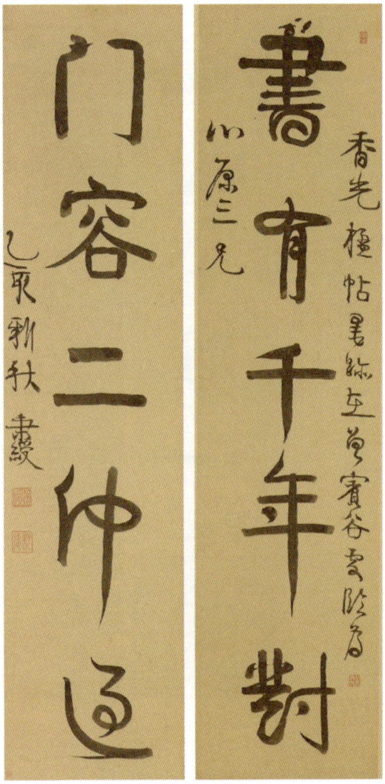

26 清 伊秉绶 行书五言联 上海博物馆藏

何绍基（1799—1873），世传以入手颜真卿而自成一家之风并名重于时。他对颜氏的研习和临摹用功至深。他在专习颜鲁公时，受碑学风气影响，此前已遍览汉碑和北碑之妙。所以，日后人们睹得的大量何氏之作，实际上已是他取法多方的结果。何氏摹古以至移貌取神之境，乍见其走笔结体似逸笔疏疏未甚经意，其实最得书道要旨。已具自家特征的何绍基此路书风，后人随其步履者颇多。何氏晚年实践篆隶二体，并主张将此中笔意融入行楷书创作。

“山木洪涛皆篆隶，星心月胁尽文章”七言联，为何氏具有典型中期特征的行书之作。但见提按转折挥洒自如之间，犹显颜体回腕运锋的本家面貌。其实，何氏行草书亦从颜真卿来，《争座位稿》《祭侄稿》一度为他的日课。此从馆藏另一件“小筑三楹看浅碧垣墙淡红池沼，相逢一笑有袖中诗本襟上酒痕”十三言长联中，便可窥其行径，探其胎骨所在，但见笔意老到自然，趣味醇厚率真。

然其极意北碑之岁月留痕，竟不复寻见。

何绍基学问广博，本通经诗之学，然于书学一道浸淫最深，至晚尤甚。因碑域书风所致，何氏的篆隶书创作倾向大多发生在他的中晚年。

馆藏“讲道毓德立诚垂范，研书赏礼敷文奏怀”隶书八言联（图 27），为何氏 73 岁所书。作者暮年广集汉隶之精华，笔道浑穆敦厚、力遒墨重，结字自然超迈、变化多端。观其通幅之间，但见不落习常的疏密结构和任笔而发的

27

清 何绍基 隶书八言联

上海博物馆藏

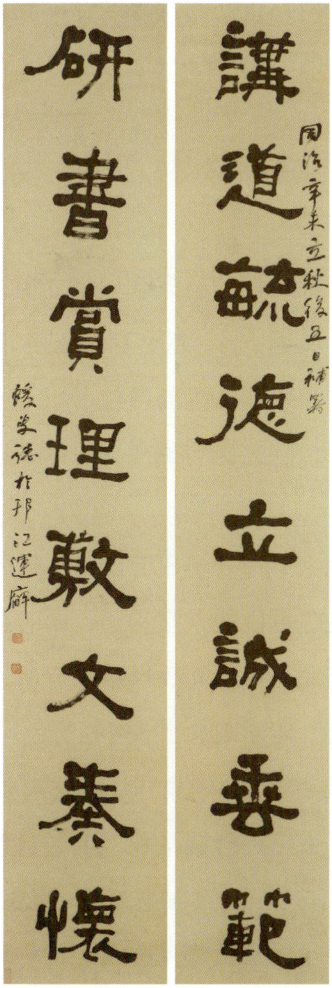

一波三折之妙，尤具奇趣。看来，此书多得于《礼器》《张迁》两碑方严整肃的结体特征，通体苍茫之下的新韵迭出，尤为当时写家所望之项背。然何氏一生，终因受颜书回腕运笔的习惯影响而成积习难返之态，反却使其笔体更近沉秀华美冠裳佩玉的《乙瑛》碑和整饬中富于变化的《华山庙》碑式。

何绍基的篆书创作，主体仿效秦代斯篆泰山刻石中的单一风格。这一书体的最大特征，便是表现在用笔上的流美圆健和结体上的整饬匀正。从何氏作品生涩不畅的用笔方式看，可知他于此域并没下过许多功夫。由于行将衰迈，精力有限，准度渐失，往昔洋溢于笔端的时而可见的别样气息显然日渐消退。通体唯可观者，为其相辅于楹帖正文的款署之合。此“春风淮月动清鉴，绛阙天都想盛容”篆书七言联（图 28）便为一例。

吴、赵正脉

在中国印章史上，清代后期的吴熙载和赵之谦，是继邓琰之后堪称开家立派的印坛大家。以篆刻一域论，吴、赵名享大江南北并称一流，自是天地不朽；同时，他们也是卓有建树和影响深远的两位书坛名家。然而极为相像的是，无论在印章上还是书法方面，赵之谦与吴熙载的创作途径和表现方式，几乎都与邓琰有关。

从年龄上讲，吴熙载（1799—1870）要比赵之谦早生三十年，但在创作上却是相知同道。吴氏是包世臣的入室弟子，同时在艺术传习上，又是邓琰的再传弟子。他的印章创作完全承继邓氏风格并有所发展。尤其可贵的是，吴氏在乃师创导的“印从书出”印学观念上，潜心所创自出机杼，且每每舒蕊展叶、绽发新枝。其所作篆隶及真书，早岁酷似邓家样，可谓亦步亦趋、几无二致。中年后以篆隶书为主，风格渐趋舒缓平和、老到自然。行草书一类，则完全效法包世臣在用笔上以侧锋取势，而致颖毫盘绕、字态别出的所谓“裹锋”一路，在具体创作方式上，似比包氏路数略见改观。

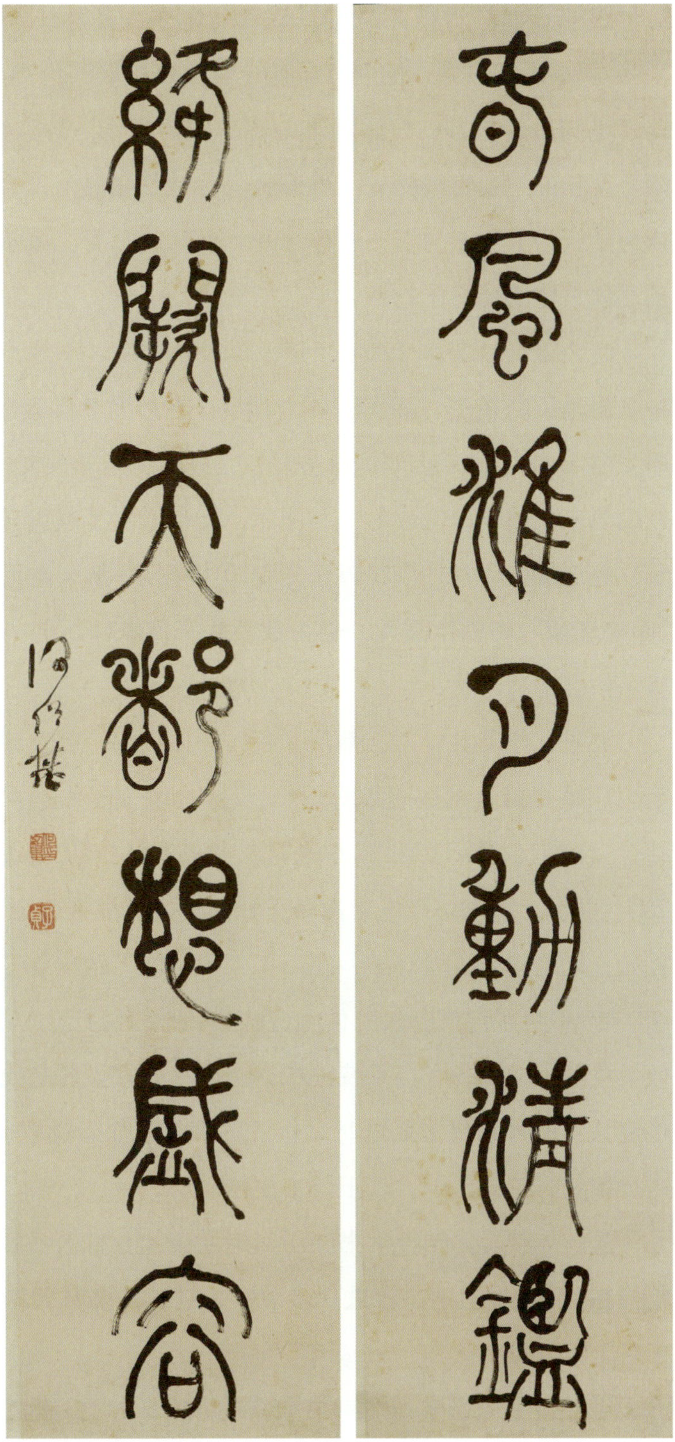

28

清 何绍基 篆书七言联

上海博物馆藏

跟邓石如颇为相像的是，篆隶书体亦为吴熙载所擅长。上博所藏上款分别为“星九”“伟堂”的两件吴氏七言篆书楹联，应为其壮年之作。在笔体上，前者见圆后者呈方，大体安雅匀健、婉约流畅，与其篆刻风仪可谓异曲同工。饶有意味的是，馆藏尚有一件作者号称背临完白山人真书一式的八言楹帖，此或为吴氏为数不多的楷书书作之一。从时间上看，兼擅四体书法的邓石如，当是北魏书体的最初体验者。

赵之谦（1829—1884）是一位极具天赋、卓绝不群的人物，他的出色才华全面地反映在书、画、印各个领域。在涉及才学禀赋的话题时，赵氏尝谓：邓完白天四人六，包世臣天三人七，吴熙载天一人九，而自己则是天七人三。此说虽未免偏颇，但从另一个侧面，却也道出了赵氏异于常人的境况。

赵之谦的印章之作曾寻迹并脱胎于邓琰一脉，继而追求从“印从书出”到“印外求印”的创作高境，确为数百年来流派印坛的一名骁将。其寿虽短，然其名信已彪炳千秋。

彼时凡学书者，大抵都从颜鲁公一体入手，赵之谦自不例外。《颜家庙碑》笔力庄重宽博，结体圆劲浑厚，严于法度，的确是学习楷书的理想范本。然结合馆藏上款为“彦湘”者的“大坐永今日，和气生古春”真书五言联（图29），竟全无颜书踪迹可寻而令人平添疑窦。根据这个现象，或可作如下推想：首先，以赵氏之机敏好学，在习书上不可能专蹈一体专事一家，从此联的笔法结字看，似更接近柳公权一体刚健峻拔的书写特征。尽管从行径上说柳自颜来，但毕竟颜、柳皆各有自家特征在。次之，此联虽属赵氏前期所书，但观其初呈稳健状，便可知决非弱冠时之作。另外，从作者具款所涉“禊帖”一词得知，赵之谦彼时正关注于“二王”书法体系。

从笔体状况并结合学书经历，赵之谦此五言楷书联的创作时间，大致可以定格在其 30 岁上下。若进一步观察，赵氏的多数行楷书之作，几乎也都出现于这个时间段中。

受邓琰书风影响，在隶书和篆书方面，赵之谦也以临习邓氏风格为主课，

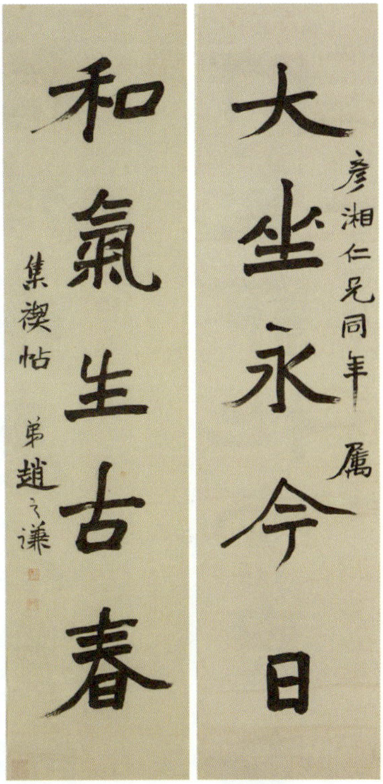

29

清 赵之谦 真书五言联

上海博物馆藏

积功日久所获益深。

赵氏隶书的出现略晚于其篆书创作。馆藏“阴德遗惠周急振抚，明堂显化常尽孝慈”隶书八言联（图 30），为作者 41 岁时所书。款属“受恬九兄学书于铁客，能具怀宁之体而兼涉其敝，顷属书联，因变格为之。同治己巳（1869）三月，赵之谦倚装作”。识中可以得知，彼时赵之谦正客居京师，即将南返故称倚装。此间，赵氏能直言道出所慕者邓氏一体的弊短并“变格为之”，此确属难能之至，由是可见作者在创作上的非凡胆魄和手笔相向。

在赵之谦所有的书法创作活动之中，他对北魏真书由楷而行的有效体验方式，当被看作是他入手最深且最为成功的方面。尤其是他从借鉴方式而至的由碑入帖的成功转型以及碑帖相融的再创造手段，则足称前无古人启发来者。

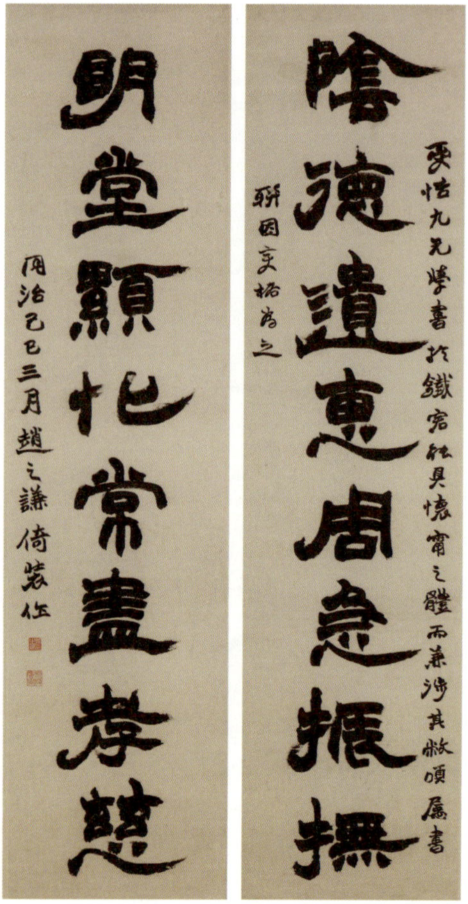

30

清 赵之谦 隶书八言联

上海博物馆藏

真书“修诵习传当世，纡皇组要干将”六言联（图 31）作于光绪元年，为赵之谦 47 岁所书。观其笔体不苟，周正匀落之下，略具行书意味，据此可知彼时赵氏相涉北碑未久之况。而另一件在款署中屡有自谦之意的“朗姿玉畅，远叶兰飞”四言联（图 32），分明已渐见作者遣笔自如状。最能体现此类书法完美之境的，为一件虽未具年款却可信为晚年典型之作的“阁映珠罗楼悬金网，林疑极妙草匹文柔”八言联（图 33），但见笔墨充盈信手所至，通篇更显沉稳老到利落自然。如果进一步看，人们甚至可以随时感受到作者当时由颜鲁公书

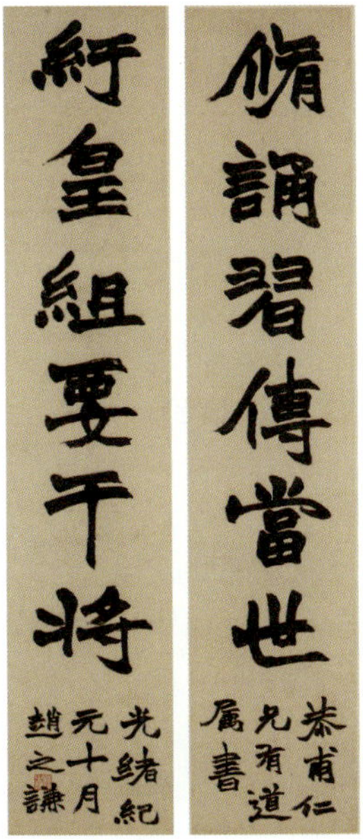

31 清 赵之谦 真书六言联 上海博物馆藏

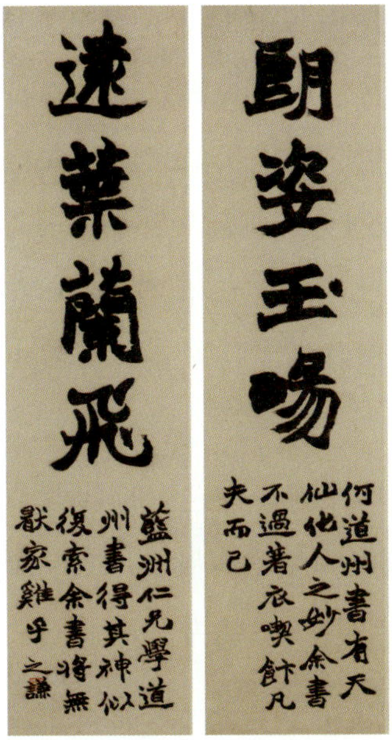

32 清 赵之谦 楷书四言联 上海博物馆藏

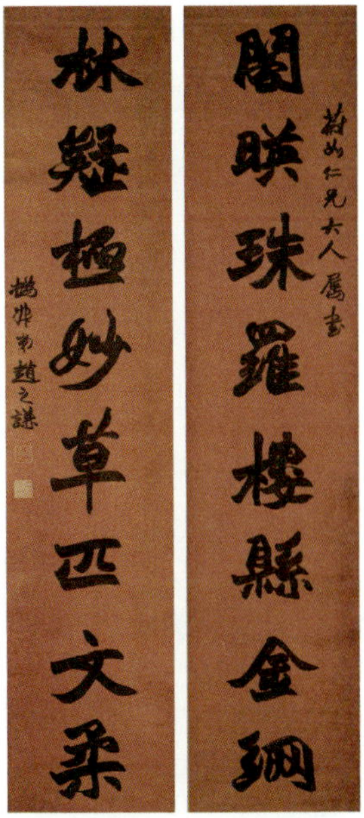

33 清 赵之谦 行书八言联 上海博物馆藏

风而至的丰富积淀。

赵之谦独具一格自成一家的带有明显北碑意趣的书法之作，虽说是他长期实践的结果，然更由他的思想高度所决定。赵氏的此类创作，几乎是在全无依傍的情形之下，无师自通地完成了在审美上的理性叙述，这个难度，或可堪比元代赵孟頫高举书宗晋唐复古旗帜的一场空前革命。由此看，赵之谦及其创作的存在意义，显然已经超越了整个时代。可见书画之道，能致使为艺者不断走向创作巅峰的，除足够功力之外，其禀赋天分当为第一要素。

与赵之谦同时代、在年龄上略比赵氏长数岁的徐三庚（1826—1890），也是清代晚期的一位善书善刻的人物。

徐三庚为吴让之和赵之谦之外另树个人艺术风格，并在当时印坛颇具影响的篆刻名家。他的篆刻刀法娴熟，结字布置尽显穿插迂回婉美华丽之妙。然其所作，每伤于纤巧之下的习气既成。

和印章相比，徐氏的书法之作从总量上讲并不算多。“典校兰台书史，敷陈丹漆文章”为徐氏参照三国吴《天发神谶》所书写的一件篆书六言楹联，但见笔道厚重如刻，结字外方内圆，通篇间似隶似篆古意萦绕，不失为他的成功借鉴之作。他的另两件上款分别为“石仙”和“子云”的“崇台高阁将军画，深意微辞太史文”隶书七言联以及“甘受和白受采，富润屋德润身”隶书六言联，从中每见作者遣笔的安稳老到之态。尤其后者落款，还让人们清晰地读到徐氏借鉴北魏书的笔体特征。

随着各类创作思想的碰撞与交融，在这一时期中，还出现了一批在取法上不断借鉴上古文字意味和继续崇尚帖学一脉的书家，其中代表人物有陈介祺、俞樾、翁同龢、王闿运、吴大澂及杨守敬等。

晚清气象

自 19 世纪后期至 20 世纪之际，身为一代艺术宗师的吴昌硕（1844—1927），是人们公认的具有三绝美称的书画篆刻大家。

在吴昌硕漫长的创作生涯中，书法一道是他接触最早且用功最勤的艺术门类。这个现象，除了从相关史料得到了解，还可从他的大量传世作品中得以证实。吴氏书法可谓四体皆善，然若以成就而论，当首推他的充满金石气息，可称登峰造极的篆书创作。

与书史上大多数名家颇多相似的是，吴氏篆书书法的整个创作过程，大体也经历了早中晚三个历史时期。这三个阶段，具体区分为其 40 岁前后为一期，60 岁前后为二期，70 岁至 80 岁后为第三期。

吴昌硕篆书最早开蒙于号称“湖州六才子”之一的杨岘（见山）。未久，便受到碑学书法发展大潮的影响，此中，邓石如自是最为重要的人物之一。

如今，吴氏步履杨、邓的书风样式已难得见，唯从其早期具有小篆特征的《为丙生篆书轴》中能够探得些许具体信息。

事实上，在实践篆书的过程中，随着交游渐宽和所见日多，30岁上下的吴昌硕就已把视线投向了小篆体以外的金文书写样式。如馆藏“万流一原朝宗于海，六经三史卫道之城”篆书八言联，便反映出他当时的创作踪迹。彼时，吴昌硕方至通常意义上的中年之岁，然在艺术上的异乎常人的敏感和放胆，却由此可见。当然，这一情形的发生，同时也跟吴氏身为篆刻家在创作上取用多种文字的表现方式互为关联。

上博所藏吴昌硕楹联作品十数件，几乎可说是反映了吴氏主要历史时期的创作现象。

因功力不断积聚之故，吴氏书作由早先之生涩渐至熟练，笔颖毫端的变化，亦由简单划一而日见丰富。

多为学界认同的吴昌硕最初实践石鼓文书法的时间为光绪甲申年（1884），此即41岁那年。闻说吴氏此举得缘于苏州某文友以手拓石鼓相赠，继而引来他的新创之欲。可以确切见证彼时创作的，是常熟市博物馆所藏吴氏当年所书、上款为“健亭”的石鼓文七言联。

上博藏品中有一件吴氏45岁作于戊子（1888）元宵，内容为“集唐权尚书载句”的篆书八言楹联。通篇间，除了结字狭长大小篆相杂并略见生涩之外，其题款书体尚未见大的变化。而在十年之后，吴氏书于光绪己亥年的上款为“溶青”的篆书七言对，除了其用笔渐见圆浑、结字愈显安妥外，与之同步发生变化的，还有其题款文字的笔势连绵之态。尤其需要提出的是，此一时段的吴氏篆书创作，除了有限保留其原本书写习惯（如邓石如力透纸背式的中锋用笔及颇类小篆的狭长结体）和笔体痕迹外，大体上已经呈现出以借鉴石鼓文一式为其创作基调的艺术雏形。

第二阶段的吴昌硕石鼓文之作，显然已经进入成熟之境。此间，界内皆知的吴昌硕作于光绪癸卯年（1903）的《篆书石鼓文全本屏》，可视为他的壮年代表之作。彼时吴氏正60岁，无论功力积聚及艺术观念之谓，皆为艺者的理想年龄，从作品看，可见他的大体书写状态已显出个人表现风格。尤其是吴氏创作从往日的心摹手追，到获得神采的另种境界，完整地体验并实现了对古代之作本体风貌的再创造过程，个中意义便不同寻常。

也就是从这个时候起，吴昌硕的此路风格一直持续到他的晚年。随着创作日深，反映在吴氏身上的书写个性日显强烈。如作于壬子（1912）其时69岁的特大尺幅石鼓一体的楹联之作便是例证。但见通篇参差错落真气弥满，信手所致一任自然之态，此中最称可贵者，为吴氏作书多不肖形而生气独出，苍健浑穆之中，自有怀抱相寄的一家之风。此后一年所书的题款为“集天一阁藏北宋本石鼓文字”的篆十八言联，以及他书于乙卯仲夏、上款为“心白”的篆书七言联，皆体现了作者时臻完美老到的同一风貌。

世人多知吴昌硕篆书从石鼓文来，然而对他于石鼓之外三代吉金文字体系的长期探索和借鉴之功却了解有限。事实上，在吴昌硕的一生中，金文一域始终是他实践篆书艺术的重要方面，更是他深入理解石鼓文书法并在创作中取得成功的不可或缺的必要条件。吴氏此项由临摹而出的创作活动，可说从他的青年时代起，一直到他的迟暮之年都未曾间断过。

藏品中可称典型者，是一件吴昌硕79岁时为画兰名家姚虞琴所书“传人王内史，贼器农修从”金文五言联（图34）。无论从运笔、结字还是从通篇布局看，皆可视其为吴氏此类创作之经典。从作品可知此书联亦为“集散鬲字”，与其早年同类创作相比，则更见精彩。在此，且不说此作敦实笔调下浑脱疏宕的虚实互见，亦勿论作者因势涉笔戛戛独造的结字之妙，仅署款一式的间篆间行、交错而书的别样手段，便显出为书者别出心裁、神形相顾的高明。同时，在通篇字幅的字里行间，皆可进一步感受作者境由心生的得意情态。

吴昌硕行书习见于题画，书法作品中通常止于中堂、条幅、手卷或扇页跋语等形式，从数量上讲，楹联之作向来不多。此馆藏“杨柳楼台春风人面，兰苕翡翠初日芙蓉”八言联（图35），属作者为其晚年弟子刘玉庵所书。表现在行笔上的与吴氏篆书颇相类似的是，他的行书之作也擅用篆籀笔法而时显苍茫峻勃并厚重之气，往往援笔所至灿然成章，乍看虽果断迅疾痛快淋漓，然个中

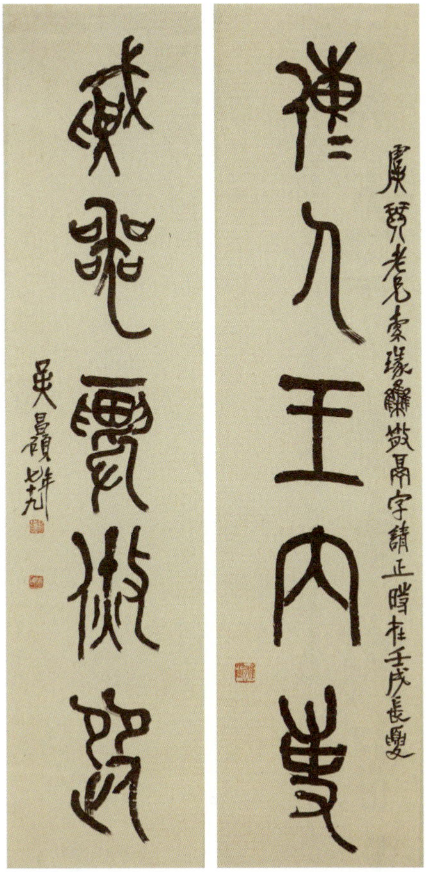

34 清 吴昌硕 篆书五言联 上海博物馆藏

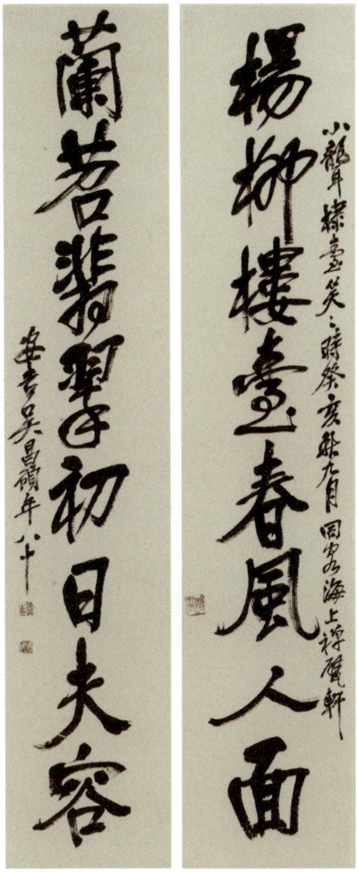

35 清 吴昌硕 行书八言联 上海博物馆藏

浓墨枯笔任意点染之状，则非人书俱老者洵难能至此。行家有评吴氏行书，言其气息近于清初王铎诗稿的遣笔落墨，然以敝之见，吴氏晚年之作，似更近乎明代后期徐文长以降，直至明清间奇崛书派每见性情的诸家创作形态。

进入 80 岁之后，由于体力精力的原因，吴昌硕书作渐褪往常霸悍雄强之气，而日显平缓安和之态。馆藏吴氏 81 岁篆书之作“马立于原车流如水，矢出自橐弓圆箬梭”七言联（图 36），便具有这一时代特征。令人未可预料的是，仅时隔一年光景，吴氏书风竟又出现了些许变化，集中表现在用笔上的沉郁滞重和结体上遇圆因方的行迹倾向。如作者书于乙丑当年秋天的上款为“璧城”

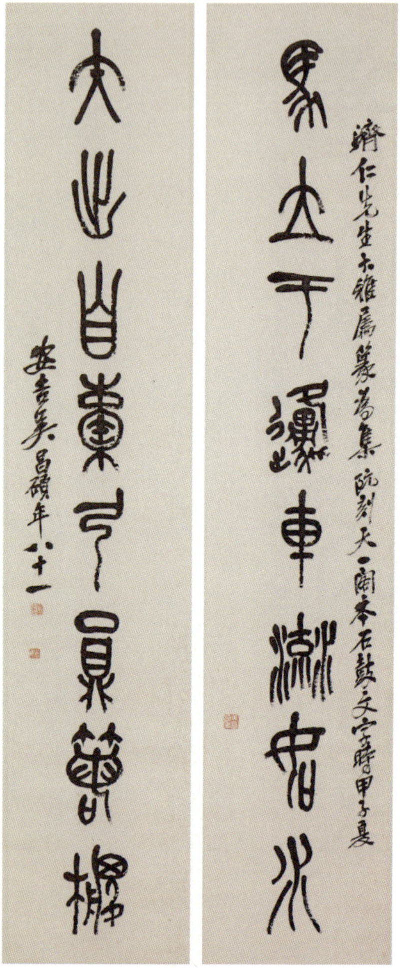

36

清　吴昌硕　篆书八言联

上海博物馆藏

的篆书七言联的创作状态，就体现了这一时段的书写特征。能够与此互为印证的，还有一件吴氏书于84岁去世当年秋天号称最晚期之作的“多驾鹿车存汗漫，写来鲤简识平安”石鼓七言联，竟依然显出神完气足之态。

如果进一步从我国书法史的视角看，几乎在与吴昌硕同时的晚清民国之际，活跃着一批在书艺上具有突出影响的可称清代书坛余绪的书家，虽说他们具有不同的身份，但在创作上却标志着当时书坛的至高水准。此中，嘉兴人沈曾植（1850—1922），应为此中的代表人物。

通观沈曾植的书作，确有方入圆出、清峻险奥的特点。沈氏之作，虽无意雄强却自有一股奇崛欹侧、解衣盘礴之势，在通篇运用中，每每凸显出食古而化、游刃有余。以碑帖相融而自开风貌者，此前有会稽赵之谦，来者更是在此基础上，将始于皇象、索靖和钟繇的章草一式融入其中。章草艺术是由篆书演进至隶书阶段所派生的一种书体，与今草的主要区别，具体表现在字字独立互不连缀和保留隶书笔法的形体特征上。

在我国近代史上，海派书画艺术的影响和地位不容忽略。属地上海或侨居沪渎的善画能书者如徐渭仁、王礼、虚谷、胡公寿、蒲华、顾澐、倪田和任颐等人的书法之作，在我馆藏品中亦可得见。囿于篇幅，不再展开。

言及书法之道，自古以来无不以充分表现自己的个性风貌为最终追求，然而这一理想之境的最终实现，却与为书者的技法手段和个性化审美思想之下的创作方式紧密相连。楹联，不仅是一种传统书法的特殊表现形式，同时，它也是一种文化和审美的传达。楹联书法虽然仅仅是两条对称性的片言只字，但它却凝聚着中华民族的情怀，它将清代书法带入到一个崭新的艺术境界。也正因为如此，这一古老的书法形式直到今日仍然焕发出无穷的创造力和生命力。

扫码收听《从上海博物馆藏楹联看清代书法演变之迹》音频内容

第六讲

孙慰祖
上海博物馆研究馆员、西泠印社副社长

中国历代帝后玺宝体制与形态的嬗变

本文主题关乎中国历代帝后玺宝体制、形态的发源和演变，也就是中国代表皇权、以皇帝用印为主体的一类印章的演化历史，当然也包括皇后用印。选择这个主题的原因，是因为上海博物馆除了比较受关注的青铜器、玉器和书画的收藏研究之外，古代印章和钱币的收藏也十分丰富。帝后玺宝是中国印章史中的一个特别的类型，很多文物爱好者也有兴趣，而在一些影视剧里可能会看到一些过度演绎的情节。本文就是把人们觉得有些神秘的“千年之谜”提出来，做一些探讨和解析，希望能够摆脱非历史的演绎，甚至神化的成分，还原历史真实面貌。

古代印章史的背景和战国时代君玺

第一，历代帝后玺宝体系的形成与演变是怎样一个过程？“帝后玺宝”这个概念，包括皇帝、皇后的印章在内。第二方面，盛名传世的传国玺的来龙去脉，很多朋友都对传国玺到底长什么样子比较好奇。第三是历代皇帝的玺宝最终都去了哪里。

先探讨中国印章的社会与文化背景。中国社会有一个比较特殊的现象，就是印章在社会生活中始终占据重要的地位。从社会进入中央集权制度阶段后，印章和政权存亡、官员的等级、地位、行使职权都具有密切的关系，所以这是一种深刻地参与社会政治和经济活动的制度之器。

官印制度化与中央集权国家制度及官吏制度的紧密联系是中国与其他地区印章不同的一个方面，这一特点延续至清末。清帝退位后，代表皇权与帝制的 25 方清代宝玺才结束它的历史使命。

另外，中国历代印章本体与体制也始终处于持续发展演变中。东亚地区的朝鲜半岛、日本，现在仍然保持着印信制度，印章的功能与社会生活捆绑得非常牢固，这是受到历史上中国官印制度影响的现象。在两河流域、印度河流域、古埃及等地区，出现印章的时间可能比我们还早，但在中世纪前后他们的印章使用逐步退出了实用领域。而中国社会生活中仍然长期延续使用着官印、私印，直到几十年前，中国社会印章的凭信功用才逐渐地淡化，大多数场合被签字代替了。

帝后玺印逐步形成的过程和一些实例如下。

战国“君之信玺”玉印（图 1）是东周王室赐给某诸侯国君的。

战国时期官印的功用可以结合古籍记载，来理解官印在古代政治生活中的地位。《战国策 · 苏秦传》里提到苏秦佩六国相印以游说各国合纵抗秦的事情。这意味着，苏秦需要佩戴相印才能代表自己的身份从而去完成使命。《史记 · 魏公子列传》里又记载:“魏王见公子……而以上将军印授公子，公子遂将”，“公

1

战国 君之信玺

中国国家博物馆藏

子遂将”就是指授与一方上将军印，这才表明获得了领军的职权。两条记载都反映了在政治生活中官印是同身份、职权相联系的，战国时期已经形成了授官授印的制度。所以这方“君之信玺”表明的是封君的身份与地位。因此，它是印章社会功能和授官授印制度的早期实证。这个制度在中国社会中延续了至少两千多年。

秦汉帝后御玺体制的形成与形态的推证

具体要谈的首先是中国印章三千年历史过程中，帝后玺宝是如何形成和演变的。授官授印制度，就是以颁印的形式来确定职权和等级地位，这样，印章的性质就类似于现在的任命书。区别在于早期官印需要佩戴在身上，以便随时使用与验示。这里又产生一个问题，人们怎么从印章上区别出官位等级呢？

中国古代政治制度设计十分严密。从前述的战国“君之信玺”来说明。这方印的材质是玉质的，而战国秦汉时期绝大部分印章是青铜制作的，玉玺就将“君”印的地位凸显于一般职官印章之上。这又进一步表明，从战国开始，印章的等级观念已经从材质上表现出来了，形成物化的等级标志。前面提到帝后玺宝在社会上形成了一种神化的观念，就是因为它代表了国家最高权力与地位。这一套等级标志从上而下层级分明，形成了中国社会延续几千年来官印等级制度并得到社会的认同。

当时的印章以材质分，有铜质瓦钮、铜质龟钮、银质龟钮、金质龟钮和玉质螭钮等。这四种质地的印章，实际上都有非常具体的等级对应。我根据多年对文献的梳理和结合实物的研究，找出了秦汉官印制度的等级规则。这个制度实际上一直影响到魏晋与南北朝。列侯和三公、大将军是职官和爵位的区别，列侯是爵位，三公、大将军是行政和军事职官，但印章质材设计上放在一个等级，都是用金印、龟钮。又在印章自名上设计了一个标志，即是在爵号、官号后面，列侯印章用“印”，另一类曰“章”，这样，仍然分清了它们的区别。

可以简明梳理如下表：

代表等级	质材	钮式	印文规格	自名
皇帝、皇后	玉	螭钮	四字	玺
诸侯王、王后	金	龟钮	四字	玺
列侯	金	龟钮	四字	印
三公、大将军	金	龟钮	五字	章
列卿秩比二千石官吏	银	龟钮	五字	章
比二千石以下、千石以上官吏	铜	龟钮	四字	印

到了隋代前后，官印制度完成了一次重大的转变：印文、印制、尺寸都有了较大的变化。职官印改为官署印后，行政功能、权威意义仍然存在，但和个人身份已经不再直接联系，官员不再随身携印。命官的方式则被一种任命书——“告身”所取代：颜真卿的《自书告身帖》就是一件大家较为熟悉的唐代授官凭证。告身的出现改变了秦汉的授官授印制度。这一转变使体现职官等级地位的功能不再主要由印章承担。

由此可以谈到历代帝后玺宝体系的形成和演变。

古代最高等级的官印，一是帝后玺宝，代表最高统治者个人权力和地位；二是国玺，也就是史书上记载的传国玺，是表明天子的正统性和“君权神授”的象征，象征国祚永续、世世传受。三是隋唐以后出现的帝后御用私印，这部分虽非“公印”的性质，但因为印主的地位，实际上也成为特殊的等级。例如清末慈安和慈禧两个人分别拥有一方咸丰皇帝赐给的“御赏”和“同道堂”（图2），这两方私印与国玺、帝后玺之间都没有关系，但是咸丰帝有遗诏，要求两者一起钤用才能签发上谕。“同道堂”原本是咸丰帝的斋号印，但有时也在签发诏令时使用。这时，私人用印的性质就转换了。

《晋书·舆服志》说，“乘舆六玺，秦制也”。六玺是指皇帝之玺、皇帝行玺、皇帝信玺和天子之玺、天子行玺、天子信玺，东汉卫宏《汉旧仪》记载：“秦以来，天子独以印称玺。”“独以玉，群臣莫敢用。”这样，就在自名、材质等级上都建立了一个独立于百官的标准。除了皇帝六玺，皇后印也有一套规制，即“皇后之玺，玉，螭虎钮”。这一记载，得到了出土实物的印证。

2

清咸丰 同道堂、御赏

故宫博物院藏

乘舆六玺与传国玺的特殊地位，可以从一些零星记载中获得具体的认识。《史记·秦始皇本纪》中记载:秦亡,子婴“奉天子玺、符,降轵道旁”,这里的“符”是指发兵之符，是征发军队用的信物，这条记载就表明交出天子玺印，即表明政权的转移。《汉书·元后传》记载，刘邦“即天子位，因御服其玺，世世传受，号曰汉传国玺”。可见“传国玺”是象征国本和受命于天的地位。传国玺这个名称最早见于西汉时期。但从“御服其玺，世世传受”这句话来看，似乎间接表明了它是来自秦代制作。这样，秦代有乘舆六玺和传国玺两套玺印。

东汉的情况也是这样。《后汉书·光武帝纪》载:建武三年，刘秀“祠高庙，受传国玺”，这再次表明受传国玺是本朝皇帝正式登基的合法性象征。这些都说明玺印在国家政治生活中代表的一种崇高的、无可替代的地位。

秦汉创立的一整套官印制度不仅为后世长期沿袭，后来日本奈良时代在移植隋唐政治制度时也把隋唐官印体系同时引入日本。中国的印章体系是行使政权职能的工具，和政治制度实际上是不可分离的。

接下来讨论帝后玺宝系统的实物形态。

到目前为止，发现的唯一一件秦代皇帝印章的印迹，就是“皇帝信玺”封泥（图 3）。封泥边长 2.6 厘米，现藏于东京国立博物馆。封泥是印章钤盖在泥块上留下来的印文痕迹。在没有纸张的时代，印章盖在泥团上，这和埃及泥

3

秦 皇帝信玺

东京国立博物馆藏

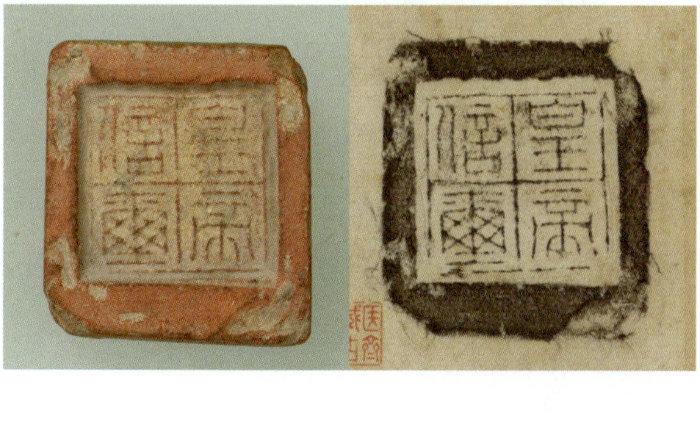

板文书有一定的相似性。我国比较早发明了在竹木上记录文字，这些竹木简文书需要封装起来送达某地某人，或者其他一些物品也有同样需要，就在绑扎的绳结处抑上泥团再钤上印章，就表明在运送途中或存放中不得非法拆启。这方“皇帝信玺”就是秦代留下印迹的泥块。

这件封泥的发现，证实了《汉旧仪》关于“皇帝信玺”的记载。“六玺”中的其他五玺，目前没有发现。

1968 年在陕西发现西汉“皇后之玺”是迄今发现的最早的一方皇后用印（图 4）。边长为 2.8 厘米。卫宏记载皇后印文、质料同于皇帝之玺。这方印为白玉螭钮，和卫宏的记载完全吻合。因此又可反过来印证皇帝玺的材质。

六玺中的“皇帝行玺”的内容在另一方出土实物中得到间接印证。

20 世纪 80 年代广州南越王墓出土了“文帝行玺”金印（图 5），印边纵 3.1 厘米，横 3 厘米。当时南越国一度自视为独立王国，所以按秦的六玺制度制作了这方印章。南越王赵佗本是秦的一个地方官员，当过南海郡的郡尉。秦代末年北方战乱，赵佗乘势不断扩张地盘，自立为帝，从秦制里搬来一套模式，包括玺印制度规范，这方印含有十字界格，和“皇帝信玺”相同。这样反过来也可以间接印证秦存在“行玺”是可信的。所以这方印章的一个重要价值在于此。

皇帝信玺、皇后之玺、文帝行玺三件实物，可以直接或间接地证明卫宏关于“六玺”的记载是可靠的。六玺各有其用，赏赐诸侯王书用行玺，颁布诏书用之玺，征战发兵用信玺，对外文书用天子行玺等，这些具体的功能，史籍记载都非常明确。这一制度一直延续到清代。

请注意，“皇后之玺”边长是 2.8 厘米，“文帝行玺”的边长是 3.1 厘米左右，“皇帝信玺”封泥的印迹部分边长是 2.6 厘米。按汉代文武百官的印章是汉尺一寸，也就是今天的 2.3 厘米左右。古籍记载的汉代皇帝玺印是“寸二”。南越国的“文帝行玺”印章略大一些，南越制度原本就有许多变异的地方，这些误差也正常。至于“皇帝信玺”封泥边长只有 2.6 厘米，那是因为泥块干

4

西汉 皇后之玺
陕西历史博物馆藏

5

西汉 文帝行玺
南越王博物院藏

缩后就小了。这样考虑，它们正好在正常值之内。也证明古代所推行的官印等级制度是严谨的，在秦汉时期发育得十分完善。其他地区的古代印章在制度化、规范化方面就不如我们。这是古代不同地区经济和政治发展程度不同的表现。

南越王墓出土另一方印章是玉质螭钮的“帝印”（图 6），和“皇后之玺”钮制形态非常接近。“皇帝信玺”没有实物留存，但是现在参照这方“帝印”和“皇后之玺”的螭钮形态，再根据帝后同制的规制，可推得南越国“帝印”的螭钮形态也是从中原移植的。反过来，又可以推知秦汉皇帝六玺印钮式的基本形式。

总之，将南越国“文帝行玺”金印和玉质的“帝印”，加上“皇后之玺”“皇帝信玺”这些实物资料联结在一起考虑，秦汉时期的帝后玺印形态的基本面貌就揭示出来了。这是近几十年考古发现带来印史研究的一个突破，也是国家典章制度研究中的一个问题。

6

西汉 帝印

南越王博物院藏

还有一个问题，“文帝行玺”的钮式在考古报道中描述为龙钮，那龙和螭的区别在哪里？古籍上描述螭没有角，龙有角。“文帝行玺”的印钮形态中是耳朵，不是角，所以看来它的设计本意还是螭钮，但整体形态又更像龙。南越国地处南边，较长时期与中原王朝处于隔绝状态，制度信息互不相通。赵佗原本只是一个秦朝的下级官吏，皇帝的印章他当然看不到，便根据所了解的螭钮规制，将常见的龙的形态用在印钮上，而角改成了耳朵。中国古代螭和龙是相似度很高的同源形象。这也体现出南越国的一套制度、器物中存在杂糅的现象，有秦、楚的因素，又有变异的因素。

隋唐帝后玺宝的转变和宋元明的传承

如果对秦汉时期帝后玺印体制做一个简单的概括，那就是“皇帝玉，螭虎钮，六玺，一寸二分大。皇后玉，螭虎钮，文与帝同”。这也是《汉旧仪》记载的基本信息。至于《汉旧仪》记载皇后玺质材的前后矛盾，已被出土“皇后之玺”所证明存在错讹。

依据史籍记载，魏晋帝后玺宝基本沿袭秦制，这一点，从魏晋时期印制的大格局来看可以信从。但到北朝末年开始孕育一些新的转变因素。史籍记载帝玺仍为六玺之定制，白玉，螭兽钮；帝后玺的钮式为獬豸钮，是一种和麒麟同源的动物。尺寸也变大了，改为一寸半。又有木制“督摄万机”巨印。这些变化都出现在隋代以前。

出土的实物有北周“天元皇太后玺”金印（图 7），这一发现对于研究北朝至隋唐印制之变具有重要的价值。这方印带来的信息是：印文由白文变为朱文；印形变大至 4.45 厘米，这与文献记载当时印制改为一寸五分以及北朝尺度量值变大的标准相叠加计算，是完全符合的。

7

北周 天元皇太后玺
陕西省咸阳市渭城区文物保护中心藏

之所以会出现这样的转变，因为这个时期用纸已经普及，印章形制由此变大在使用上没有太多限制，而在泥上盖印，印章太大就容易使泥块自然破碎。任何制度的改变都和使用便利息息相关。

另一方面，改用朱文也一样，白文的印盖在封泥上变为朱文，强调了印文的识别，这一视觉习惯形成的社会认知惯性影响着制度，在纸面上使用的印章呈现为朱文，同样强调了印文形态的识别，长期的社会认同左右了制度的应变。制度的力量需要社会认同，社会习惯又影响着社会认同，这两种力量在协调中产生变化，“朱文印”的产生顺理成章。

除了北朝末年的“天元皇太后玺”，这时期一般的官印也开始增大。突出的是陕西出土的北周“卫国公印”，已经达到5.5厘米见方（图8）。这个尺寸奠定了隋唐时期官印的基本标准。与“天元皇太后玺”联系起来思考，可以发现北朝已孕育着转变因素，这也成为隋唐及其后很长一个时期官印的基准尺寸。所以印制转变并非是隋唐突然出现的。

隋唐对秦“乘舆六玺”又做了哪些调整？隋代改变为八玺，加入了神玺、受命玺。《唐书》记载有“神宝、受命宝”，这是加上“秦制六玺”之数。但改玺为宝。事实上在隋唐，秦的六玺原物就已经失传，所以唐的所谓隋唐六玺是重新制作的，增加了神宝和受命宝。受命宝也就是传国玺的延续。秦的传国玺

8
北周 卫国公印

此时也早已经失传，但唐代统治者仍然需要国玺来代表政权的正统性，因此就将二者合为一体。因为在中国社会，传国玺的象征地位在政治生活和民众中保持着稳定的形象。隋唐时期另一个改变就是延续了北周之制，将原本玉质的皇后用印改为金质。所以，总的来看，隋唐在秦汉帝后玺体系基础上，又有所增益和变动。

注意，唐代的帝、后印文自名由“玺”改为“宝”，是因为武则天认为“玺”字读音不祥，改用“宝”字而起。整个唐代又经过“玺”和“宝”改来改去的过程。唐以后固定用“宝”字，“玺”字退出了帝后玺印的舞台。

隋唐时期的中国是世界上的发达国家。隋唐高度的物质文明、精神文明和制度文明，对周边地区产生了很大的影响。日本在奈良时期移植隋唐印章制度，应当认识到是整个隋唐制度体系对外影响的一个组成部分。

隋唐的帝、后玉玺实物至今没有发现，但是出土于四川成都的“高祖神武圣文孝德明惠皇帝谥宝”（图 9）带来了推证的依据。这件谥宝是五代十国时期前蜀皇帝王建的殉葬印，原报道说明是玉制，边长约 11 厘米，印钮为蹲龙钮式，中空拱起。本人的解读是，首先如此大的印形尺寸是前所未有的，既然是为王建制作的“皇帝谥宝”，形制当有所本。王建原是唐僖宗时的禁军首领，后来护佑唐僖宗逃到四川，封为蜀王。从这一身份看，他应当是见过唐代皇帝的玺宝的。他自立为帝之后，当然也应该制作了正式的玺宝。由于皇帝玺宝不能随葬，另外制作了明器殉葬。根据《通典》的记载，唐时诸陵所葬天子皆献以谥宝。谥宝当然是依照正式玺宝的形态为母本的，所以它可以使后人对唐代的皇帝玺宝形态有一个比较直观的认识。

再从另一角度来看，日本的印章体制是从隋唐传过去的。日本平田寺保存的公元 749 年《圣武天皇垦田等施入敕愿文》上的“天皇御玺”印迹（图 10），印面边长为 8.6 厘米，这大大超过唐代一般官印 5.5 厘米的标准。这也可以反证，奈良时期御玺也和隋唐时期皇帝玺宝一样，形成了一个不同于秦汉的新标准。

9

五代十国 高祖神武圣文孝德明惠皇帝谥宝
四川省博物馆藏

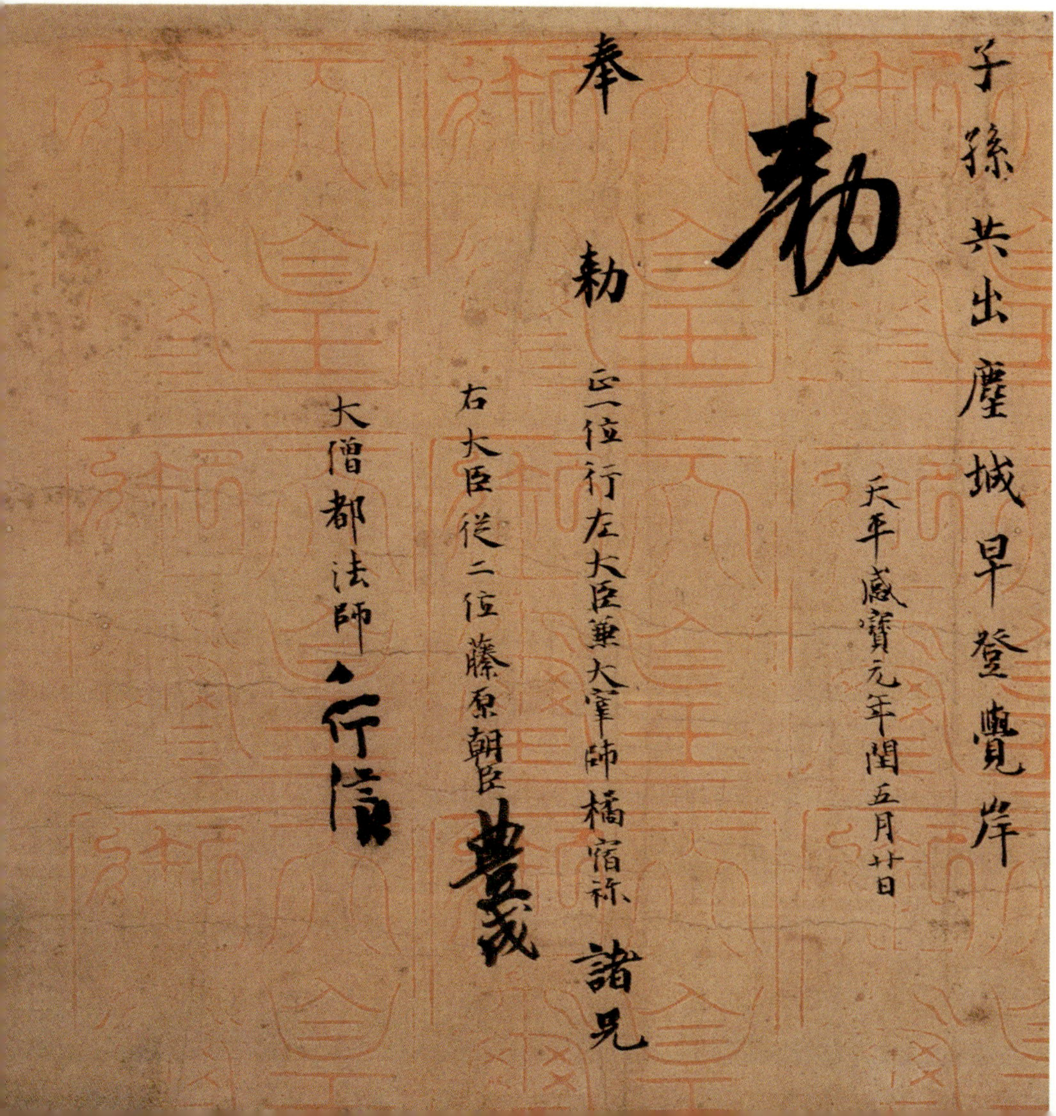

子孫共出塵城早登覺岸

天平感寶元年閏五月廿日

勅

奉

勅

正一位行左大臣兼大宰帥橘宿祢 諸兄

右大臣従二位藤原朝臣 豊成

大僧都法師 行信

10

公元 七四九年 《圣武天皇恳田等施入敕愿文》上的『天皇御玺』印迹
日本平田寺藏

如果以王建谥宝所代表的隋唐玺宝新形态为起点，那么，就可以形成联结后来一系列实物演化的链条，看到一个不同于秦汉的、由唐而下的皇帝玺宝体系的新模式。

北宋的正式玺宝同样未见存于世。但从上海博物馆藏白玉龙钮御押（图11）来看，其龙钮和王建谥宝都为拱起的蹲龙钮。这件玉押在南宋词人周密的《癸辛杂识别集·宋十五朝御押》中有著录。玉押与一般的印章不同，是带有特定符号代表个人身份性质的印章。

11
北宋 龙钮御押
上海博物馆藏

元代的“统领释教大元国师”（图 12）和明代的“如来大宝法王之印”（图 13）同为蹲龙钮。为西藏罗布林卡保存至今，钮式和前面的两种可以说是一脉相承。这两方不是帝后玺印，而是元明宗教系统的国师印和法王印。那为什么举出这两方印来讨论？一，元代帝后的玺宝目前没有发现；二，具有可比性。元代实行国师制，大元国师在元代的地位等同皇帝。所以玉印可以作为推想元代帝后玺宝的基本模样。而从五代十国时期的王建谥宝一脉而下，宋、元明的龙钮演化脉络也是合乎逻辑的。

现存明代崇祯皇帝朱由检的玉押（图 14），现藏于故宫博物院。这件龙钮御押的形态承接元代而更为丰满壮硕，演化的轨迹同样十分清晰。

总结就是，唐、五代十国至明代的帝后玺宝形态，形成了一个与秦汉规制所不同的隋唐体系，形制上走向了大型化龙钮的路线，在演变过程中与秦汉体系产生了很大的区隔。但帝后玺宝的精神命脉却是一致的。它们处于官印体系中的最高层面，具有象征国家与代表皇权的神圣地位。

登峰造极的清代玺宝体系

中国社会最后的帝、后玺宝体系也是保存最完整的，就是清代天子二十五宝以及皇后用宝。人们比较熟悉的乾隆御用的田黄三组印，以一整块田黄雕刻出三方印章，在工艺上确实精湛。它的性质是御用私印。清代皇帝御用私印数量最多，这与康熙、雍正、乾隆等几位皇帝个人的喜好有关。

历代帝后玺宝形制与内在体系发展到清代都达到了登峰造极的地步。清代的玺宝，从顺治到康熙帝，一直都有制作，直至乾隆时期正式定制，采用满汉两种文字相对照的印文，是历代玺宝中的特殊规制。不计算后宫系统的部分，仅正式定制的就有二十五宝，其中“大清帝国之宝”算是国玺。二十五宝形制硕大，雕镂精致，选用的玉料也十分精美。

清代前期的几位皇帝对汉文化都重视，没有像元代那样全力推广八思巴

12

元代 统领释教大元国师
西藏罗布林卡藏

13

明代 如来大宝法王之印
西藏罗布林卡藏

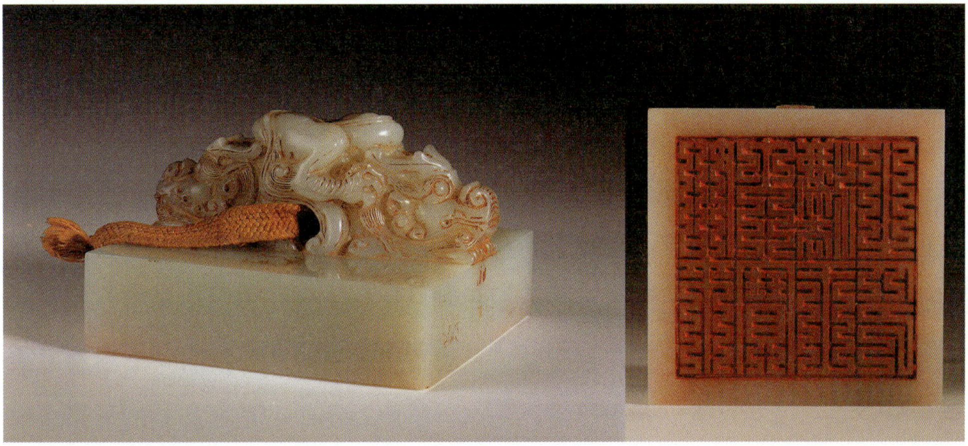

14

明崇祯 玉押
故宫博物院藏

字、采用八思巴字制作官印，而是巧妙地以满文、汉字两种字体相对照的形式来设计，反映了清代统治层对汉文化和汉字的态度。

在中国历史上契丹、西夏也都使用过自创的文字制作印章；但汉文字拥有最广泛的社会基础和历史传统，所以清代对于官印采用满汉对照的方式来推行是一种智慧的设计。

清代二十五宝是唯一完整保留下来的皇帝玺宝体系。这与清帝主动退位、结束政权有关。而历史上的改朝换代多是通过非和平方式完成的。清代的二十五宝结束了它的历史，作为一个王朝的遗物完整地留在了故宫。

从二十五宝中选出几件来看。

“皇帝之宝”（图 15），它的功用是“以布诏敕”，和秦制一样，只是“玺”字改成了“宝”字。

清代二十五宝在数量上进一步扩张，是一种文化意涵在起作用，分工细化。“皇帝信宝”“天子之宝”（图 16、17） 等是照搬秦汉六玺的名目。其中满文都做了“篆化”的改造，印钮也是蹲龙体制的延续。清代也出现了交龙钮，比如“太上皇帝之宝”（图 18）和国玺，是交龙钮式，这是清代的一个创制。

除了皇帝皇后玺宝外，还有谥宝和宫廷印章系统，包括太子、王妃、亲王、郡王的封印，印文形态大多也是满汉对照。“皇后之宝”（图 19）形制宏大。金印龟钮“珍妃之印”（图 20），印钮头部结合了龙的形象，成为人文动物。“多罗定郡王印”（图 21），是上博收藏的银鎏金印，它的主人是乾隆的四世孙溥煦。地位在亲王之下。

太平天国也制作过国玺（图 22）。它的钮式同样用龙，质材也还是用玉，且形制特大。可见作为社稷的象征，舍此不能表明正统的权力。

再看朝鲜半岛的帝后玺印。这里有明代赐封给朝鲜高宗皇帝的玺宝和皇后的印章（图 23、24），钮式同样用龙钮和龟钮。朝鲜时代延续了这一印制。唐宋元明清的包括玺宝体制在内的印章规范，对周边民族和国家的影响很大。

15

清乾隆 皇帝之宝
故宫博物院藏

16

清乾隆 皇帝信宝
故宫博物院藏

17

清乾隆 天子之宝
故宫博物院藏

18

清 太上皇帝之宝
故宫博物院藏

19
清 皇后之宝
故宫博物院藏

20
清 珍妃之印
故宫博物院藏

21
清 多罗定郡王印
上海博物馆藏

22
太平天国 天王玉玺
中国国家博物馆藏

23

朝鲜 制诰之宝

韩国国立中央博物馆藏

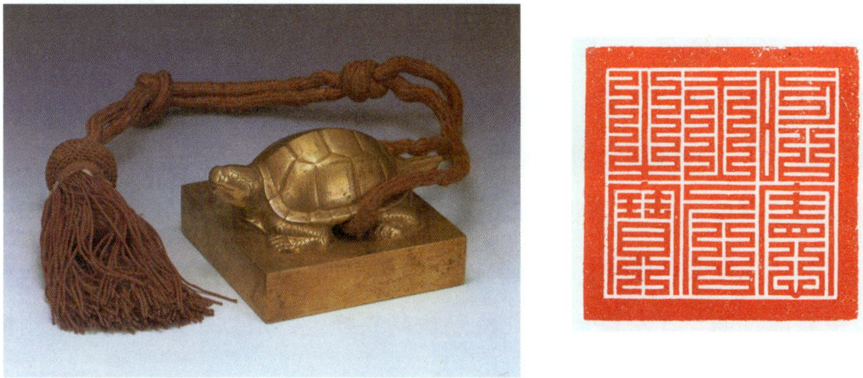

24

朝鲜 昭宪王后之宝

韩国国立中央博物馆藏

秦代传国玺的真相与去向

再来谈谈传国玺的面貌与相关问题。帝后玺宝和传国玺在功用上还是不同的。帝后玺宝代表最高权力和国家权力的行使，至少具有一定的实际功用。而传国玺作为国家象征，表明君权神授和国体的承续，所以每一代皇帝立国、即位对此都特别重视。历史上围绕传国玺文字、存佚记载和民间传说相互盘错，扑朔迷离。

《汉书·元后传》中首先出现王莽争夺“传国玺”的记载。西汉末年大司马、大司空王莽篡位前，特地派安阳侯王舜去长乐宫向汉元后要传国玺，《元后传》记载：“……莽即位请玺，太后不肯授莽。”元后反问道“……何用此亡国不祥之玺？”并将传国玺掷于地上。所以，后来的记载就提到传国玺因此缺损了一角。至东汉刘秀等灭王莽，“祠高庙，受传国玺”，他得到的应该就是这一方传国玉玺。

东汉以后各朝皇帝，仍然称得到了传国玺。但曹丕逼汉献帝禅位，令皇后交出的玺绶，有记载认为已经不是秦传国玺。后来的故事有：《三国志·吴书·孙坚传》中记载了孙坚攻占洛阳以后，“令人入井，探得汉传国玺，文曰‘受命于天，即寿永昌’”。经过学界的推证，这个印文内容比较可信，也就是说可能此时传国玺又出现了。西晋灭亡后，传国玺再度沦落战乱。晋室南迁，北方先后建立了十六国和北朝诸国前后递承的政权，认为南方的东晋和宋齐梁陈诸朝都是“白板天子”，意谓是没有获得传国玺的皇帝。

那么传国玺去哪里了？《南齐书·舆服志》记载：“乘舆传国玺，秦玺也，晋中原乱没胡，江左初无之。”说是被胡人掳走。所以，南朝时又重刻传国玺。其后，历朝重刻的事屡见于多种记载。

《隋书·礼仪志》又说有传国玺，白玉为之，由上述过程来判断，其实也是后来刻的。唐代改称“受命宝”，其实就是再刻的传国玺。秦汉传国玺的流传故事到此终结。北宋的受命之宝，也是以此自证天子的地位受命于天。

因为传国玺的神圣地位，作伪者也就不断出现，北宋就出现了伪造的传国玺。后来的伪作也接二连三地出现。

历史上存在几个有争议的问题。首先是传国玺的印文刻的是什么？有两种记载，一是“受命于天，既寿永昌”；另一是“受天之命，皇帝寿昌”。结论倾向于前者，这个内容在《三国志·吴书》里有记载，出现时间上比较早。

其次是传国玺的材质问题，传说中它是秦始皇以卞和所献的白玉和氏璧制作的，这当然不可能。和氏璧和其他玉璧一样，厚度很有限，根本不足以做成一方印章。所以，秦传国玺与和氏璧毫无关系。那么什么材质可能性更大呢？有更大可能是就地取材，在秦建都的长安，采用当地的蓝田玉制作传国玺的可能性很大。后来也有文献记载秦传国玺的颜色不是白的，而是接近于蓝色。那么，与蓝田玉的主流颜色也比较合拍。

王莽得到的传国玺摔破一角可信吗？玉容易碎，是有可能的。但没有实物可证。至于孙坚从井中挖到传国玺“方圜四寸，上钮交五龙”的故事，就需要讨论一下了。汉魏四寸约合今 9.2 厘米，要强调的是，秦“皇帝信玺”和西汉“皇后之玺”的尺寸是一寸二，按照当时玺印的尺寸体系来推导，传国玺不可能达到四寸，这显然是后人敷衍和神化。“交五龙”的钮式也不可能，战国秦汉时的龙钮造型有它的时代特征，这时期器物上都没有“交五龙”的形象出现。这些记录成形的过程中有民间传说不断介入，离开了时代的背景。

再谈传国玺印文的字体。宋以来一些图谱上出现的传国玺印文都是鸟虫书，回答是：秦汉时期的官印只使用小篆或缪篆，这是有定制的。只有私印中才出现鸟虫书。鸟虫书是更美术化的东西，与至上神圣的传国玺所应有的庄重、严谨是有距离的。另外，秦时鸟虫书并不流行，与坊间著录的传国玺鸟虫书风格的成熟程度不可相提并论。

宋代为什么会出现鸟虫篆的秦传国玺？来看宋代《历代钟鼎彝器款识法帖》著录的传国玺：“受命于天，既寿永昌。”了解一些印章史的一看便知，这种印文书风与秦汉相去甚远，是当时复古风气之下杜撰出来的。现藏于北京故宫博物院的这一方“传国玺”（图 25），钮式形制和秦汉制度也不符合，覆斗钮不是官印的规范，印文同样是杜撰的。其实，宋代《梦溪笔谈》就指出当时伪造传国玺的问题。造出这种东西，通俗地说，就是迎合皇帝的心理需要，下面的人投其所好。明代著录的鸟虫书传国玺（图 26）同样如此，这反映了社会上下对传国玺的念想一直存在。

真正的秦传国玺到底什么样？秦汉乘舆六玺组成了皇帝玺印系统，再联系几件秦汉时期的帝后玺印和相关的印迹或实物，可知秦传国玺形态、文字应该

25

清乾隆 传国玺

故宫博物院藏

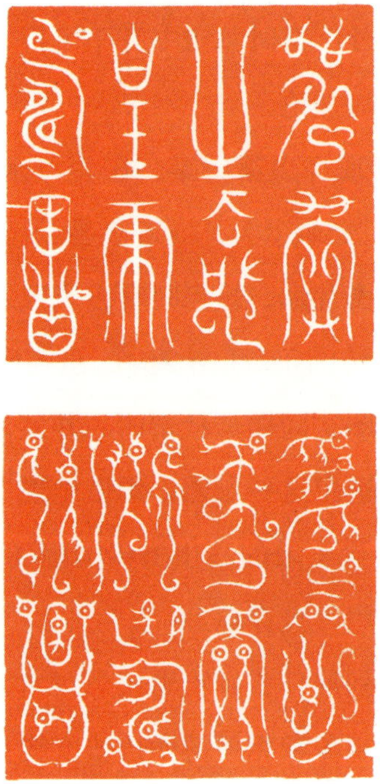

26

鸟虫书“受天之命，皇帝寿昌”，《甘氏集古印谱》

西泠印社出版社

和它们相去不远，才符合当时的时代背景、印章制度、文字环境和使用条件。

希望通过这样的分析，消除一些对传国玺的神秘感，对它形制的期望不要被电视、电影的描绘牵着鼻子走。

除了清代二十五宝以外，其他历代玺宝的去向如何？前面谈到的一方宋代玉押，明崇祯皇帝的玉押也都是皇帝御印外，目前可以确定的明代以前的正式帝玺几乎不存。明代帝陵出土的木质谥宝，应该也是仿制于正式玺宝。至于故宫博物院收藏有明代成化年间一些“皇帝之宝”（图 27）一类的石章，可能还不是正式的定制。故而，五代以下历史上的玺宝去向，许多人多年来也一直非常感兴趣。

27

明成化 皇帝之宝
故宫博物院藏

据记载，北宋靖康元年（1126），金兵攻陷汴京以后，玺宝为金人所掠，这是记载于文献的。金人把宋玺掳走以后是要改刻的，但现在没有发现改刻的东西。

接着南宋末临安被攻破，皇太后谢氏献传国玺。元朝的右丞相伯颜“尽收宋宫符玺”，宋内府御宝至此不知去向。这是据《元史》所记载。

这些玉质玺宝被掳去后改作何用？元代王逢有一首《则天皇后玉玺歌》，里面谈到这样的几句话：“皇朝内府多旧玺，尽畀太师作鹰坠。”“鹰坠”就是北方民族的一种挂饰，有的是金属做的；后面一句写道：“党臣势焰同薰天，亦得分为玉押字。”这首诗向我们提示了一种去向：就是玉玺或被分割改制成玉押了；还有一个可能的去向，就是被改制为其他物件了。

最后，再来谈几个常常被读者问及的问题。

Q1：在书画上的鉴藏印，从宋代到清代显示出边框逐渐变宽的情况，造成的原因是什么？

这确实是从宋以后的书画鉴藏印中发现的现象。大部分书画用印都是私印。边框的这一变化首先体现在官印上，从隋开始到唐、宋、北宋印边逐渐加粗，南宋、金、元、明又继续加粗。现在看到的隋唐、北宋的印章，部分印边都受到残缺。因此印边加粗有物理上的意义；另一方面，官印在中国社会始终带有威权感受。粗边给人以更沉重、更突出的视觉形象和心理影响。私印加粗实际上就是受到官印风格的影响。虽然后来私印系统有了二元发展的趋势，但这两种印章风格体系的互相影响总是存在的。

Q2：早期的印章当中，钮式上为什么选用龟而不用其他的形象？

据现在的研究，龟钮最早是战国时候出现的。早期龟、蛇、鱼等各种动物都出现在印钮中，这些动物形象都是跟人们的生活关系比较密切的，有些动物带有自然崇拜的色彩。但至秦汉时期，在典籍里明确提出：龟蕴含着功成身退的为官理念。这实际上是被赋予了一种官箴、品格含义，后来制度化了，所以龟钮只用于中高阶官员和诸侯王官印，皇帝、皇后用螭虎钮不用龟钮。

Q3：秦汉时候的印基本上是白文的，抑印在封泥上文字是凸出来的。到了隋唐纸张出现后开始用朱文印，印面文字的凸显以方便识读是主要的目的。在《中国玺印篆刻通史》里面，谈到最早出现的印是朱文印，后来战国时出现了白文印，白文和朱文在战国并行的时候会是一个什么情况？

这个问题确实还需要进一步研究，特别是战国部分。由于封泥的长期使用造成的社会习惯，使得隋唐用朱文印才能继续符合人们的视觉习惯。社会习惯有强大的延续性，而信物的基本性质就是需要社会认同。现在看到的战国封泥、印章里都有朱文和白文，楚国以白文印为主体。三晋以朱文印为主，战国秦全是白文印，只有少数烙印、吉语私印才出现朱文。这可以促使思考：第一，战国时期各国之间有不同的区域性风气。第二，秦的朱文是吉语印，不是作为个人的姓名印。但看战国封泥，用朱文盖出来的封泥文字是不够清晰的，总体上占比也比较小。秦统一以后，官印是由中央指定的官署统一制作的，它很容易在风格和制造工艺上达到统一。汉以后也是这样。

Q4：西方特别是欧洲，有烧蜡加封印用于书信保密的传统。这个原理和封泥类似，就是在软质的固体上抑印，硬化后起到确认保密的效果。这种传统在中国民间似乎并没有保留下来，为什么？

早期出现印章的地区有尼罗河流域、两河流域、印度河流域，加上黄河流域这四个主要发源地。用印都有共同的发展阶段，早先是用在泥上。大部分地区都发现了封泥，包括希腊等。印章盖在泥上的功能、作用和用在蜡上时基本一致，一个为保密，一个是为封存。这在世界印章使用中都存在共性，中国的印章也是一样。

在中国，封泥的使用形态和方式产生了变化，介质和形式可能有所不同，但不是消失。用来保密的是文书封存，中国的封泥一直起这个作用，后来是盖在纸上做包封，现在还有遗留，比如海关对出口文物经过鉴定允许出口，也要封蜡，烧火漆，这个原理恐怕古今中西都比较一致。只是我们用封泥的历史延续时间比较长一点。后来信封、档案上盖个印章，贴个封条，实际上是这个功能和观念的变形，在理念上完全一致。

扫码收听《中国历代帝后玺宝体制与形态的嬗变》音频内容

第七讲

包燕丽
上海博物馆研究馆员、
中国文物学会漆器珐琅器专业委员会副主任

境外收藏中国宋元雕漆览胜

境外收藏的中国古代漆器，这是一个很大的题目。这个题目以前没有人好好做过，所以资料匮乏，有相当的难度。但这又是很重要的课题，因为漆器是中华民族的一项重要发明。中国人使用漆的历史一直可以追溯到距今七八千年以前的新石器时代。从考古出土的实物看，战国至秦汉是中国漆器工艺突飞猛进和繁荣兴盛的重要时期，无论品种还是数量都超过以往，是那个时代物质文化的代表。从国内博物馆传世品看，漆器又以明清为多，主要品种有雕漆和螺钿等。而最为珍贵的宋元名品，却多保留在境外，又以东瀛日本为盛。这是由于历史上中国对日本的影响十分深远，两国之间的文化交流也很频繁。唐宋时期，中日两国有很多使者往来，随着茶道、香道、花道等传播，相应的漆器用具也被日本有识之士当作珍宝收藏。以后，随着世界经济大潮的起伏，有些漆器又辗转去了欧洲、北美等地，被当地的博物馆和藏家收藏。近年来，一些境外漆器也有所回归。境外漆器可以有助于我们对中国历史上出现过的漆器工艺和品种，以及所达到高度的全面了解，填补漆器艺术史的空白。本文主要挑选了若干境外收藏的中国宋元雕漆珍品作介绍，至于金银平脱、螺钿、戗金、填漆、描金、彩绘、素髹等漆器品种，限于篇幅，将不作展开。

雕漆，就是在器物的胎体表面层层髹漆达数十层至百多层，待适当荫干以后，再雕刻纹饰的漆器，因其纹饰和所髹漆色的不同，又可以分为剔犀、剔黑、剔红、剔黄、剔绿、剔彩等品种。雕漆是漆器中的艺术品，制作相当不易，每一件都需要经过漫长而复杂的工艺流程才能完成，其设计及雕刻均需要很高的艺术素养。雕漆精品更是融合了工匠技艺与艺术家的创作于一体，在其诞生之日就注定是一种高档的工艺品。但因雕漆起源和流传的时间漫长，千百年来随着世事更替，早期的器物存世非常稀少，其真实历史成了难以破解之谜。境外流传的宋元雕漆珍品为人们了解雕漆历史的全貌提供了不可多得的资料。

北宋雕漆漆色完好，不褪色，朱色非常鲜艳。多四季花卉，叶子都不刻叶脉。龙纹都作螭龙形象，龙身等素髹无纹。因年代久远，漆表面都有极细的断纹。盘的底足宽而矮。南宋雕漆沿袭了北宋雕漆的传统，前期漆质优良，雕工精细，品种丰富，精品纷呈。种类有：剔犀、剔黑、剔红、剔彩等，几乎囊括了后世雕漆的所有品种。存世器物也远比北宋多。元代雕漆，情况比较复杂。传世品中，以张成、杨茂的作品最为著名，实物却不太相同，也没有标准器，呈现出参差不齐的局面。

1

北宋 剔犀花卉纹捧盒与托盘
日本德川美术馆藏

我近期研究发现，中国古代雕漆的发展主要分为两大系统：东南路，以长江中下游平原和东南沿海一带为主，包括浙江、江苏、福建等地，这里是漆器的发源地，也是宋元明清雕漆的主要产地，雕漆作品漆质较好、髹漆较厚、雕刻圆熟、打磨精到、纹饰较为程式化；西南路，唐代从成都平原传入云南大理等地，雕漆历史悠久、延续时间很长，主要作品被称作“云雕”，风格独特、良莠并存，不乏珍品、孤品，但素有争议。这两种风格的雕漆由于传统各异而又有交流，形成了错综复杂的历史风貌。从传世雕漆看，两种风格的制品从中古至近代一直都有延续。

剔犀

剔犀，是指在器物胎体表面层层髹涂不同色漆，再雕刻有规律的几何纹样，可能是雕漆出现的最早形态。历史上人们曾经将它与犀皮漆器混为一谈。国内出土剔犀漆器的宋墓很多，工艺都已相当成熟。宋代剔犀漆器的纹样十分复杂，有宝相花纹、卷草纹、云纹等，而且往往多种纹样互相交合出现在同一件器物上。元代以后剔犀纹样则以如意云纹为主。剔犀器型有大小圆盒、方盒、圆盘、长方盘、花形盘、盏托、桌椅、马鞍等。

日本德川美术馆收藏的北宋“剔犀花卉纹捧盒”（图 1）。通体在黑褐（紫）底漆上髹朱漆 5 道，间黄漆 4 道，表面髹黑褐（紫）漆；剔刻有规律的宝相花、心形如意及卷草纹等。盖面菱形构图，中间为两层心形云纹组成的柿蒂纹，四

角为宝相花，盖连肩为四朵如意云纹，间杂蔓草纹等。盒壁雕繁复的卷草纹。所有图案都能对应、连接、转换成另一种图案，纹丝不乱。下面还有一个相应的托盘。这件剔犀漆器的独特之处在于黑褐色漆呈紫色，表面纹饰呈线形勾勒，往下剔刻出的朱漆、黄漆层层堆叠，呈斜坡状。捧盒打磨圆润。类似的器物东京国立博物馆、东京艺大美术馆、美国弗利尔美术馆也有收藏。

德川美术馆另一件长方形剔犀盘（图 2）。盘里面的纹样是心形云纹，与后期出现的如意云纹是不一样的，旁边用了卷草纹。这样的心形云纹在大英博物馆（英国不列颠博物馆）和东京国立博物馆的盏托上也有。

日本逸翁美术馆收藏的南宋“剔犀香草纹莲瓣形盘”，盘面为卷草纹，边壁是心形云纹，纹样与广东南海一号沉船出水的一件盘子非常相似，而且形状也相同。

德川美术馆收藏的南宋“云纹剔犀长方盘”（图 3）。这个时候长方盘的盘底一般都是比较宽阔。此器盘底左侧刻了铭文“甲戌内前州桥西林家造”，“甲戌”表示制作的年份；“内前州桥西”表示作坊的地点；“林家”即作坊。这样的长方盘英国牛津大学阿什莫林博物馆也有收藏。

日本东京国立博物馆收藏的南宋“剔犀云纹圆盒”（图 4）。盖面中央是一对飞鸟形的云纹，周边围了八朵如意云纹，盒边缘盖连壁是一圈卷云纹，这种纹样后期一般称作香草纹，但从这个盒子整体设计考虑，这里应该还是云纹。

美国大都会艺术博物馆收藏的南宋 - 元“剔犀云纹圆盘”（图 5）。元代剔犀器开始以如意云纹为主。但是盘中间类似飞鸟形的云纹只有宋元时期才有。同样的圆盘洛杉矶郡立艺术博物馆也有收藏，但是它因为长期放置在外面展示，保存状况与前面一件是不能相比的，开裂很多。

大都会博物馆还收藏了另外一种风格的南宋 - 元“剔犀云纹圆盒”（图 6）。如意云纹非常小，密密麻麻，中间也不用其他纹样，一贯到底。漆质非常坚硬，这可以从它刀口线条不是那么流利看出，与后期雕漆不同。这样的风格是否意味着它的产地与上述那些器物不一致呢？是否可以与传说中的“旧云南雕”联

2

宋 剔犀长方盘
日本德川美术馆藏

3

宋 云纹剔犀长方盘
日本德川美术馆藏

4

宋 剔犀云纹圆盒
日本东京国立博物馆藏

5

南宋－元 剔犀云纹圆盘
美国大都会艺术博物馆藏

6

南宋－元 剔犀云纹圆盒
美国大都会艺术博物馆藏

系起来呢？值得思考。这件圆盒的纹样与日本私人收藏的一件马鞍的纹样非常相似。

元代雕漆漆层较厚，纹样的线条比较流畅，这与当时用漆的质地有关。经过检测，我们发现很多元代雕漆表面漆层与内里所采用的漆成分是不一样的。表面含朱砂的比例高，鲜红光亮；而下面的漆朱砂成分少很多。可能是为了节省成本，因为朱砂是很贵的颜料。但由此也造成了元代雕漆容易开裂，并有大块的脱落。这件东京国立博物馆收藏的元“剔犀云纹圆盘”（图 7），就出现了很多裂纹。类似的裂纹在美国大都会博物馆藏“剔犀云纹长方盒”上也可以看到。这种裂纹有的是年代久远造成的，另外一些则是漆质差造成的。宋代比元代要早很多年，宋代漆器反而不见大的裂纹。

7

元 剔犀云纹圆盘

日本东京国立博物馆藏

元末明初时期的剔犀器，盘中间的纹样不再有前述飞鸟形的那种云纹。台湾鸿禧美术馆收藏的元末明初“剔犀云纹花瓣形盘”（图 8）。中间这种纹样以前一直不清楚应该怎么称呼，直到我们做《千文万华》展览时，借展福建茶园山出土的南宋“剔犀如意云纹八角奁”（图 9），福建的同行称盖上中心部位的纹饰为星形藻纹，我才恍然大悟。尽管从南宋至明清，这种纹样一直在变，但其本源应该就是出自星形藻纹。这是否与这类器物最初产地位于靠近海边的福建有关，即传说中“福犀”的一个特征？值得探讨。这个时期，类似的剔犀器

8
元末明初 剔犀云纹花瓣形盘
中国台湾鸿禧美术馆藏

9
南宋 剔犀如意云纹八角奁
福州市博物馆藏

还有不少，如美国旧金山亚洲艺术博物馆藏圆盒、明尼阿波利斯博物馆藏葵瓣式盒等。

剔黑

剔黑就是在胎体表面层层髹黑漆，再进行雕刻纹饰的漆器，流行于宋元时期。题材有花卉纹、云龙纹、花鸟纹、人物故事等，尤以花鸟纹居多。有锦地起花、也有素地起花，素地有红地、黄地、黑地之分。《髹饰录》："剔黑，即雕黑漆也，制比雕红则敦朴古雅。又朱锦者，美甚。朱地、黄地者次之。"扬明注："有锦地者、素地者。又黄锦、绿锦、绿地亦有焉。纯黑者为古。"国内早期剔黑漆器几近缺失，唯浙江省博物馆，有一件传说宋墓出土的"剔黑花卉纹镜盒"（图 10），脱水以后破损不堪。这件器物是宋代流行的长柄铜镜盒，内置双凤纹铜镜一面。它以木为胎，披麻上灰，再层层髹漆，从底至面分别髹涂黄 - 红 -

10

宋 剔黑花卉纹镜盒
浙江省博物馆藏

黑 - 黄 - 黑 - 红 - 黑 7 层色漆，再加以剔刻。盒面雕刻牡丹、芍药等折枝花卉，生意盎然，风格活泼。这件器物非常重要，可以佐证流散于境外的那些剔黑漆器的年代及产地。

东京国立博物馆藏“剔黑花卉纹长方盘”（图 11）。橘黄底漆上髹黑漆，间朱漆 3 道。表面漆质极好，非常光亮。盘内雕四季花卉，中间一朵盛开的茶花，四周有牡丹、杏花、野菊、栀子花等，花形生动，雕工稚拙，花瓣、叶子、枝干等完全分开，花蕾锦地也十分呆板，既是追求疏朗的效果，也可能是由于漆质坚硬、雕刻困难所致。盘外壁用斜刀雕连续香草纹，底髹黑漆，底足宽而矮，足内左侧有针划款“戚寿造”，概为后刻。此盘东京国立博物馆定为南宋，漆器专家李经泽先生定为北宋，从其原始稚拙的花纹处理方式等方面分析，我认为定北宋较为合适。

美国波士顿美术馆收藏的北宋“剔黑花鸟纹长方盘”（图 12）。正面雕一对绶带鸟穿梭于花卉丛中，背面雕四季花卉。圈足内左侧有“甲午吕铺造”底款，“甲午”代表年份；“吕铺”是作坊名。这一类的漆器铺子，当年一般都开

11

宋 剔黑花卉纹长方盘
日本东京国立博物馆藏

12

北宋 剔黑花鸟纹长方盘

美国波士顿美术馆藏

在浙江温州、杭州一带，《东京梦华录》《梦粱录》等古籍都有记载。

美国旧金山亚洲艺术博物馆收藏了一件宋“剔黑双鹤花卉纹圆盒”（图13）。盖面黄漆地上雕一对仙鹤飞翔在花丛中，纹饰的风格与前面长方盘类似。这种盒子还有凤凰花卉等题材。

美国大都会艺术博物馆收藏的宋“剔黑螭云纹圆盒”（图 14）。盖面橘黄漆地上剔刻一对螭龙悠游于云间，盖连壁设计，云纹铺满盒壁。螭龙是龙的一

13

宋 剔黑双鹤花卉纹圆盒
美国旧金山亚洲艺术博物馆藏

14

宋 剔黑螭云纹圆盒
美国大都会艺术博物馆藏

种，传说是龙的儿子之一。这种样式的圆盒，世界各地还有几件，如美国旧金山亚洲艺术博物馆、日本东京国立博物馆、林原美术馆等都有收藏。纹样的组合也都是顶盖连着器壁，螭云的纹饰刻得非常流畅。

大都会博物馆还收藏了一件“雕漆花鸟纹扶手椅”（图 15）。正面靠背中间剔黑凤凰花卉图案，背面及边缘均采用剔犀工艺雕卷草纹、心形云纹等。在座面背部横档上用朱漆写了“龙光院”三字。原来以为是日本造的，后来又定为明代。但是在 2018 年上博举办的“中国古代漆器国际学术研讨会”上，大都会博物馆的陆鹏亮先生完整地剖析了这件器物，基本上认定是宋代的，估计也是从日本流到美国去的。这件椅子保存得相当完好。

日本三井纪念美术馆藏南宋“剔黑蔷薇纹圆盒”（图 16）。盖微微隆起，圈足。黄底漆上髹黑漆，间朱漆 1 道。黄漆雕回纹锦地，斜刀雕花卉纹，中间的朱漆层由此显露，成为装饰的组成部分。所雕花卉比较抽象，类似于唐代的宝相花，枝蔓缠绕，布满全盒。这种圆盒存世极少。

中国台北双清文教基金会藏南宋“剔黑莲蓬纹圆盒”（图 17）。盒子仿莲藕形状，中间雕莲蓬，有莲子 10 颗，边缘雕莲叶，仰覆莲均 11 瓣。纹饰布排紧密，漆层虽不厚，但层层髹了非常多种颜色的漆，漆质甚好，剔刻非常精细。这是我所见同类题材雕漆作品中最早的一件，后世继承了这种样式，元明时期有多件剔红莲瓣纹盘和莲子盒传世，虽不及此盒典雅，但反映了国人对莲子和莲花的崇尚。

此基金会藏另外一件宋“剔黑缠枝花卉盏托盘”（图 18）。此盘圆心光素，髹黑漆，外围朱锦地上雕缠枝宝相花纹，盘沿雕回纹和卷草纹。盘外壁雕回纹、莲瓣纹和小草纹，底髹黑漆。盘面无论主题纹饰宝相花纹还是辅助纹饰回纹、卷草纹、莲瓣纹等，均采用直刀剔刻，精细而凌厉，并不注重打磨，与江南一带制作的雕漆风格迥异。此盘漆质非常坚硬，从底层至表面有多层色漆：朱、黑、黄、黑、黄、黑，表面黑漆层中略微磨显出底下的黄漆层。从纹饰来源分析，龟背形六瓣花锦地图案当源自唐代织锦纹样，唐代张萱《捣练图》（宋摹本）

15

宋 雕漆花鸟纹扶手椅

美国大都会艺术博物馆藏

16

南宋 剔黑蔷薇纹圆盒

日本三井纪念美术馆藏

17

南宋 剔黑莲蓬纹圆盒

中国台北双清文教基金会藏

18

南宋 剔黑缠枝花卉盏托盘
中国台北双清文教基金会藏

人物服饰上就有这样的图案；宝相花纹是唐代最为流行的装饰纹样之一，延续至辽宋时期；盘外底周围一圈类似小草的纹样，则与北宋《营造法式》附图中“平綦花盘”图样相似。

大英博物馆收藏的“剔黑四季花卉纹盏托”（图 19），由三部分组成，上面是承载茶碗的托子，中间是连在一起的圆盘，下面还附有高圈足。盏托是古人用于喝茶的工具，在南宋《茶具图赞》中把这种雕漆盏托称作“秘阁”，用以承载和稳定茶盏，端着上茶既不会烫手，对客人（或主人）又是一种尊重。这件盏托造型端庄，纹饰典雅，上面雕刻了石榴、山茶、菊花、栀子花、牡丹花等。它介于南宋至元之间，虽然花卉还是采用了宋代的样式，但它的漆质已经逐渐变差。这种盏托日本畑山美术馆和中国台北双清文教基金会都有收藏。

19

南宋—元 剔黑四季花卉纹盏托

英国不列颠博物馆藏

东京国立博物馆收藏的南宋"剔黑菊花纹圆盘"(图 20)。此盘以红漆为底，盘内及盘壁均雕折枝菊花纹，枝繁叶茂、生趣盎然。虽然这种花卉纹圆盘宋代较少，却对后世影响很大，是明代流行的主要题材之一。

美国洛杉矶郡立博物馆收藏的南宋"剔黑四季花卉纹圆盘"(图 21)。橘黄漆地上髹黑漆。盘内中央雕盛开的山茶花，内外壁均雕四季花卉，有菊花、牡丹、荷花、山茶等。盘底髹黑漆，有朱书"姚四房"三字。

日本根津美术馆藏"剔黑牡丹纹方盘"(图 22)。盘中央内凹髹黑漆，四壁朱漆八瓣花锦地上剔黑缠枝牡丹纹。盘外壁髹黑漆，从痕迹看为后髹；底为朱漆，为原有漆色。有方形圈足。盘内外开裂较严重，有所变形。从裂纹处可见下面有黑灰层和麻布层。从漆质及雕刻风格分析，年代当为南宋 - 元。

20

南宋 剔黑菊花纹圆盘
日本东京国立博物馆藏

21

南宋 剔黑四季花卉纹圆盘
美国洛杉矶郡立博物馆藏

22

南宋－元 剔黑牡丹纹方盘
日本根津美术馆藏

双鸟纹图案在唐宋时期较为流行，广泛应用于各种工艺品装饰。双鸟花卉纹的剔黑盘世界各国公私机构都有收藏，传世量较大，有圆盘也有花瓣形盘，鸟的形状有长尾的寿带鸟、孔雀、喜鹊等，也有鸳鸯、鹅、鸭一类水禽，世界上绝大多数的博物馆和美术馆都把它们定为元代。但是在日本出光美术馆发现一件底款有“金朝造”字样，即相当于南宋，如果此款可靠，则这批盘子的年代需要重新认识。漆器专家李经泽先生在他的《漆缘汇观录 - 剔黑篇》一书中把这批盘子全部定为南宋。我认为这类盘子的制作年代应该在南宋至元代，是有延续性的。宋代剔黑盘漆质较好，剔刻规整；元代制作工艺与前代一脉相承，但是漆质明显差很多，很多部位都有深深的裂纹和成块脱落（与元代其他雕漆相似），可能在大漆中掺杂了其他成分所致。这种盘子传世较多的原因可能是当时民间流行在喜庆的时候赠送或使用，寿带鸟寓意长寿，可以用来祝寿；喜鹊、鸳鸯则可以在婚庆场合使用。但这一类盘子在国内以前也是基本没有收藏，仅青岛市博物馆和台北故宫博物院各有一件。近年来有些回流。

英国剑桥大学菲兹威廉博物馆藏南宋 - 元“剔黑寿带山茶花纹圆盘”（图23）。橘黄色漆地上雕一对寿带鸟穿梭在山茶花丛中，外壁雕香草纹，底髹黑漆。纹饰布局合理，剔刻精到，可以代表这一时期双鸟纹盘子的水平。

日本东京国立博物馆藏“剔黑寿带牡丹纹葵瓣形盘”（图 24）。盘呈花瓣形，弧壁，花瓣形圈足。盘内橘红色底漆上髹黑漆，雕寿带牡丹图，双鸟在牡丹丛中朝着一个方向比翼齐飞，构图生动，雕刻精细，翻转自如。盘外壁橘黄色底漆上髹黑漆，间朱漆一道，雕卷云纹。底髹黑漆，呈褐色。此盘与中国台北故宫博物院“剔黑孔雀牡丹八瓣盘”的漆质、雕工和风格极为相似，只是后者呈菱瓣形。台北故宫博物院定为元末明初（14 世纪下半叶），本人则比较倾向于元代。

23

南宋－元 剔黑寿带山茶花纹圆盘

英国剑桥大学菲兹威廉博物馆藏

24

元 剔黑寿带牡丹纹葵瓣形盘
日本东京国立博物馆藏

大英博物馆收藏的元“剔黑河塘双鹅图葵瓣形盘”（图 25）。盘内红色回文锦地上雕池塘双鹅图。周边湖石耸立，树木参差，梅树枝头双鸟栖息。盘内壁雕四季花卉，外壁雕香草纹。底髹黑漆，带花形圈足。这种纹饰与元代纺织品及其他工艺品流行的图案类同。相似的盘中国台北双清文教基金会也有收藏，只是尺寸略小。

25

元 剔黑河塘双鹅图葵瓣形盘
英国不列颠博物馆

人物纹的雕漆传世品较少，这是因为它对雕刻工匠的要求最高，需要有很好的艺术素养。

日本东京国立博物馆藏北宋“剔黑婴戏图圆盘”（图26）。圆盘弧壁，圈足。以黄漆为底，髹黑漆，间朱漆一道。漆层不是很厚，以至于很多地方都磨显了朱漆层。盘内雕楼阁婴戏图。圆月当空，树木掩映，屋宇深深，园囿井然。庭院内孩子们有的在玩“斗鸡”（又叫“斗拐”）、有的在捉鸟、有的手举拍子和长柄扇似在驱赶蚊虫，边缘的几位似乎是看管孩子的仆人，篱笆门口一男一女两人正坐在地上闲聊。院子围栏外左边是花圃，右边是池塘。盘内外壁均雕四季花卉。构图有序，所雕景物均极为细致。小小的月亮内雕了桂树及捣药的月

26

北宋 剔黑婴戏图圆盘

日本东京国立博物馆藏

兔，水池中还有两条游鱼；屋顶、门窗、围栏、内外地面、树干叶脉……甚至各种人物的服装都用不同的线条和几何纹表现，虽然不甚规则，雕工也略显生涩，却反映了雕漆程式化以前生动的形态。

美国弗利尔美术馆藏“剔黑人物故事图圆盒”（图 27）。平顶，弧肩，直壁，子母口，圈足。红漆为地，雕各种锦纹；黑漆其上，雕主题图案。盖顶开光内雕三顾茅庐图案，只见刘备带着结拜兄弟关羽和张飞以及随从在篱笆门外驻足，茅草屋内诸葛亮手捧书卷不作搭理状。盖边及盒壁开光内雕花鸟和人物图案，开光外雕球纹。此盒原来定为南宋至元代，但本人根据题材及所雕各种繁复的锦地和裂纹较多的漆质判断，其年代应该不会早于《三国演义》诞生的元末明初。

27

元末明初 剔黑人物故事纹圆盒
美国弗利尔美术馆藏

剔红

剔红就是在器物表面层层髹朱漆，再加以雕刻的漆器。剔红是雕漆的主要品种，存世量最多，这与国人尚红有关，有的封建王朝更是将“朱”视为国色。关于剔红的史料也最多，有时古人也将剔红指代雕漆，因此，有关剔红的器型、特征等描写，也可以视为雕漆的共同特征。

明王佐《新增格古要论》：“剔红器皿，无新旧，但看朱厚、色鲜，红润坚重者为好，剔剑环香草者尤佳。若黄地子剔山水人物及花木飞走者，虽用工细巧，容易脱起。朱薄而红者价低。宋朝内府中物，多是金银作素者。元朝嘉兴府西塘杨汇，有张成、杨茂，剔红最得名，但朱薄而不坚者多，日本国、琉球国独爱此物。今云南大理府人，专工作此，然伪者多。南京贵戚多有此物，有一等通朱红，有一等带黑色，好者绝高，伪者亦多，宜仔细辨之。”

宋代剔红国内绝少遗存，多流散于境外，以日本收藏最丰。器型有盘、盒、奁等，纹饰以花鸟居多，也有人物题材。漆层一般较薄，由于漆质较纯，比较坚硬，增加了剔刻的难度，很多器物的纹饰通体并不连贯，有刻丝的特点。有

28

宋 雕漆双鹤花草纹长方盘

日本德川美术馆藏

些器物底部有针划款，这为判断产地及年代提供了依据。从传世实物看宋代剔红水平很高，无论胎体还是髹漆与雕工，都极尽完美，达到了历史的高峰。

德川美术馆藏宋“雕漆双鹤花草纹长方盘”（图 28）。盘内在橘红色底漆上髹朱漆，再髹黑漆，雕一对仙鹤翻飞于花草丛中，盘外壁雕花草纹。矮宽圈足，底髹红漆，长边左侧有“戊辰阮铺造”针刻款。此盘德川美术馆定为“南宋唐花唐草鹤纹堆黑盆”，但看它表面黑漆底下磨显出厚厚的朱漆层，原来应该是剔红，为何会再髹黑漆？经查史料发现宋代只有皇家才能用朱色，平民百姓却不可以，由此推测此盘是从皇室流入民间时故意用黑漆将朱色覆盖的。它上面花草采用抽象的唐草纹，这在花鸟纹的雕漆实物中也极为稀少，应该属于宋代早期的样式。

日本镰仓国宝馆收藏的南宋“剔红双龙花卉纹长方盘”（图 29）。色彩鲜艳，漆质上好，纹饰雕刻得非常精美，上面的龙纹与元代汪世显家族墓所出漆桌上

29
南宋 剔红双龙花卉纹长方盘
日本镰仓国宝馆藏

的龙纹相似。它有“洪福桥吕铺造”底款，据李经泽先生考证，洪福桥在南宋临安，吕铺就是漆器作坊。同样有“洪福桥吕铺造”底款的还有日本东京国立博物馆藏南宋“剔红凤凰花卉纹长方盒”(图 30)。黄漆地上剔红图案盖连壁式，凤凰形象飘逸，花卉有牡丹、茶花、菊花、栀子花、梅花、水仙、荷花等，种类颇多，生趣盎然。东京国立博物馆还收藏了一件“剔红花鸟纹圆撞盒”，与长方盒的漆质、纹饰、雕刻风格等非常相似。

30

南宋 剔红凤凰花卉纹长方盒
日本东京国立博物馆藏

中国台北双清文教基金会藏南宋“剔红双鸟花卉纹圆盒”。盖连肩式，盖面雕双寿带花卉纹，边壁雕四季花卉。雕漆呈枣红色，表面漆层有细微裂纹，黄漆地后髹，盒内及底均髹黑漆。从盖内裂纹分析，此器受过很大伤害，后经精心修理而成，所以边缘花朵后配较多。尽管劫后重生，此器仍然保存了早期雕漆的风格特征，构图生动，富有变化，没有陷入程式化的模式，是南宋雕漆的一例杰作。

日本九州国立博物馆藏宋“剔红后赤壁赋图圆盘”（图 31）。此盘在黄漆底上髹朱漆，再髹黄漆、朱漆，因此，景物雕刻至少有四个层次。盘内雕苏轼《后赤壁赋》意境图，明月高挂，屋宇栉比，水波荡漾，山石嶙峋，场景复杂，人物众多，神态各异。前面一块巨大的岩石上剔刻了“赤壁”两字，左边正是苏东坡及友人划来的小船。不同的空间用各种锦地区分，层次不一，花纹不同。盘内外壁均雕四季花卉，枝繁叶茂，种类很多，有牡丹、菊花、栀子花、月季、荷花、梅花、芙蓉、山茶花等。圈足雕四瓣花纹。底髹黑漆，中间朱书“泰”字。此盘场面宏大，布局繁而不乱，髹饰层次丰富，剔刻非常精细，是宋代一件非常难得的人物纹雕漆杰作。

31

宋 剔红后赤壁赋图圆盘
日本九州国立博物馆藏

九州国立博物馆藏南宋“剔红仕女图长方盘”（图32）。盘内雕庭院仕女图，六位身材颀长的仕女手捧酒壶和佳肴在长廊内伺应，左侧雕一对雉鸡，雄鸡傲立于寿山石上，回头看着在花丛中觅食的雌鸡，寿山石旁雕有山茶、梅花等四季花卉。长廊的右侧连着一座小桥，地面雕蔓草纹，而长廊地面则是简单的方格纹地砖；栏杆下半部雕成对单线回纹。水波纹的雕刻十分奇特，呈扇形。盘内壁雕四季花卉，有牡丹、山茶、菊花、梅花、芍药、玫瑰、芙蓉、荷花、栀子花等。盘外壁雕卷云形香草纹，与后期流行的香草纹有别。底髹黑漆，圈足宽矮。足内左侧锥划楷书三字竖款“戚寿造”，概为后刻。外底中央朱漆书两字立款“泰斋”。

台北双清文教基金会藏南宋“剔红骑马人物图圆盘”（图 33）。盘内锦地上雕山水人物图，主人扬鞭策马在前，后跟着挑担的仆人。前方山路崎岖，云雾缭绕的远方有亭台显现，周边松木参天，梅枝高挑。天、地、水分别用回纹、花卉纹和水波纹锦地区分。盘壁雕莲瓣纹。口沿较宽，雕卷草纹。外壁口沿雕回纹，器身雕卷草纹。此盘有两种雕刻风格：盘内锦地上剔山水人物图，构图远近兼顾，雕刻随需施刀，凹凸有致；盘外壁雕刻纹饰表面却平如印版，十分独特；盘心梅花上尚留些微金粉（据说原来很多，黄底上都有，后被牙医藏家清除），非常罕见。

32

南宋 剔红仕女图长方盘
日本九州国立博物馆藏

33

南宋 剔红骑马人物图圆盘
中国台北双清文教基金会藏

元代剔红传世品较多，情况比较复杂。从国内出土实物看，仅发现两件剔红器，差异很大。甘肃漳县汪世显家族墓出土的“剔红双龙花卉纹长方案”（图34），发现于元代早期墓葬，剔红以绿漆为地，剔刻双龙花卉纹，漆层较薄，纹饰生动，具有宋代雕漆的遗风。从上海青浦任氏家族墓追缴的“剔红东篱采菊图圆盒”（图35），出土于元代晚期墓葬，漆色幽暗，漆层厚实，漆质坚硬，剔刻犀利，雕工娴熟，构图疏朗，景物简洁。人物比例较大，仅用一种锦地修饰，置人物于山村乡野，山石嶙峋，如刀劈斧砍，用刀劲健、老辣，多采用斜刀入画，线条刚直、流畅。它风格独特，与传世剔红不甚相似。

35

元 剔红东篱采菊图圆盒

上海博物馆藏

34

南宋—元 剔红双龙花卉纹长方案

甘肃漳县汪世显家族墓出土

元代传世剔红器物漆质优劣不等，纹饰有山水人物、花卉翎毛等，生动活泼，布局较密，施刀各有千秋，风格多样。元代有些剔红等雕漆器物底部有八思巴文，或张成、扬（杨）茂针划款，作品风格不一，尚无标准器。

日本德川美术馆藏“剔红牡丹纹圆盘”（图 36）。盘旋口，圈足。黄漆地上髹朱漆，漆层很厚，间黑漆一道。盘内采用双层叠花的方法，剔刻牡丹花卉，枝繁叶茂，花朵累累，剔刻精到，非常写实。盘外壁雕卷云纹（或叫香草纹）。底髹黑漆（似为后髹），中间有朱书八思巴文，边缘有“张成造”针划款。从漆质、花纹设计和剔刻风格看，这是元代雕漆中的一件精品。类似双层雕花的圆盘还有一些，日本昭和美术馆收藏的一件上面雕的是茶花纹。

36

元 剔红牡丹纹圆盘
日本德川美术馆藏

各种花鸟纹题材的剔红器物传世很多，有圆盘、方盘、长方盘、花卉形盘、圆盒、方盒、多层撞盒等。美国明尼阿波利斯美术馆藏元“剔红花鸟纹方盘”（图37）。黄漆地上雕一对山雀在山茶花丛中翻飞，自由自在，充满野趣。外壁雕香草纹。虽然漆质不太好，裂纹甚多，但反映了元代雕漆的一种风貌。类似的剔红器物收藏的机构较多，如美国弗利尔美术馆的寿带茶花纹圆盘、鹦鹉花卉纹圆盒；大英博物馆藏孔雀牡丹纹圆盘；日本林原美术馆藏双鸟纹圆盒；日本德川美术馆藏绶带牡丹纹长方盘；中国台湾双清文教基金会藏绶带牡丹纹椭圆盘等。

美国旧金山亚洲艺术博物馆藏元“剔红荷塘图圆盘”（图38）。盘内花形开光内锦地上雕荷塘图，荷叶田田，荷花盛开，飞禽掠过，带动一波池水，画面生意盎然。开光外雕四季花卉，有菊花、茶花、芍药、梅花、牡丹、栀子花等。盘边缘雕细密的花卉纹锦地。此盘的漆质尚佳，保存状况良好。该馆的另一件元“剔红庭院花鸟图葵瓣形盘”虽然所雕图案类似，但保存状况却远不及此，可能做工和材料也有所不同所致。

37

元 剔红花鸟纹方盘

美国明尼阿波利斯美术馆藏

38

元 剔红荷塘图圆盘

美国旧金山亚洲艺术博物馆藏

莲花纹的盘子从宋代开始就有制作，有剔黑也有剔彩，元代继承了这一传统。东京国立博物馆藏元“剔红莲花纹圆盘”(图39)。旋口，圈足。朱漆层很厚，间黑漆1道。盘内底雕莲蓬，内有莲子12颗，盘壁雕莲花瓣11片，莲蓬与花瓣之间雕下凹的几何纹及凸起的小花瓣，裂纹甚多。盘外壁雕花瓣13片。底髹黑漆，开裂严重。这种样式的盒子两岸故宫博物院都有，而盘子比较少见。上海博物馆的藏品中恰好有一件（图40），盘内设计几乎与东博盘一致，中间也是12枚莲子的莲蓬，盘壁也是11片花瓣；但背面不同，是卷云纹（香草纹）。上博盘表面朱漆层极其光亮，黑漆底也经后髹，且有“周明造”针划款，以前一直看不明白，究竟是中国制作还是日本仿制。在筹备漆器展期间，我馆文保中心的专家对其进行了X-CT检测，图像显示该盘曾经大修，莲蓬仅表面为朱漆，下面堆积层几乎没有朱砂，开裂严重；莲蓬与莲花瓣之间的间隔部位完全经过重修，现为极其细密的网状锦地，与东博盘的纹饰相异。盘内外壁与盘心做法不同，均髹厚厚的朱漆，间黑漆1道，疑均为日本后髹再刻。上博盘经红外光谱检测，其图谱与中国传统漆器完全不同。所以，上博剔红盘与东博盘一样

39

元 剔红莲花纹圆盘

日本东京国立博物馆藏

40

元末明初 剔红莲花纹圆盘

上海博物馆藏

是元末明初在中国制作的，因为漆质差，经年累月开裂受损后，在日本匠人的精心修复下又重获新生的。

元代传世云龙纹的雕漆器物较少，纹饰也发生了一些变化。日本东京国立博物馆元“剔红双螭灵芝纹椭圆盘”（图 41），盘内朱漆八瓣花纹锦地上雕一对螭龙口衔灵芝在云间遨游，图案布局疏松；盘外壁雕香草纹。口缘有凸起的弦纹。此盘漆色偏暗，裂纹甚多，原定宋代，但从它的器形、装饰图案以及漆质分析，应该属于元代制作。类似的螭云纹圆盘大英博物馆也有收藏，只是表面漆色非常亮丽，可能经过日本工匠后修所致。

元代人物题材的剔红器皿较多，有戏曲故事也有明代流行的庭院人物题材。

41

元 剔红双螭灵芝纹椭圆盘

日本东京国立博物馆藏

日本东京国立博物馆藏元“剔红祝寿图圆盒”（图 42）。此盒平顶，直壁，黄底漆上髹朱漆，间黑漆 1 道，漆质并不光亮。盖面雕群仙祝寿图。西王母在侍女的护卫下安坐于殿内，庭院里祝寿的人们络绎不绝，前面有手捧寿桃、福山和吹拉弹唱的侍女开道，后面桥上和天边群仙正缓缓而来，天、地、水分别用不同的锦地表现，所雕景物较为疏朗，却略显呆板。盒壁雕四季花卉，有牡丹、菊花、山茶等，自然生动，但盒盖与盒身上下纹饰并不一致。盒内及底均为黑漆，后髹。从器型、画面及雕工等分析，此盒的年代当为元代。

除了各种圆盒以外，元代出现了一些花瓣形的捧盒，尺寸很大，虽髹漆很厚，但往往开裂严重，纹饰容易脱落。这是由于这类盒子面漆与下面漆的用料不一致造成，如牛津大学阿什莫林博物馆藏“剔红庭院图八角盒”即是一例。

东京国立博物馆藏元“剔红鱼化龙故事图菱花形盒”（图 43）。盖面开光内雕鱼化龙故事，肩、腹及器壁均雕四季花卉，花形种类繁多。此盒髹漆厚实，景物繁密，雕工圆润，是元代这类器物中保存状况良好的实例。这种盒子与宋代的奁盒器型和雕刻风格都不同，可能用于盛放食物。

42
元 剔红祝寿图圆盒
日本东京国立博物馆藏

43

元 剔红鱼化龙故事图菱花形盒

日本东京国立博物馆藏

美国大都会艺术博物馆藏元“剔红仕女婴戏图花瓣形盘”（图 44）。盘内雕婴戏图，共有五个场景。左侧，一位仕女坐在绣凳上看着孩子们玩闹，另一个怀抱小孩站在边上，衣角被一男孩扯着，地上还有一个正爬向她；背后莲池边上有 4 个孩子在玩水；旁边有一组小孩正在大盆子里玩洗澡；右侧玲珑石下 4 个男孩在捉迷藏，有的捂住眼，有的在躲藏；最前面是一队浩浩荡荡的人马，旗手开道，竹马紧跟，后面侍卫着主要人物，还有随从……他们正奔向前方的供桌。花瓣形边壁雕了七种花卉，分别是石榴、秋葵、木槿、玫瑰、栀子花、

44

元 剔红仕女婴戏图花瓣形盘

美国大都会艺术博物馆藏

山茶、李花。此盘髹漆并不厚，漆质也非宋代可比。但它尺寸硕大，设计合理，雕刻非常精巧细致，不仅天、地、水锦地纹雕得细密，连水榭内的屏风上都刻了竹石图案；人物众多（共 27 人），个个生动活泼，神态不一，不愧是元代人物纹雕漆的杰作。

美国弗利尔美术馆藏“剔红庭院人物图花瓣形盘”（图 45）。盘心开光内雕人物图，只见一位长者面湖而坐，水中两只鹅正向他游来，旁边站着侍童；身后亭榭轩敞，湖石壁立；远处礁石上树木茂盛。所雕题材概为王羲之爱鹅故事，但画面中出现椰子树却很费思量。开光外雕四季花卉，有菊花、山茶、月季、李花、玫瑰等；口沿缘以花草纹锦地。外壁雕香草纹，底髹黑漆。这是一件处于元明交替时期的作品，既有元代雕漆的特征：四季花卉、香草纹、花草缘边，又有明代早期风格，主题图案下面都有程式化的锦地，指代明确：用长条回文表示天，八瓣花卉纹锦地表示地面，波纹表示水域。此盘为研究元末明初转型期的剔红器提供了实例。类似的盘子中国台北鸿禧美术馆等处也有收藏。

45

元末明初 剔红庭院人物图花瓣形盘

美国弗利尔美术馆藏

剔彩

剔彩是在器物的表面层层髹饰各种色漆，再按需剔刻出有色彩的纹样，国内有少量的明清传世品，其中以清代为多。但是清代晚期，号称剔彩的器物很大一部分是剔刻加彩，即整器用一种色漆剔刻，或红、或黄、或褐等，然后在需要不同色彩的部位，涂上相应的其他色漆，如叶子涂绿漆、树干加褐漆等。这是一种假剔彩，制作成本要比真的剔彩减少很多。日本公私机构收藏的传世漆器中有一些宋元剔彩器物，对我们了解早期剔彩的面貌很有帮助。

日本蟹仙洞美术馆藏南宋“剔彩琴棋书画人物图圆盘”（图 46）。盘心四层圆圈内雕饰了四种形态的花瓣；外面雕四对人物，正在切磋琴棋书画，周围松竹梅石相伴；盘壁雕回纹；口沿雕云气纹。盘外壁雕莲瓣纹；外口沿雕回纹。

46

南宋 剔彩琴棋书画人物图圆盘
日本蟹仙洞美术馆藏

底髹黑漆。虽髹漆不厚，但从底至面分别髹涂了黄、绿、朱、黑四种色漆，并按需剔刻纹样，以区分景物和人物的装束。此盘雕刻风格较为粗犷，纹饰丰富而古朴，装饰感强，保存了早期剔彩的样貌。

日本林原美术馆藏南宋“剔彩庭院人物图圆盒”（图 47）。盖面雕鱼化龙故事；肩、腹雕缠枝莲纹；盒壁雕香草纹。从底至面分别髹涂了红、绿、黄、绿、黄褐、红、绿、红、黑等色漆层，层层剔刻，以区分人物、鱼化龙、建筑、树石、花卉、云彩和不同的空间。设色巧妙、景物生动、剔刻精准、装饰华丽，是一件难得的珍品。

日本德川美术馆藏南宋“剔彩描金狩猎图长方盘”（图 48）。盘内通景雕刻了一组狩猎场景。前景剔刻 5 个主要人物，正勒马驻足等候，后面一干人马绕过山口，扬鞭策马而来……人物神态逼真，动静结合，形象生动，服饰精美且符合身份；周边山峦起伏，枯木掺杂；带路的小狗、等待的鹰隼、逃逸的小兔等间杂其中。盘内外壁均雕山川草木和走兽。网格地上层层叠髹了各种色

48

日本德川美术馆藏

47

南宋 剔彩庭院人物图圆盒
日本林原美术馆藏

漆，从底至面有朱、绿、黄、朱、黄、褐、绿、朱、褐、黄、绿等漆层，色彩非常丰富。这件器物的制作工艺非常讲究，除了层层髹漆、精心剔刻以外，还用了金饰工艺，如打头者手持的旗帜上，还有马鞍、剑鞘等关键部位。这可能是宋代雕漆工艺中为数不多的几件特例。

南宋－元“剔彩花卉纹圆盒”（图 49）。盒平顶、直壁、子母口、圈足。黄漆地上雕红花绿叶，有牡丹、山茶、菊花、玫瑰、梅花等。漆层很厚，布局疏朗，剔刻生动，很好地阐释了“红花绿叶”的主题。这种盒子一般用于存放香料。

南宋“剔彩莲花纹圆盘”（图 50）。盘内中心雕莲蓬，有莲心 7 颗；外围一圈花卉纹锦地；盘内壁雕莲花瓣；外壁雕卷云纹（或称香草纹）。从莲瓣纹看，从底至面至少髹叠了红、绿、黄、黑、红、绿、黄、褐等色漆层。此盘的剔刻工艺非常独特，既有雕刻，又有磨显，即接近于犀皮的那种做法。

犀皮就是在器物表面用特殊的方法，髹色漆，再磨显色彩斑斓的纹饰。纹饰有高低起伏也有平面。国内最早的实物是两个三国东吴墓出土的几件器物，以后相当长的历史阶段再也没有发现。只有北京故宫等少数收藏机构有几件明

49

南宋－元 剔彩花卉纹圆盒

日本孤蓬庵藏

50

南宋 剔彩莲花纹圆盘

日本兴正寺藏

51

南宋 犀皮花瓣形盒

英国不列颠博物馆藏

清犀皮漆器。但是在境外有几件早期的犀皮实物，如大英博物馆藏南宋“犀皮花瓣形盒”（图 51），表面纹饰凸起，呈随意的云气纹；日本东京艺大博物馆犀皮圆盒的斑纹则呈平面状。境外保存的犀皮漆器还有木纹、岩石纹等，可以扩展我们的研究视野。

本文举例的雕漆作品，是从境外几十家博物馆和其他公私收藏机构的上千件漆器藏品中挑选出的几十件宋元雕漆器。当然，这只是境外雕漆收藏品中的一小部分，有待以后继续整理，有新的发现。

境外漆器藏品是中国古代漆器的重要组成部分，了解并研究这部分漆器有助于我们对中国漆器的全面解读。从网站和图录信息，得知境外漆器收藏和研究良莠并存。有些早期收藏单位，尽管漆器藏品数量有限，却经过精心挑选，件件精到，而且年代的判定也比较准确，对研究很有帮助。但是对出土漆器的判别，即现在存世比较多的战国秦汉彩绘漆器和宋代素髹漆器的判定，却有很多可以商榷之处。另外对于国内比较少见的清代（主要是清代康熙朝）款彩漆器，以及清至民国时期金髹的外销漆器，海外都有大量的实物存世，而且有详尽的记载，是人们研究这部分漆器产地以及工艺的第一手资料。

本文的图像主要来源于《唐物漆器》（日本德川美术馆，1997 年）、《中国宋时代の漆》（日本东京国立博物馆 2004 年）、《雕漆》（日本九州国立博物馆 2011 年）、《存星》（日本五岛美术馆 2014 年）等图录和博物馆官网以及我自己拍摄的图像。感谢各收藏单位、收藏家和前辈文物工作者的大力支持和帮助；特别感谢漆器专家李经泽（高树经泽）先生提供部分资料和图像。

扫码收听《境外收藏中国宋元雕漆览胜》音频内容

第八讲

凌利中
上海博物馆书画研究部主任、研究馆员

古代书画流传过程中的“割配”

接触了大量古书画之后，会发现古代书画在流传过程中被割配的现象颇为严重。我们现在博物馆里看到的很多“名品”,已经不是原貌,也就是不齐整了。2015 年，故宫博物院开过一个学术研讨会讨论《石渠宝笈》，我曾经略为提及此项议题。

这是很有趣的美术史的现象，“割配”会让后来的收藏家或者是研究者、鉴定家产生误会，甚至是误判。

梳理这些现象的目的是什么？可以启发古书画鉴研。有时候，鉴定一些古书画的真假，很难。基于主观感觉，说一张画画得很好或者不好，说服不了别人，因为没有很硬的证据。但是如果注意到“割配”这个现象，有时候就会柳暗花明，甚至一锤定音。

在这里将以李升《澱山送别图卷》（图 1）等实物，梳理海内外各大公私所藏诸多被割配的书画实物，并结合文献与著录，剖析古书画割配之历史、缘由、手法与类型，包括历代鉴藏家所采用避免被割配的方法诸方面。

画史名迹割配现象概述

古书画割配现象早在乾隆皇帝之时就发现了。故宫博物院有一件赵芾《长江万里图》。当年，乾隆提了好多次非常喜欢这张画，但是他敏锐地发现画不完整。看到过太多不完整作品的他，忍不住在这张画上做了题跋，感叹："古来名迹割去题跋者甚多矣。" 这是一个帝王对内府所藏历代古书画割配现象泛滥的无奈。

之前的明四家之一文徵明，在题故宫博物院《重屏会棋图》时也曾感叹："是卷当有北宋名贤题咏，一经呈，便尔剪割，惜哉。"为什么进宫廷之前要切割，这涉及到很多因素，有的是避前朝之嫌，有的可能是藏家的身份不便表露。董其昌也在题南宋《洛神赋图》卷（美国弗利尔美术馆藏）时说："内府所藏大都无前人题跋，盖进御时剪去，恐有国讳。"他也指出，也有剪割是书画商为了多赚钱而采取的手段，"或不尽作藏语故耳"。

以上三条感慨都题在古书画中的原迹上，由此可以表明割配现象由来已久。画史上原物屡遭割配之风气，除宋、元等数次文物大规模入宫之际较盛外，明末清初与清末民初是另两次盛行的阶段。

借助当今大量的展览、出版、拍卖等透露的资讯，本人梳理了一份割配古书画的清单，觉得将来可以办个较大规模的历代割配古书画合璧展。众所周知最著名的合璧展应该是 2011 年在台北故宫博物院举办的"山水合璧——黄公望与《富春山居图》特展"。《富春山居图》从清初开始就分开，直到 2011 年合璧，之后又分开了。

明代鉴赏家张丑记《快雪时晴帖》卷（台北故宫博物院藏）时曾指出，“或云秘府装池名迹，往往剪去前人题识，故元章（即米芾）所题书画向后输入宣和御府者，其跋尾例皆不存。”顺治十三年（1656），吴其贞在陈以谓家观摩冯承素《兰亭卷》时认为，“闻此卷还有一题跋，是冯承素所摹者，为陈以谓切去，竟指为右军书。而‘神龙’小玺亦以谓伪增，故色尚滋润无精彩，惟绍兴玺为本来物也。”陈以谓在扬州被称为“书画刽子手”。吴其贞亲见陈氏所藏《宋元小画册》四十八幅，其中赵千里、王诜、赵大年等几件作皆为“大幅裁剪下者”。之后，他又目睹扬州裱画师朱启明劝藏家张伯骏将江贯道《万壑千岩图》切为两段、裱成“三段小卷”等行径，深恶痛绝地记道：“丧于斯人手！”近代张大千亦是深谙此中伎俩之高手，其于 1952 年题八大山人《竹石小鸟图》轴（美国弗利尔美术馆藏）曾言：“近世好事家最重小幅，以三尺上下为度，此风弥漫南北，而吴中尤盛，于是古董掮客一遇大堂幅，往往割裂，冀得善价，其摧残前人心血，凶恶有甚于刽子手！”

既然有这么一个普遍存在的画史现象，那么对它的梳理就显得很有必要，所以可以借此剖析古书画的历史原有手法和类型。甚至有的画家画了作品，藏家收藏了作品之后，为了避免后人割配，还会采取一些手段，这个也很有意思。故宫苏东坡大展里面有一件，画幅是宋画，边上隔水裱边有乾隆的题跋，一般的题跋在中间，他就题在这个缝上。你以为乾隆写字时写歪了？不是的。如果从今天这个话题角度，就会理解他是什么意思。这个比骑缝印有用，碰到书画刽子手之流，骑缝印随随便便就被拆开了。

《溉山送别图卷》先作诗后画画

李升《溉山送别图卷》是上博名品，非常重要。纸本设色，纵 23 厘米，横 68.4 厘米。图中湖山错落，云山淡荡，茅舍隐现其间；山岗高处，高士把袂，不舍分别。画面藏露开合，景物迷离，峰岚渲以焦墨，澹抹赢青作遥山，墨色交融处，但见一种清旷淡远之致。此卷清初为谢淞洲、孙洪九递藏，朱彝尊有题。清高宗乾隆二十五年（1760）题："㕒嶬携杖送君行，骑二茅龙上玉京。只有澱山倒影在，泖湖赊月伴涛声。庚辰仲春月御题。"钤"石渠宝笈""石渠定鉴""宝笈重编""宜子孙""三希堂精鉴玺""乾隆鉴赏""乾隆御览之宝""御书房鉴藏宝""宣统鉴赏""无逸斋精鉴玺""宣统御览之宝""嘉庆御览之宝"内府诸印。

大家可以在以后展出的时候细看。

这张画发生了什么为人所不知道的故事呢？

第一，从专业角度，展出前首先会梳理一下这张画历代是怎么评价的。

画左有画家本人的题跋，中间是乾隆皇帝题的，经过清宫《石渠宝笈》著录。大家可以读一下画家的题跋，"高士蔡霞外主席冲真，既同诸公为诗以送之，复作是图以志岁月云。至正丙戌六月十又三日，升再题于元览方丈。"正因为这段话，就引起了后人对这张画的不同理解。20世纪90年代，全国七人鉴定小组在上博鉴定这张画的时候有如下意见，刘九庵、傅熹年先生说："后四行款为后添。"徐邦达说："同意。"杨仁恺说："好画。"这是在公开出版物中可以看到的。

那么，"后四行款为后添"是什么意思呢？两种情况，一种是画家先写了一段，隔了一段时间再写，这是画家本人再写，此为一种解释；还有一种解释是后人所添。第一种解释如果成立的话，那还好，还是同一位画家，但是会引起创作年份的疑问。后题的日子不一定是最初画这张画的日子。丙戌是1346年。如果后添的话，这张画是什么时候画的呢？只能写1346年前，不能写1346年。第二种情况更严重，不是画家自己写的，是别人冒充写的，那这个问题就重大了，这张画是真是假？落款李升是不是他本人？为什么叫后添，就跟那四行字有关系了。原文里，"高士蔡霞外"是一个高士，道家；"主席"就是做主持，"冲真观"是在浙江。"既同诸公为诗以送之"，"既同"是已经，做了诗送给他了，也就是送给高士蔡霞外了，这个就是作者本人。"复作是图"，画家再一次画这张画，"以志岁月云，至正丙戌六月十又三日，升再题"。这个既、复、再，就引起了后添的错觉了，就是后四行又题。前面是两件事情，后面变成第三件事情了，老先生们可能是因为这三个词语做出的判断。

如果真的是后添，从古书画鉴定的角度来说，墨色很难做到一样，哪怕是同一天早上磨的墨跟晚上就不一样。我去库房把它调出来仔细看了一下，好像没发现墨色有什么不同，这又如何解释？

从清代词人朱彝尊对此画的题跋（图 2）中，不难发现他也看出了其中的蹊跷。他在题跋中写道："画家好手，元时特多，略见《图绘宝鉴》，李升其一也。"就是说元代的画家好手很多，李升是其中之一。在简单介绍李升的概要、生平后，他又写道："今藏孙上舍洪九家……意当日必有诸公赠言跋卷尾，惜为人割去……"用白话来说，就是现在收藏在孙洪九家里，他们一起看画的时候觉得不完整，估计最初这个画卷上一定有大家的赠言，可惜被人割去了。这是朱彝尊当时的一种判断。这种可能性有没有？有。

又过了 300 年，顺着"割配"这个方向，我们从北京故宫的一套赵孟頫、王冕等作家的行书合卷，发现里面有一开叫"释祖铭"，可以说这一套合卷里的作者互不相关——赵孟頫、王冕、释祖铭。赵孟頫和释祖铭照理是碰不到的，也就是说这是原本分散的画作合在了一起，它们之间原本没关系。释祖铭的这一开很特别，它前面是诗，后面落款。因为它是诗，讲上款人的。上款人是谁？"高士蔡霞外，神仙中人，放予索诗，书此以赠。"出现的就是《澱山送别图卷》里的主人公；送这首诗的是谁？"至正丙戌五月下浣中天竺沙门祖铭。"这两件文物的时间、地点、人物是不是有关联？释祖铭，元朝人，他是一个出家人，1345 年往杭州主中天竺。至正丙戌就是 1346 年，中天竺属杭州天竺山和灵隐寺之间。至此可以发现其与李升的《澱山送别图卷》，两作的创作时间、地点、上款人几乎相同。从当时这些人物的行踪、地点，可以发现当时应该有很多朋友为蔡霞外送别过，大家都作了诗。不要被李升的画家身份框住，他也作了诗的。

蔡霞外拜访释祖铭，祖铭做诗相赠为至正丙戌（1346）五月下旬，距李升六月十三日创作《澱山送别图卷》不到一个月。由此可知，先有诸家赠诗，后有李氏补图，与《澱山送别图卷》中李氏所称“既同诸公为诗以送之，复作是图以志岁月云”情形相合。

因为蔡霞外在杭州很多朋友，他应该不是同一天和这些朋友在某个地方一起告别的，他今天拜访一个朋友，喝点茶，然后走了，明天到另外一个朋友那里……依此判断，故宫所藏释祖铭的那一开《行书赠蔡霞外诗页》就是这张画后面的题跋，它们的尺寸也相仿。除此之外，有关这一年送蔡霞外的诗，在元代的文集里面也有线索。比如，元沈梦麟《花溪集》里面有《赠别羽士蔡霞外》，其诗曰：“上国归来暂息机，每临溪水洗尘扉。清秋一舸沙边系，落日双凫霞外飞。采得桂花催酿酒，折将莲叶赠为衣。相留信宿还相别，月满茅山借鹤归。”元陈方《送蔡霞外》称：“不见道人今四载，疏狂犹似旧时多。自言曾到神仙宅，公亦须吟离别歌。涧草阴阴披紫蕾，山花细细落青萝。只愁骨相无清气，赤水玄珠奈尔何。”

上述沈、陈二诗很可能亦作于丙戌（1346）五六月之间。沈梦麟字符昭，至正二十三年（1363）进士，浙江归安人，居湖州城东南七十里之花溪，并置别业于溪东，王蒙曾作《花溪渔隐图》相赠，诗中亦含“莲叶”之句，与李升作画季节吻合。

也就是说这件作品应该还有其他文人的诗作，只是散掉了，就像朱彝尊说的“惜为人割去”。那些不在的，也可能还没找到罢了，但是文集里面有记载，诗也还在。

再来看《澱山送别图卷》，先作诗卷，然后再画画，再题。为什么再题？因为李升作的诗前面已经题过一次了，这样解释通了吧。这种古书画里面先作诗后作画的案例非常非常多。

所以这张作品原来的样子应该是这样的，先有诗，尺寸 29×70 厘米，画可以小一点，因为要裱起来。我们古书画的题跋可能不一定按照画的大小，有释祖铭，有沈孟麟，还有陈方，可能还有其他人。

回过来再看朱彝尊说的：“惜为人割去。”朱彝尊不愧是大鉴赏家，他熟悉

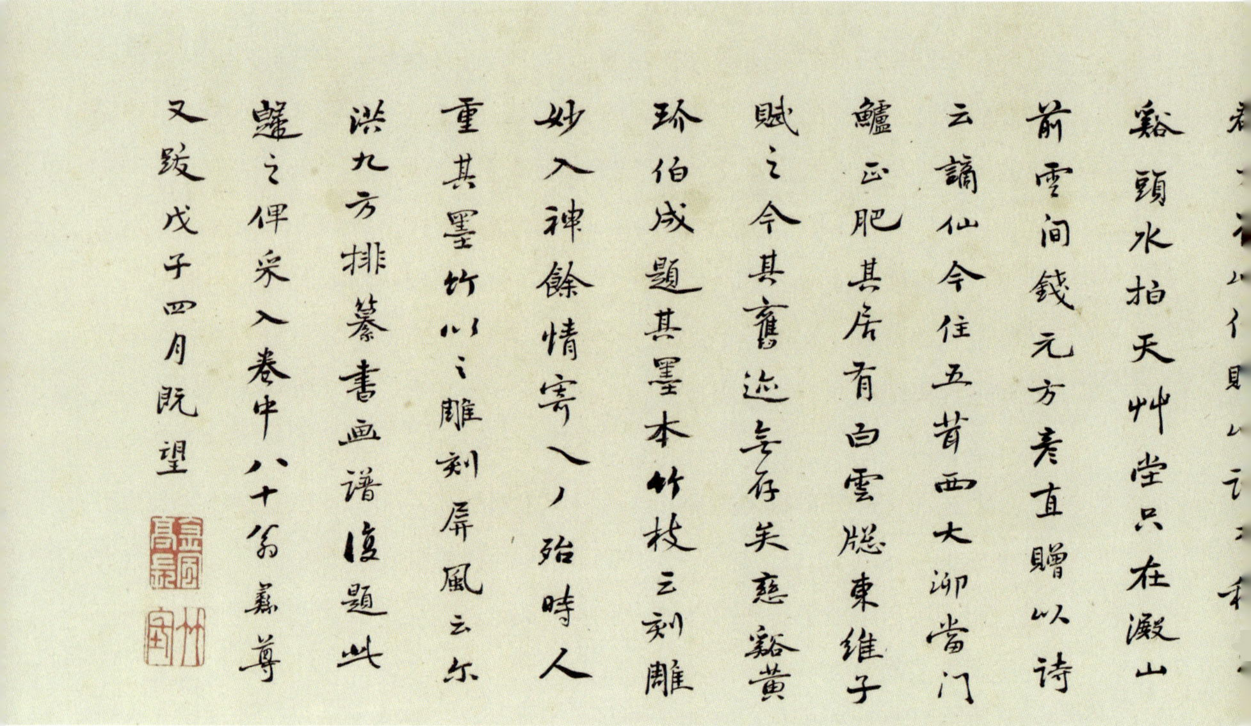
谿頭水拍天艸堂只在澱山
前雪间錢元方考直贈以詩
云謫仙今住五茸西大泖当门
鱸正肥其居有白雲懸東維子
賦之今其舊迹無存矣慈谿黄
琢伯成題其墨本竹枝云刻雕
妙入神餘情寄之人殆時人
重其墨竹以之雕刻屏風云尔
洪九方排纂書画譜復題此
麗之俾采入卷中八十翁彝尊
又跋 戊子四月既望

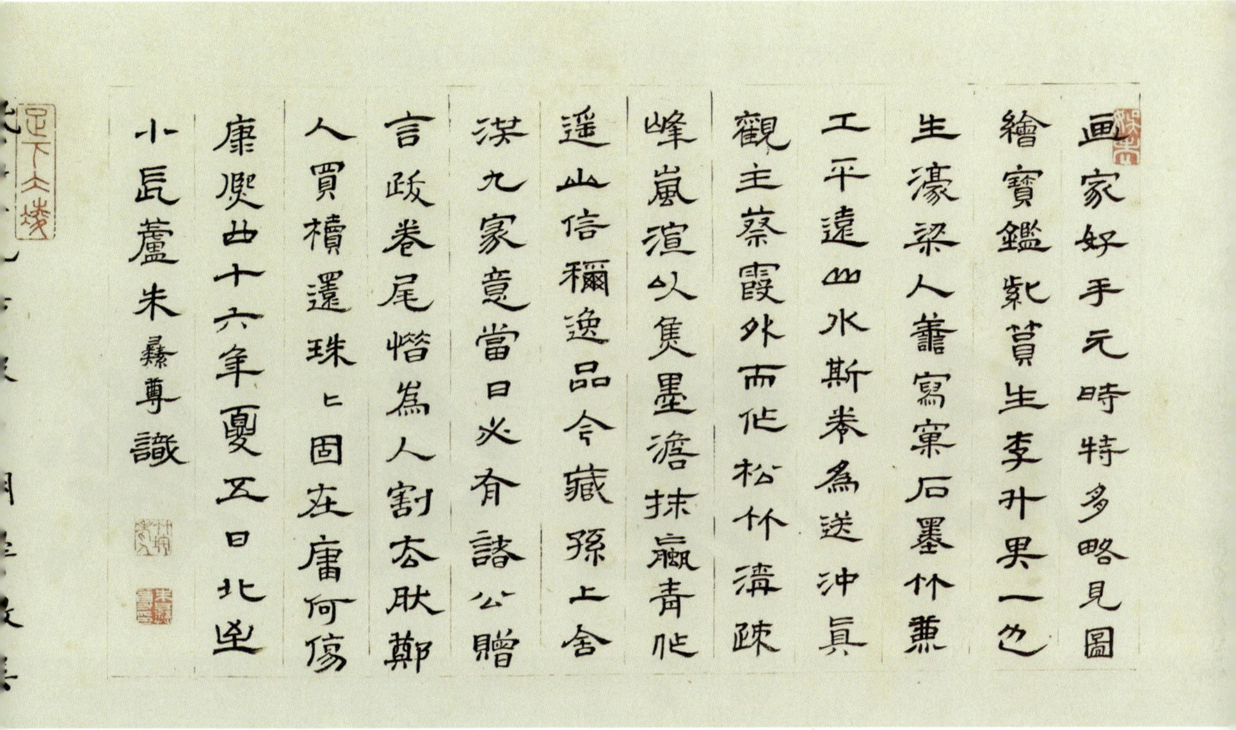

2

清 朱彝尊书法题李升澱山送别图卷
上海博物馆藏

画史上的割配现象，所以当他从画作上察觉不对劲时，既不用看到释祖铭的散页，也没有去查元朝文献，就已经做了判断。事实证明，他的判断非常准。

这种例子很多，以前没展出过的《畿甸观风图卷》（图 3），这张画也是先作诗后作画。缘起是有位清官，为家乡老百姓做了很多事，朝廷命他去别的地方做官，一众文人作诗相赠，其后，众人中的一位又画了这张画，并在题跋里记录了这件事。

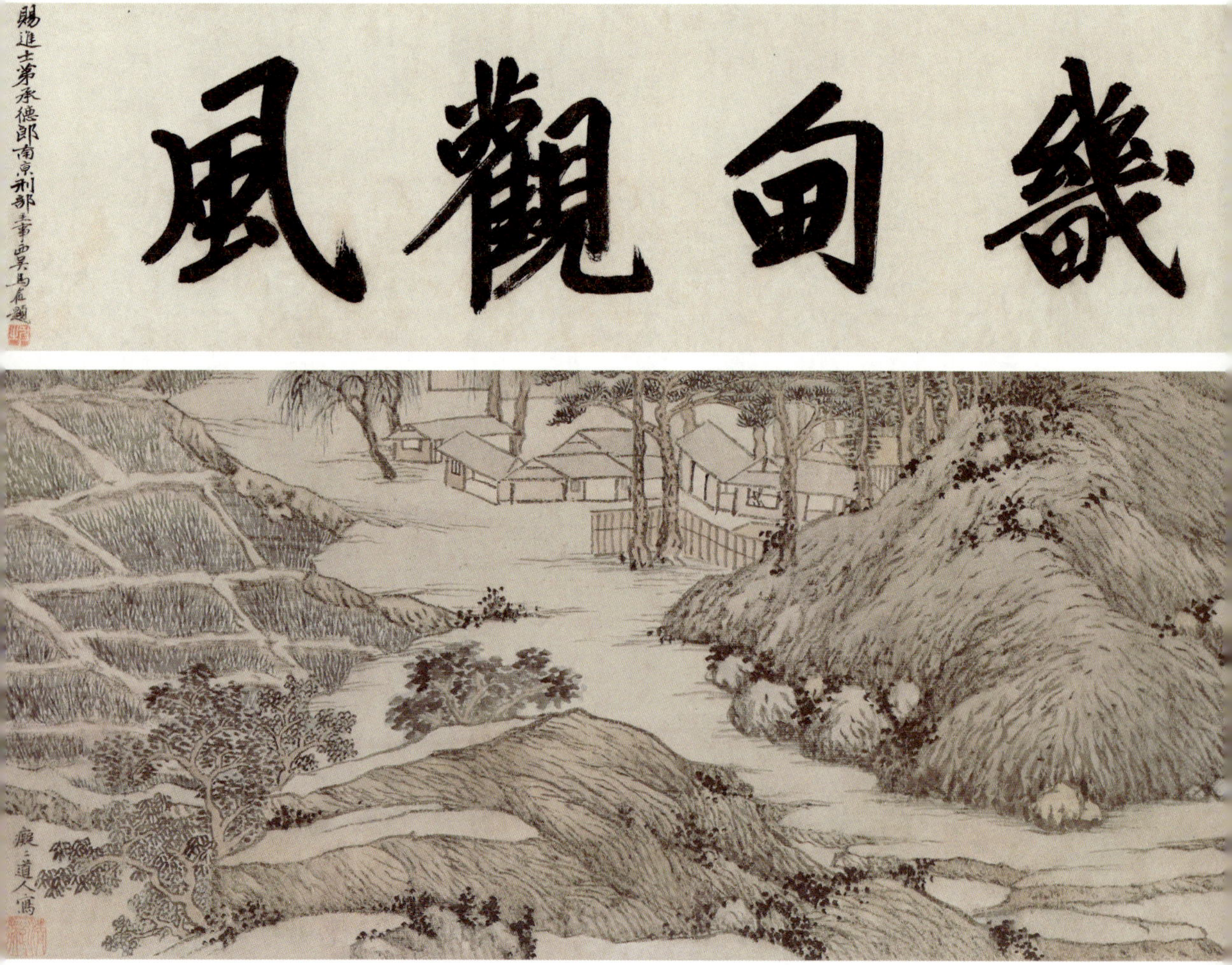

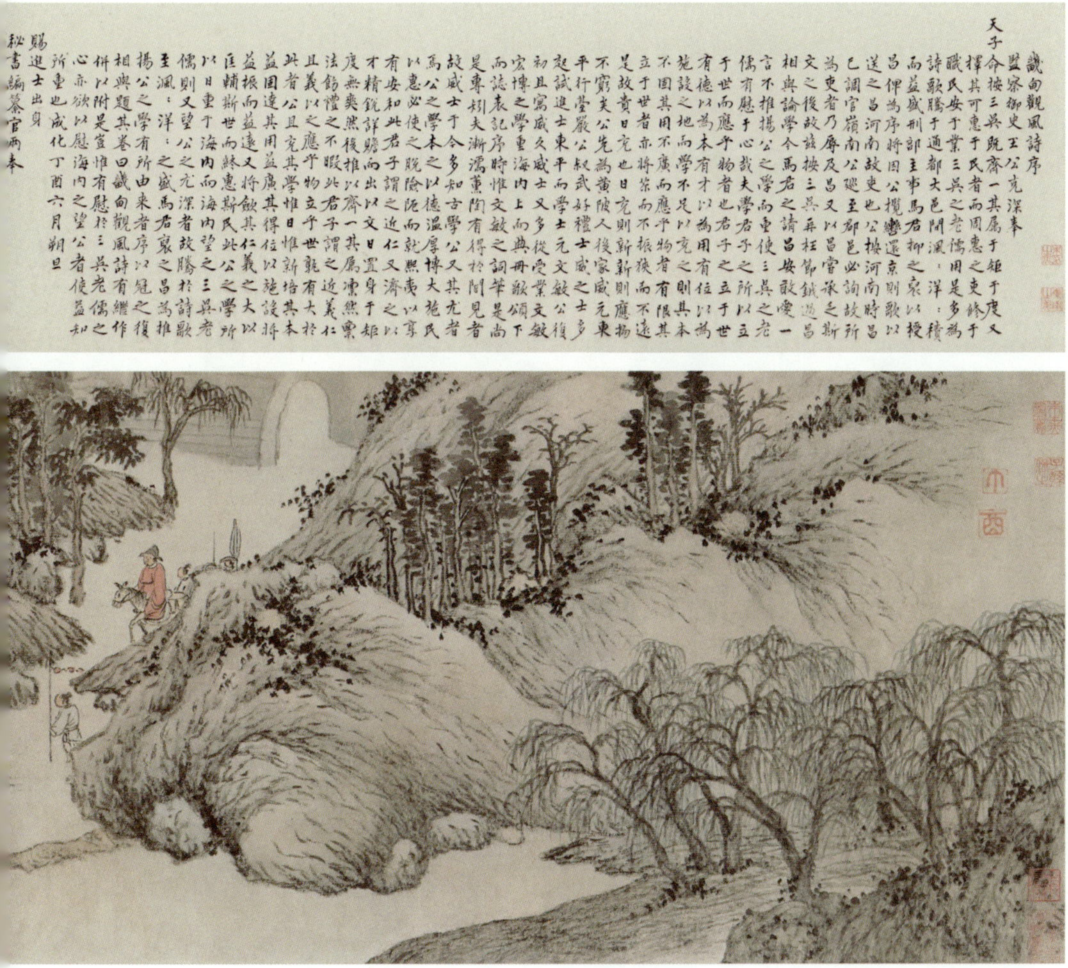

3
明 马愈 畿甸观风图卷
上海博物馆藏

《丹山纪行图卷》也是先作诗后画画，从题跋里面就可以知道。

“四时花卉”中的“冬”去了哪里

2013 年前后，我曾有幸赴华盛顿弗利尔美术馆进行为期六个月的考察研究活动。其间，在研究考证一件原定为清代无款《木芙蓉图》页（图 4）之作者时代时，不仅涉及上述《溉山送别图卷》作者李升及其交游圈，更为巧合的是，两作的创作年份几乎相同，且递藏流传过程之遭遇、之后研究者的认识发生偏差诸情形也很相似。当时研究出来以后，对方太开心了。

这件《木芙蓉图》页，是美国铁路大王弗利尔（Charles Lang Freer，1854 – 1919），在宣统三年（1911）又赴上海时，花费新墨西哥银圆一万元（相当于当时的五千美元）购得，购自上海大收藏家庞莱臣（1864 – 1949）手（此

4
元 王渊 木芙蓉图
弗利尔美术馆藏

际庞氏遇事转出，见弗利尔日记），并于民国九年（1920）捐赠入藏弗利尔美术馆。庞莱臣当时舍不得卖，但是那年春节，庞莱臣搓麻将手气不好，被弗利尔买去了一大堆藏品，这是其中之一。庞莱臣和弗利尔之间的通信，讲的都是他们收藏的来龙去脉，珍藏在弗利尔的档案里。

此图与其余画作十七页并明代缂丝一页共十九页合装一册，即庞莱臣《虚斋名画录》卷——著录的《唐宋元明名画大观十八帧册》之“第十三帧”：“纸本水墨芙蓉，高一尺二寸阔一尺八寸一分，无款，三家题咏书于本身。”

画面绘折枝木芙蓉两朵，叶以没骨水墨挥洒，勾勒以茎，木芙蓉则以线勾兼以淡墨晕染而成，墨气清雅，浑朴清丽。无款，钤有“王若水印”白文印记，收藏印有“管氏家藏”白文印一。

作品纸本上面有三个人的题跋，黄伯成（黄玠）、赵希孔、王务道三位文人分别以行、楷作诗跋，却没有写画作者。题跋分别为：

已惜红娥涴墨妆，更怜青女染玄霜。木花也作芙蓉看，自与芙蓉细比量。伯成。（钤“黄氏伯成”朱文墨印）

歌罢秋风□□□，御罗蹙绣翠云□。石阑露气清如霜，记得寻诗叶上题。希孔。（钤“赵氏希孔”白文印）

浣花溪上秋风急，万里桥西野水明。窈窕一枝谁与赠，篇诗题寄锦官城。（钤“王务道印”白文印）

入藏弗利尔美术馆后百余年来，数名研究人员分别对此图发表真伪鉴定意见。如民国十年(1921)罗记(J.E. Lodge1876 － 1942)研究员认为:“水渍、磨损、疲破。‘王务道印’和款看似系近人所作，右边两题亦明显出自同一人之手，可能全是清人所伪。无论如何，糟透了。”在佛利尔藏品卡片上就是这么写的——Possibly the whole thing is a Ching fake——清代的赝品。这是他的结论。1958 年，时任该馆研究员高居翰先生（James Cahill）有如下描述：“这件绘画作品十分接近传王渊的一件作品，此画收录于《大风堂名迹》第四册，第 22 幅。包括作者印章、‘管氏家藏’，以及三位题跋作者的名字，尽管所题内容不同，书法是一样的，画风也接近。看来二件很可能原属一本册页，作者很可能是同一位。但是，我不认为是王渊。”傅申于该作藏品卡上定名为“传王渊《墨芙蓉》”。故该作近百年来，一直以 17 世纪清代无款作品视之。

我初见此图于弗利尔美术馆内网藏品数据库之际，觉得墨色、画风、题跋、印章全部到位，其所透露的元代气息十分强烈，令人印象深刻。但是感觉不能作为评判标准。不久，我注意到了北京故宫博物院藏王渊《墨牡丹图卷》(图 5)，亦纸本墨笔，纵 37.5 厘米，横 61.5 厘米。绘折枝牡丹，花王姚黄。后面有李升的题跋，就是上文《澱山送别图卷》的作者。《牡丹图》卷画幅本身亦无作者款署，仅钤“王若水印”白文印，另有王务道、黄伯成、赵希孔题诗。三人题跋内容如下：

画道开元全盛时，春风满殿看花枝。都城传唱皆新语，国色天香独好词。

5

元 王渊 墨牡丹图卷

故宫博物院藏

山阴王务道题于问学斋。（钤“王弘本章”白文印）

锦砌雕栏绣毂车，问花富贵欲何如。淡然水墨图中意，看到子孙犹有余。伯成。（钤“黄氏伯成”朱文墨印）

帝命群芳汝作魁，玉炉香沁紫罗衣。春风海上恩波重，剩铸黄金作带围。希孔。（钤“赵氏希孔”白文印）

之后，弗利尔美术馆的研究员史蒂芬发现大英博物馆藏王渊《栀子花图》轴（图 6），并告诉了我。该图纵 38 厘米，横 62.6 厘米，纸本水墨，无款，钤有作者“王若水印”白文印。是图现裱为立轴形制，图中也有黄、赵、王三人题跋。

故宫博物院《墨牡丹图卷》尺寸、形式、画风，题跋的人都与《栀子花图》轴一样。据王渊《墨牡丹图卷》后李升署“题于管氏问学斋”、画幅上王务道“题

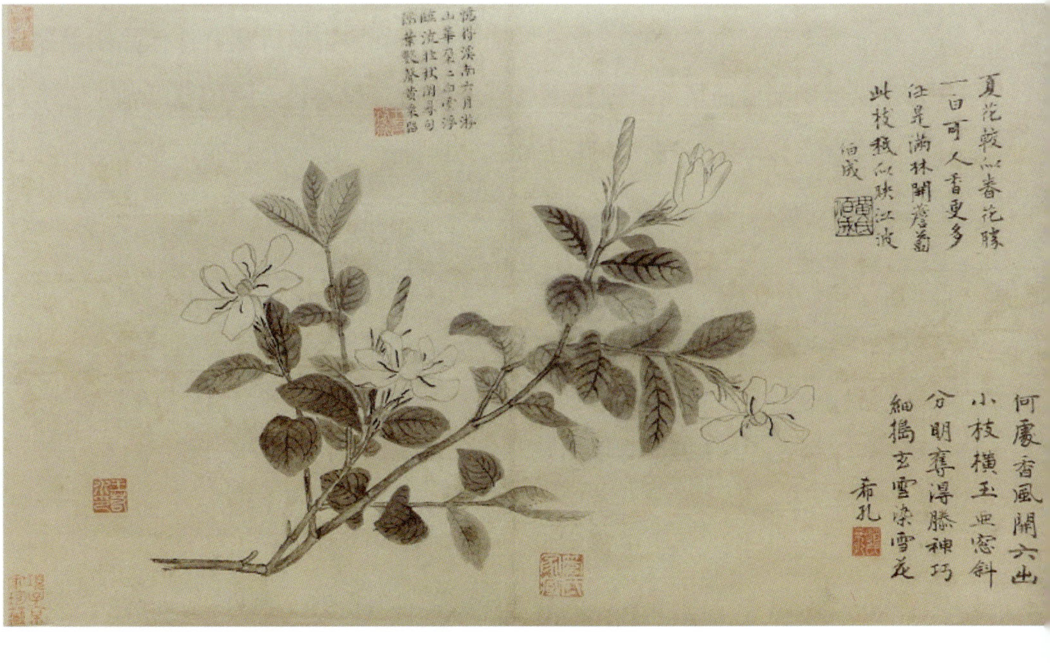

6 元 王渊 栀子花图轴 大英博物馆藏

于问学斋”，以及三本皆钤有“管氏家藏”白文印，可知王渊创作之时，与李升、王务道、黄玠、赵希孔等人题跋当为同时同地。

图中有管氏“管氏家藏”白文印，另有明项元汴“项子京家珍藏”朱文长方印、清成勋“莲樵成勋鉴赏书画之章”朱文长方印。其中项氏印章系伪，属后添。

据此可以认定，弗利尔美术馆《木芙蓉图》页的作者是王渊。且《木芙蓉图》页作者所钤“王若水印”白文印与上海博物馆藏王渊《竹石集禽图》轴“王若水印”白文印系同一印章。

从前面的分析不难看出，三件散落各地的作品间除了作者相同，还有着更紧密的关系。细致地分析一下，北京故宫的《牡丹图》，牡丹是什么季节的？春季。再看看，栀子花是夏天的。弗利尔美术馆的芙蓉呢？秋天。以此类推，应该还有一个梅花，代表冬天。春夏秋冬，古人画四季花卉太常见了。为什么三件都没有款署？没有款，款到哪里去了？应该在哪里？古人落款一般落在画面完成的地方，所以落款应该在冬季的梅花处。这样解释就通了。可惜冬天的那张梅花，这十年来始终没找到。

很显然，弗利尔美术馆、故宫博物院与大英博物馆所藏三件作品明显属于一件作品遭割配后的情形。原属手卷可能最大，现分装为册、卷、轴，三本尺寸基本吻合。如果能够找到梅花这最后一块拼图，那么完整的作品应定名为王渊《四时花卉图》卷（图 7）。

《梅花赋》？　　**王渊《梅花图》？**　　**《木芙蓉赋》？**

王渊《木芙蓉图》页
弗利尔美术馆藏

王渊的作品太少了，全世界可能就十件以内。他的山水师郭熙，花鸟师黄荃，人物师周昉，兼工花木竹石，一代名手。传世记录有《牡丹》《竹枝》二、《千叶石榴图》一、《粉红石榴图》一、《海红瑞雀图》一等。《名绘荟萃》一册凡十六幅，第十四幅《荔枝》款云“若水王渊画”。《历代名绘》一册，凡三十一幅，第二十四幅素绢本《墨画花鸟》款云“若水王渊”。

谈及王渊画风的演变，一般对王渊的认识就是上海博物馆藏的那张《竹石集禽图》（图 8），是元朝墨花墨禽的先驱。宋画很写实，工笔着色。元朝受文人画影响，洗净铅华，水墨淡雅淡泊，跟文人的心境很符合。王渊受赵孟頫的影响，以墨代色，但是很工，传世作品的面貌很工，但这件“四时花卉”就不同，这件让人联想到上博的一幅张中作品《芙蓉鸳鸯》，十分写意。由此可见，王渊对其墨花墨禽的继承者——元代张中，以及明代沈周、徐渭等在内的明代水墨大写意之异军突起产生了重要的影响。

割配的动机

上文所举曾遭割配的李升《澱山送别图卷》、王渊《四时花卉图》卷两件作品，仅仅属于众多遭受割配传世古书画之一二，我所掌握的亦不下百余件。其中以手卷为最，册页、屏条次之，立轴居末，割配手法包括切、割、移、配、

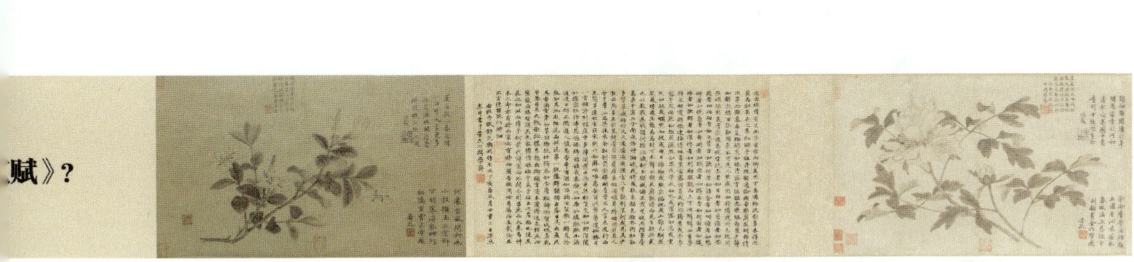

8

元 王渊 竹石集禽图轴

上海博物馆藏

挖、添等无所不及，究其割配缘由，涵盖牟利、避讳等多达十余种之伙，令人眼花缭乱，或有出人意料之想。

目的之一，牟利。如董其昌题王献之《中秋帖》，“大令此帖，米老以为天下第一，子敬书又名为一笔书，前有十二月割等语，今失之，又庆等大军以下皆阙，余以阁帖补之，为千古快事，米老尝云人得大令书割剪二字售，诸好事者以此古帖每不可读，后人强为牵合，深可笑也。”

目的之二，巧偷豪夺，遂至割裂。如张即之《楷书华严经卷第五残本》，郭房题，“其手书华严经，向藏艮山门内之潮鸣寺，有其署款，后稍稍为人所知。巧偷豪夺，遂至割裂。”

目的之三，战乱逃亡，以便携带。如叶恭绰题高闲《草书千字文）卷：“抗日时余在香港，日军将攻入，余将乘飞机入内地。因此将书画悉截去裴潢以便携带……割裂者不能复合，如人之毁裳，痛极。此卷亦在其列，同遭此劫，幸卷心未致损坏，当为幸事，纪其事。”

目的之四，为了收藏家的个人喜好。比如大阪市立美术馆藏燕文贵的《江山楼观图》，傅山题传：“遭乱散失，谁何俗人，见有董字，遂割去，独道前画纸，樱搓无人顾。”

也有出于古代的鉴藏风气。曾宏父曾指出欧阳修的《楷书集古录跋》“千卷集占录由欧阳隽带至南方，当时都半古帖割掉，仅留下题跋”。

还有因为藏家不满意卷中题跋者之鉴定意见。如王诜《颍昌湖上诗、蝶恋花词》卷，请卞永誉著录时有赵肃、王淇、陈继儒跋，都称为山谷书，现为人割去，又外附入蔡襄、苏轼、黄庭坚三跋，非原配，故现又拆掉另存。

甚至为了还其真相。如吴湖帆为张珩鉴定刘贯道《销夏图》卷时称，“知《梦蝶》虽无贯道款识，而人相衣褶及一切笔法如出一手，则《梦蝶》之亦出贯道无疑，而被人添松年伪款，为可惜耳！据《江村书画目》载，刘松年《销夏》《梦妮》二图卷，以江村之号称精鉴，尚不能辨‘册道’二字而忽之，反武断为松年，与松年赝本《梦蝶图》合为一卷，又毅然将《梦蝶图》割去伪款。”

有时候，也有裱画师的操作失误，前面的裱到后面，后面的裱到前面，还有遗失。也有作者自己动手割的，避讳是比较常见的割配原因。

信息的充分占有

在古代，由于书画流通的私密性、不具备摄影出版条件、无公开展览诸因素，造成被割配书画不易为人发觉与辨识之混乱局面，也为其后历代古书画鉴定与研究者增添了诸多不必要的难度甚至成为研究的瓶颈，并影响研究与判断的准确性。然而，在今非昔比、信息极丰的当今，倘将此画史现象作为一个课题予以有意识地关注与研究，那么，于收藏家或研究人员而言，有时往往成为一条快捷方式而柳暗花明，甚至起到一锤定音、事半功倍之效。

在信息匮乏且不对称的古代，关注并利用此法者虽寥，但还是不乏一些经验丰富的鉴藏家有意识地加以成功运用。比如晚明书画商王越石虽以狡狯著称，然眼光如炬，其在天启元年（1621）于清溪曹起莘家购得赵孟頫《楷书玄妙观重修三清殿记》卷（现藏处不详），“展至后段，觉语脉龃龉，深以为惑。后三年（1624），又得《三门记》于五茸何氏，阅之，乃悟其首尾互装。向非越石嗜古徇奇，遇即收之，则延津之合难矣”。（李日华《题赵孟頫<楷书玄妙观重修三门记卷>》，日本东京国立博物馆藏）

又如近代藏家张敔园民国三十七年（1948）于海王村市亲历陈淳（1483-1544）《百花图》卷前陈淳本人“遗兴”二大字引首后为人割去时提到的一段“不可思议”的奇妙经历：

> 天下事每有不可思识者。往年曾见故宫贴落《人物》画甚精美而无款印，颇疑其有缺失，因贿市侩踪迹之，不旬日，竟以残帧来，与原画犬牙交错处皆密合，下角“臣吴桂恭画”等字俨然悉在，倩良工装治，绢素丝缕衔接如天衣无缝，遂还完璧。安知此卷不同遇奇缘耶，翘企俟之。

可以想见，王、张两位享受圆满收藏结果之外，更为念兹在兹的，可能是还原历史真相、成功鉴定后的喜悦。

上海博物馆的一张《吴兴清远图》（图 9）也经历过差点被埋没，差点被误判的情况。现在这张《吴兴清远图》有两段，前面一段是赵孟頫画的，后面一段是赵孟頫的外甥所画。清初画中九友之一张学曾于顺治五年（1648）对于自藏无款赵孟頫《吴兴清远图》卷作了认定。

前面说过，乾隆对割配这一画史现象亦了然于心。乾隆四十七年（1782），其题赵芾《长江万里图》卷（故宫博物院藏）即指出：

按是图款署“京口赵黼”作。纸本长三丈余……卷后有钱惟善、张宁、陆树声诸人题跋……古来名迹割去题跋者甚多矣，独此一人耶？若指赵黼，则其款因存未毁，岂后人补为者耶？……此卷旧入《石渠宝笈》，编辑时未经检点及此，兹几余复加展阅，见其笔墨精妙，因为题句并辨其讹，附识如右，以《石渠继鉴》证之。《石渠宝笈》书已录入《四库全书》，则姑仍其旧云。壬寅小春御笔。

对于赵芾此卷之款署题跋未割，乾隆反觉出乎意料，足见其对此画史现象认识之深刻。因此，在其一生的鉴藏过程中，更是充分利用宫中藏品丰富的优势，不断探索古书画割配现象对于鉴定的意义。比如其据“当是后人窜取题识真迹，别为之图以炫观者。是以并公麟姓名割去楮尾，更无余地，亦其证也”而考鉴传李公麟《五马图》卷（日本东京国立博物院藏）；再如，据宫中所藏元人姚式题跋《耕织图》卷，断定昔年蒋溥（1708-1761）所进刘松年《蚕织图》卷“腕力既弱”的“松年笔”三字，系“后人妄以松年有曾进《耕织图》之事从而附会之而未加深考，致以讹传讹耳”，进而将两卷鉴定为出自同一元人之手；又如，乾隆三十五年（1770），乾隆将前人误定为赵孟頫的《破斧篇图》卷，与马和之《豳风图》卷（故宫博物院藏）“比观”，尤其是根据“（宋）高宗书与画相连，并无割裂痕”的细致观察，得出前者系从后者《豳风图》卷中割裂并定为出自马氏之手的鉴定结论，遂“因命装潢，联为一卷”，并作题说明如下：

《石渠宝笈》旧藏《豳风图》卷，止有六篇。而《破斧篇》别为一卷，

亦续入内府。卷后董其昌跋，惜其余不知又归何处，并定为赵孟頫补图。今以两卷比观，则人物神情无纤毫异，而《破斧篇》高宗书与画相连，并无割裂痕，《破斧》既是马画，则不得疑孟頫补图矣。盖香光未睹全卷，因臆度失实，致为高士奇所笑。然士奇亦不止见此一斑，别据徐氏所藏《小雅》为证，犹不免旁引借鉴，未若今日相印于本来面目之快也。因命装潢，联为一卷，仍附《破斧篇》原跋于后以识延津之合……庚寅仲冬月御识。

由此可见，文物信息数据的充分占有，是利用这一画史现象解决鉴定问题之必要前提。这一趋势在近百年来以吴湖帆（1894-1968）、张珩（1915-1963）、叶恭绰（1881-1968）等为代表的近现代鉴藏家中愈盛，其例不胜枚举。研究成果有约于明中后期截去作者印记仍装还原处、痕迹犹见的王蒙《太白山图》卷（辽宁省博物馆藏）；中华人民共和国成立后入藏故宫博物院的款画分离的马愈《临缪佚山泾杂树图》卷；七百余年来本装一卷的鲜于枢《摹补高闲千字文》卷（辽宁省博物馆藏）与高闲《千字文》卷（上海博物馆藏），自清初经历了合（卞永誉）- 分（安岐）- 再合（李恩庆）- 再分（抗日战争至今）四次聚散，等等。而我所见的，诸如元释文信等《诸家楷书题静学斋》诗册（上海博物馆藏）（图 10）与苏大年《与周砥等静学斋说》卷（故宫博物院藏）原为一卷，明邹亮《诸家行书东溪书舍记》卷（上海博物馆藏）与杨翥《诸家行书东溪书舍记》卷（故宫博物院藏）原属一物。此外另如元袁泰至正二十五年（1365）《行书和韵四诗帖》页（上海博物馆藏），据此不仅可将故宫博物院藏袁泰无署年份的《行书自书再用韵四诗帖》页定于同年，且可还原二作原装一本之史实。马愈的《瑞莲诗画》卷（图 11）亦然。以上诸例作品，皆可就时间、人物、真伪等诸方面进行互考互证，从而助力相关作品鉴研问题的解决。

综上，理解与探究画史割配现象，不断还原古书画之原貌，对于当今的鉴定与研究工作，定将发挥更大的作用。

10

元 诸家楷书题静学斋诗册（局部）

上海博物馆藏

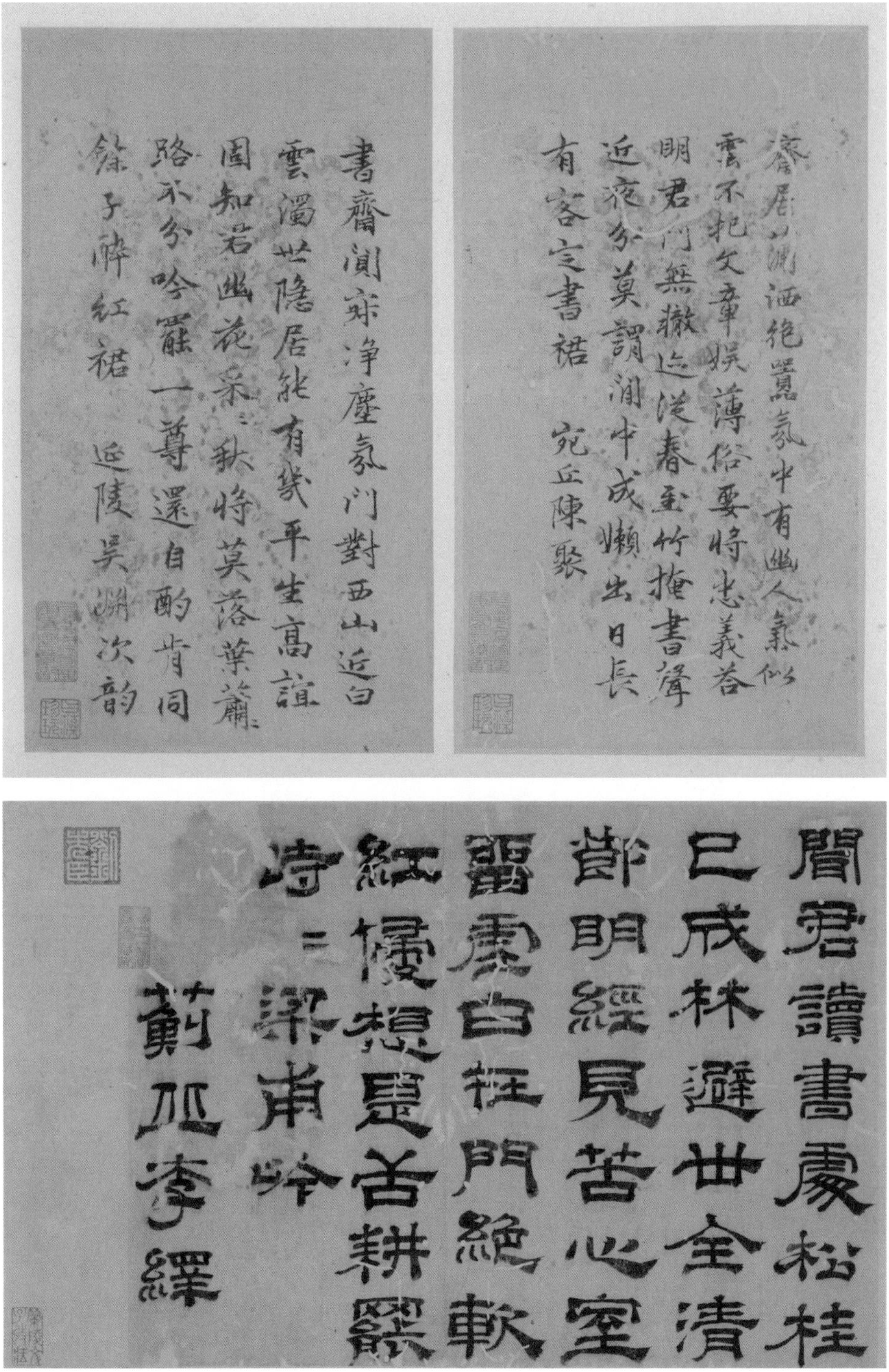

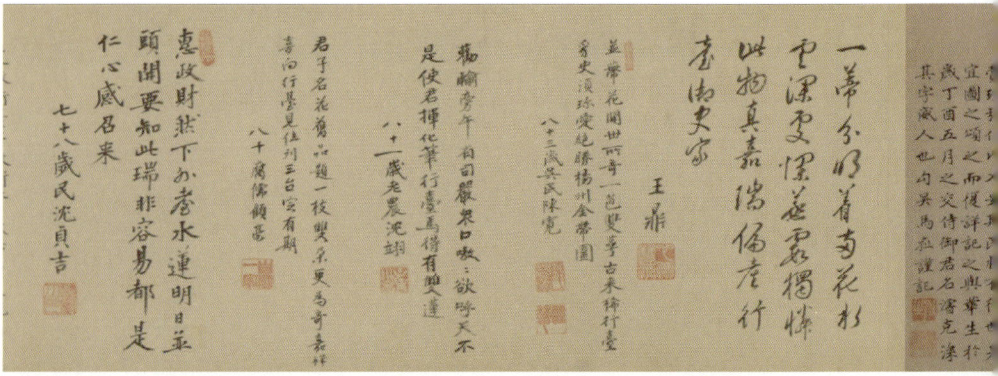

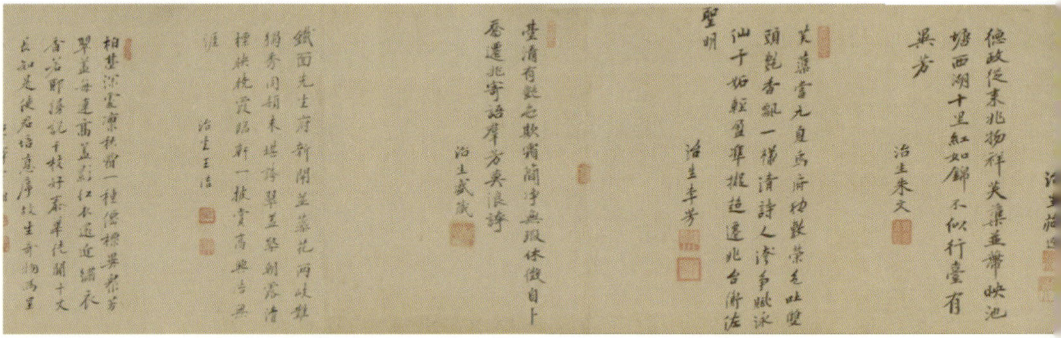

11

明 马愈 瑞莲诗画卷

上海博物馆藏

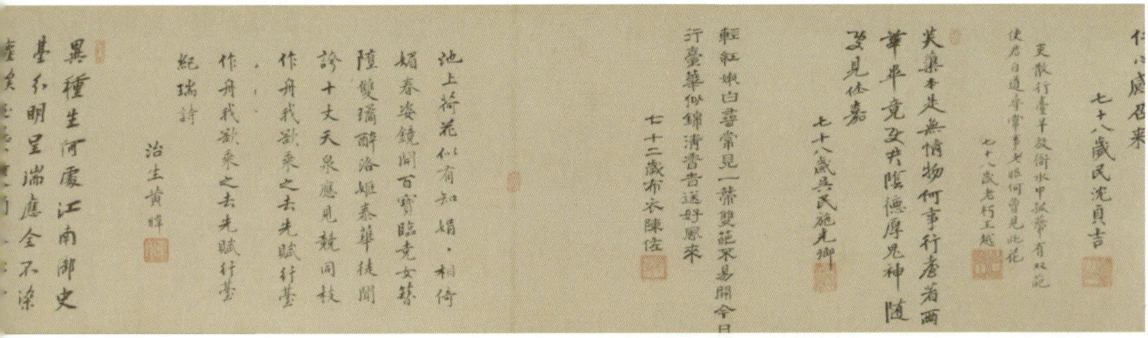

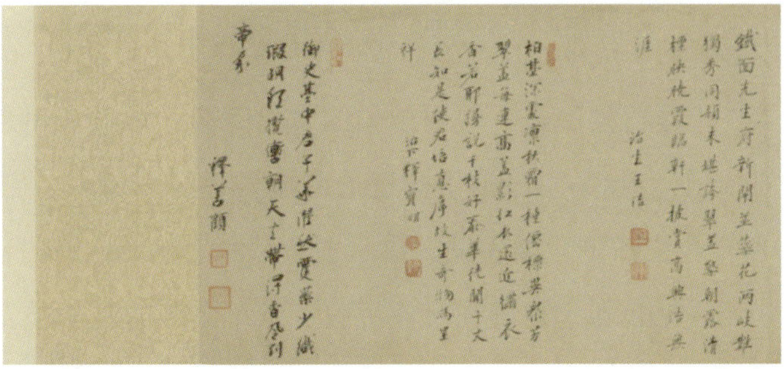

扫码收听《古代书画流传过程中的“割配”》音频内容

第八讲

彭 涛
上海博物馆陶瓷研究部副主任、研究馆员

大唐传器——“黑石号”出水宝物

“黑石号”是一艘阿拉伯的贸易商船，承载着琳琅满目的中国商品，于9世纪上半叶不幸沉没于印度尼西亚勿里洞岛海域。它是9世纪上半叶中外经济文化交流的重要实证，揭示了当时海上丝绸之路的盛况。

1998年，这艘在海底沉寂了千年之久的沉船被发现并打捞出水，轰动了世界，被誉为20世纪末最重要、年代最久远的深海考古成就之一，同时也是迄今为止在境外发现的最大规模的唐代文物宝藏。

从“黑石号”沉船打捞上来的器物种类极为丰富，堪称一个巨大的宝藏，有陶瓷器、金器、银器、铜器、铁器、钱币、玻璃器、各类香料以及各种生活用具等等。其中又以陶瓷器的数量最多，总数高达67000多件，几乎囊括了唐代南北各大名窑的代表性产品，同时，也涵盖了唐代贸易陶瓷的“四组合”，即越窑青瓷、北方白瓷、长沙窑彩瓷以及广东青瓷，这些都是唐代销往西亚地区的陶瓷器中最为常见的品种，它们共同见证了唐代海上丝绸之路繁盛时期我国瓷器远销西亚各国，并在当地港口、城市遗址相伴出土的史实。

尤为引人注目的是发现了三件完整的唐代青花瓷器，有力地证实了中国的青花瓷器起源于唐代。此外，还有高度超过 1 米的白釉绿彩长颈执壶、白釉绿彩吸杯等等，都是举世罕见的珍贵器物。另有 30 余件金银器，其工艺之精湛，艺术价值之高，可与陕西何家村唐代窖藏出土的金银器相媲美，充分展现了唐代手工艺人的卓越才华与精工细作的艺术追求。

“黑石号”沉船

从沉船残骸的整体结构和建造工艺来看，“黑石号”是一艘典型的阿拉伯缝合帆船，其设计与制作反映了当时西亚、南亚地区航海者所采用的传统船舶技术。该船长约 20 米至 22 米，宽约 7 米至 8 米，型深约为 3 米，这种尺寸的船只在当时的海域航行中占据一定的地位。值得注意的是，黑石号的建造过程中并未使用铁钉，而是采用了传统的椰绳缝合法将船壳板连接在一起，所有的船壳板之间都是平接拼合，并通过精密的绳索绑定以确保船体结构的稳定。

这样的造船技艺虽具有鲜明的地方特色和文化传承，但在现代看来，其船体相对脆弱，抗风浪能力有限，不适宜进行长时间的远距离航行或是在恶劣海况下行驶。通过对“黑石号”船体木料的科学检测与分析，并结合相关历史背景、地理环境及当地生活习惯的研究结果，现在普遍认为这艘船可能是在现今的阿曼、也门或伊朗等地区制造的。

与此形成对比的是唐代中国的造船技术，当时中国拥有众多大型且先进的造船基地，不仅能够大规模生产各类船舶，而且在造船工艺上达到了相当高的水平。中国海船广泛采用钉榫结合技术，增强了船体结构的坚固性；同时，多道水密隔舱的设计显著提高了船只的抗沉性和在大风大浪中的稳定性，使其更适合长途远洋航行。例如，在 9 世纪中期编纂的《中国印度见闻录》（又名《苏莱曼游记》）中就有记载，指出中国海船体积庞大，具备出色的抗风浪性能，能够在波斯湾水域自由航行，但由于吃水较深，无法顺利进入幼发拉底河口或是穿越阿曼附近的复杂暗礁区。因此，货物通常需要先由巴士拉、阿曼等地用小型船只运抵像希拉夫这样的港口城市，再转运到适应远洋航行的中国海船上，继续驶向更遥远的目的地。这一过程恰恰揭示了古代东西方海上贸易中不同区域船舶技术特点以及运输方式的互补与融合。

黑石号的始发港和目的地

黑石号这艘满载着大唐宝物的沉船，其始发港的确切位置一直以来都是国内外专家学者热烈讨论的话题，因其对于研究唐代海上丝绸之路贸易网络以及港口城市功能具有重要的意义。目前学术界主要形成了三种主流观点：扬州说、广州说以及室利佛逝王国（今印度尼西亚苏门答腊岛）的巨港说。

首先，扬州说的主要依据在于扬州在唐代的经济地位和交通条件。扬州作为隋唐大运河与长江交汇的重要节点，拥有优越的地理位置，是当时南北物资流通的重要集散地，并且吸引了大量的波斯、阿拉伯商人在此集聚。其金银器、铜镜制造业发达，同时考古发掘成果显示，黑石号上所载的所有陶瓷品种，在扬州都有出土记录，尤其是包括罕见的唐青花、白釉绿彩瓷器等珍贵品种。此外，尽管文献中未明确记载扬州设有市舶使机构，但鉴于淮南节度使辖下的扬州同样具备管理对外贸易的能力和实际需求，外商完全有可能在扬州完成货物的集结，一次性采购到全国各地的优质商品，并由此起锚出海。

其次，广州说的支持者则强调了广州在唐代海上丝绸之路中的关键作用。广州自古以来便是我国南方重要的对外门户和出海港口，是通往南海诸国的必经之地。贾耽的《皇华四达记》中记载的“广州通海夷道”进一步证明了其与东南亚及更远地区紧密的贸易联系。同时，唐代在广州设立了唯一的市舶使机构，对来往商船进行管理和征税，表明了广州在官方层面已具备完善的境外贸易管理体系。而且广州也是当时大唐境内波斯和阿拉伯商人的最大规模聚居地。黑石号上的部分货物组合如广东产的铅锭和香料八角，以及装载方式——用广东生产的青瓷罐装载这些货物，长沙窑的小碗也是整齐地被码放在这些青釉大罐里等现象，也似乎暗示着广州可能是装载货物的一个重要环节。

再者，巨港说则从当时的海上贸易模式和转口贸易的特点出发进行分析。室利佛逝王国的首都巨港作为东南亚地区的重要贸易集散地，在当时的海上贸易体系中扮演了重要角色。由于远洋航行受信风限制以及往返时间过长等因素，往返于中国和中东地区的船只往往会选择在此中转，进行货物交换。大部分船只采取接力式或转口贸易的方式进行货物交换。这意味着商船不必直航到达中国的各个港口，而是可以在巨港这样的区域性贸易中心集中购买来自中国的各种商品。印尼各地出土的唐代各窑口瓷器也佐证了这一观点，显示出巨港作为转口港的可能性。

综合考量各类证据，尽管各有合理之处，我倾向于认为“黑石号”的始发港最有可能是扬州。因为扬州不仅能够提供齐全的货品种类，满足外国商人一站式购齐的需求，而且扬州本身就有接纳并整合全国各类产品的深厚基础。广州和巨港虽也在贸易网络中占据重要位置，但相较于扬州，在当地未能发掘出与“黑石号”货物高度吻合的大量标本，这成为它们作为始发港的最大疑点。因此，从现有考古发现和历史背景分析，黑石号从扬州装载货物出海的可能性最大。

相较于始发港的众说纷纭，黑石号的目的地还是相对明确的。这艘阿拉伯商船满载着精美的中国瓷器及其他商品，其最终目的地就是中东地区的某个国家。尽管确切的目的地有待进一步研究，但通过对比分析 9 世纪中东地区的考古发现、遗物记录以及对中国陶瓷器与西亚陶器的相关研究，可以大致锁定几个关键区域，即波斯帝国（今伊朗）及大食帝国（即阿巴斯王朝时期的阿拉伯帝国）所控制的核心地带。而黑石号最有可能抵达的港口是伊朗的希拉夫港

(Siraf)，该港口在那个时代是连接东西方的重要枢纽，大量中国商品经过此地转运至其他中东市场。另外，也有学者指出“黑石号”可能经过了包括希拉夫港在内的多个重要港口，如阿巴斯王朝时期的另一个重要港口——巴士拉(Basra)，它是前往巴格达和萨马拉（Samarra）等城市的必经之地。巴格达是当时的阿巴斯哈里发首都，经济文化繁荣，对中国瓷器有着很大的需求；而萨马拉作为哈里发的夏都，同样见证了丝绸之路带来的文化交流和商品流通。因此,“黑石号”的终点站可能是中东地区的多个重要城市,而非单一的一个点，它的航线充分体现了古代海上丝绸之路复杂而广泛的网络体系。

黑石号沉没的年代

对古代沉船的研究，确定其沉没的具体年代是一项至关重要的工作，而这通常需要依赖于沉船上发现的各类物品,尤其是那些带有明确纪年信息的文物。对于“黑石号”沉船来说，虽然在其出水文物中发现了 9 枚“乾元通宝”铜钱以及一面铸有“唐乾元元年（758）戊戌十一月廿九日于扬州扬子江心百炼造成”文字的“江心镜”，但这两种物品都没有成为直接断定“黑石号”具体沉没年代的关键证据。

在对“黑石号”的出水文物进行深入探究的过程中，一件看似平凡却蕴藏关键线索的长沙窑瓷碗（图 1）引起了学者们的高度重视。这件瓷碗外壁上铭刻着“宝历二年七月十六日”的字样，这一明确纪年为判断“黑石号”的沉没年代提供了极其精确的时间坐标。宝历二年为公元 826 年,我们可以确信,“黑石号”的沉没时间不会早于这个时间节点。同时，鉴于该瓷碗与船上其他五万余件长沙窑瓷器在制作工艺、装饰风格及时代特征上的高度一致性，我们可以推断，这批陶瓷器基本是公元 826 年前后不久生产出来的产品。

长沙窑作为一个以对外贸易为主的民间商业性窑场，其产品的生产周期往往较短，从生产到流通至境外市场的整个过程一般较为迅速。因此，黑石号上

1

唐 长沙窑青釉褐绿彩『宝历二年』铭花草纹碗
新加坡亚洲文明博物馆藏

装载的大量长沙窑瓷器不仅在时间上与“宝历二年”铭记的瓷碗相吻合，而且在工艺技术和装饰艺术方面展现出同一时期的鲜明特色。这进一步证实了这批瓷器极有可能是在相近时间段内批量烧制并快速运往境外销售的，从而间接佐证了黑石号的沉没时间大约在公元 826 年或稍晚一些。

黑石号出水陶瓷器

在“黑石号”出水的器物中，来自中国的陶瓷器占据了压倒性的多数，展现了唐代陶瓷制品在中国对外贸易中的核心地位和主导作用，有力地证明了当时陶瓷已成为中国对外贸易的主流商品。这些陶瓷器不仅体现了当时中国制瓷工艺的高度发达，也见证了海上丝绸之路作为东西方经济文化交流重要通道的繁荣景象。

沉船出水陶瓷器中，以长沙窑产品最多，达到了 57500 余件，其中五万余件是各式各样的碗，这一惊人数字充分揭示了长沙窑产品在国际市场的广泛流通与受欢迎程度。此外，广东地区生产的青瓷亦占据一定比例，约有 700 件，其中质量上乘的为梅县水车窑的产品。其他还有浙江越窑青瓷 200 多件，河北邢窑白瓷 300 多件，河南巩义窑产品 200 多件，其中包括极为罕见且具有极高历史价值的三件完整的唐代青花瓷盘，它们的发现为研究中国古代青花瓷的起源提供了宝贵的实物证据。值得一提的是，近 200 件绿釉及白釉绿彩瓷器同样令人瞩目，它们通过独特的釉色搭配和装饰艺术展现了唐代陶瓷工艺的多样性和创新性。

越窑青瓷、北方白瓷、长沙窑彩瓷以及广东青瓷，是唐代销往西亚地区的陶瓷器中最为常见的品种，被称为贸易陶瓷“四组合”，这一组合在“黑石号”沉船所出水的陶瓷器中得以全面呈现，生动再现了唐代海上丝绸之路沿线国家和地区对于中国瓷器的热烈需求与广泛接纳。实际上，在那些港口以及城市遗址的考古发掘中，经常能发现这四种瓷器相伴出土，从而进一步印证了“黑石号”沉船的货物构成与当时国际贸易格局的高度吻合。

长沙窑

长沙窑是唐五代时期一处重要的瓷窑，窑址位于湖南长沙市望城区铜官镇至石渚湖一带，过去也称之为铜官窑或瓦渣坪窑。长沙窑兴起于 8 世纪中后期，10 世纪后逐渐衰落。生产时间长，规模庞大。其产品的釉色品种众多，以青釉瓷器为最大宗产品，其他还有酱釉（褐色釉）、白釉、绿釉、蓝釉、红釉等品种。值得一提的是，从目前掌握的资料来看，长沙窑是我国最早烧造高温铜红釉的窑场，因其对烧成气氛、烧成温度范围、冷却速率等均有严格的控制要求，所以烧制难度极高。长沙窑瓷器的器形丰富，除了最多的碗、盘、壶以外，还有罐、葫芦瓶、水盂、油盒、油灯、熏炉、碟、盘、渣斗、瓷塑动物等产品。长沙窑是一处以外销为主的商业性瓷窑，除了产品大量行销境外以外，装饰纹样中也含有大量异域文化的元素。

长沙窑在中国陶瓷史上的突出贡献在于开创了彩绘瓷器的新时代，它是第一个以生产彩绘瓷器为主的瓷窑，彩绘瓷器所占比例几乎达到了一半或更多。长沙窑装饰技法丰富多彩，不仅将绘画艺术用于瓷器装饰，还将文学、书法艺术融入其中。产品纹样之丰富、题材之广泛，在唐代南北各大瓷窑中可谓首屈一指。

“黑石号”出水的中国陶瓷中长沙窑产品有 57500 多件，碗类制品占绝大多数，超过五万件。这些碗基本上只有大小两种规格，大碗高 7 厘米、口径 20 厘米左右；小碗高 5 厘米、口径 15 厘米左右。制作和装饰风格也基本相同，碗的下腹部及圈足不施釉，口沿内外以四块对称的褐斑来装饰，碗心以褐彩、绿彩、红彩绘各种纹饰。碗内彩绘纹饰丰富，最多见的是山水纹、云气纹、植物纹、动物纹等，也有少量书写诗文或题记的器物。壶的数量仅次于碗，以模印贴花壶最多。此外，还有罐、葫芦瓶、水盂、油盒、油灯、熏炉、碟、盘、渣斗、瓷塑动物等产品。

“黑石号”出土的长沙窑彩绘瓷碗中，描绘各式鸟类形象的作品非常多，具有很高的艺术水准。在众多飞鸟形象中，以自然界中的雀、鸿雁、水鸟、鸽子为常见，画工善于捕捉飞鸟瞬间的动作姿态，或奔跑，或伫立，或振羽，或飞翔，或觅食，姿态各异，形象生动自然。同时对飞鸟各部位的描绘也非常准确，有时也采用夸张的描绘手法，表现飞鸟的憨态可掬和运动的力量感（图 2）。

2

唐 长沙窑青釉褐绿彩飞鸟纹

新加坡亚洲文明博物馆藏

以诗文作为瓷器的装饰纹样，也是长沙窑瓷器的一大特色（图 3）。现今发现的长沙窑瓷器上的诗文约有 100 首，其中绝大多数为五言绝句，而六言诗和七言诗则非常少见。这大概是由于五言绝句体式轻巧，节奏明快，不求对仗，更贴近市井乡土，也更易为平民百姓所接受。长沙窑瓷器上的诗文绝大多数未见《全唐诗》记载。据统计，能在《全唐诗》中查到确切作者或基本相同内容的只有 10 首，涉及到韦承庆、高适、贾岛、白居易等诗人的作品，其他 90 余首诗文均没有署题，也没有作者姓氏，这些诗可能属于流行在市井里巷的歌谣与民歌，也可能是唐代长沙窑窑工的原创作品。

题记是指诗文以外的题句和题字，包括先贤语录、谚语、格言、俗语、吉祥语、广告语、工匠名、器自铭、用途铭、年款等等。此类作品在“黑石号”沉船出土的长沙窑瓷器中也有少量发现（图 4）。

在“黑石号”出土的瓷碗中，有一件因其碗心以褐绿彩绘胡人头像而显得较为特殊（图 5）。一头浓密的卷发盖住前额，深目、鼻梁高且直，大耳，脸的轮廓方正，似留有胡须。长沙窑瓷器中绘人物图案的作品极为少见，只有寥寥几件，其中的完整器就更为稀少。题材有童子持莲、竹林七贤、江中垂钓、杂耍图等。需要指出的是，在这寥寥几件人物图案中，竟然有三件作品是描绘异域人物形象的。除了本器之外，还有一件绘异域仕女头像，卷发高鼻；另一件绘异国情侣图，男人为典型的西方人形象，而女子则为唐朝仕女。

3

唐 长沙窑青釉褐彩诗文碗

新加坡亚洲文明博物馆藏

4

唐 长沙窑青釉褐绿彩『茶盏子』铭碗

新加坡亚洲文明博物馆藏

5

唐 长沙窑青釉褐绿彩胡人头像纹碗
新加坡亚洲文明博物馆藏

“黑石号”沉船出土长沙窑瓷器中，壶的数量仅次于碗，约有 700 余件，以青釉褐斑模印贴花壶最多（图 6）。模印贴花多装饰在流和双系的下部，题材较多，有人物、动物、植物等，很多纹饰都具有浓郁的域外文化因素。有的还在纹饰间印上作坊主的姓氏。人物多为胡人形象，或吹奏，或舞蹈，或手持兵器；动物多为狮纹；植物最多见的是椰枣纹。

6

唐 长沙窑青釉褐斑模印贴花双系壶
新加坡亚洲文明博物馆藏

越窑

越窑是中国古代烧瓷历史最悠久的窑场之一，东汉烧制的青瓷，是中国制瓷技术全面成熟的标志。此后，经三国、两晋、南朝的发展，到唐代已达到了相当高的烧造水平，造型丰富俊秀，釉质薄匀滋润。晚唐五代至北宋时期是其全盛期，朝廷先后在浙江慈溪上林湖等地设立“贡窑”和“置官监窑”，所烧“秘色瓷”成为宫廷用瓷。北宋晚期至南宋时期随着龙泉窑等青瓷窑场的兴起而渐趋衰退。早期越窑的主要产地在上虞一带，唐代开始，慈溪、鄞县、绍兴等地成为越窑瓷器的主要产地。

自唐代开始，越窑所产青瓷器不仅行销全国，还大量销往境外。“黑石号”沉船就出水了200余件越窑青瓷，绝对数量虽不是很多，但器形却很丰富，有海棠式碗、海棠式杯、莲花式碗、花口碗、深腹碗、玉璧底碗、香薰、大型唾壶、刻花倭角方盘、执壶、双鱼壶、盖盒等等。

就“黑石号”沉船出水情况来看，海棠式碗（图7）有大小两种，小者口径长仅十余厘米，大者可达三十余厘米。此式器物亦称“多曲长杯”。据考证，其或是李白诗“葡萄酒，金叵罗”中的“叵罗”。该词汇属波斯语中“碗”的音译，暗示了此类器形受外来文化因素的影响。从考古学的分析来看，我国多曲长杯的出现不晚于公元4世纪，受到萨珊及粟特等地的影响，流行于唐代，早期多十二曲与八曲，后期还可见四曲。材质多见金银器，亦有铜、玉、水晶、瓷等。多曲杯以瓷器形态出现可能要晚至9世纪，不少窑口均有生产，如北方的邢窑、定窑，南方的长沙窑、越窑等。在越窑上林湖窑址的发掘中出土了两类四曲长杯，一类为素面，与“黑石号”的出水品相似；另一类则于内壁刻划花纹装饰。

刻花倭角方盘的设计可能受到了金银器的启发，沉船中就有同样造型的金盘。倭角方盘在其他窑口中也有生产，如西安大德和尚墓出土有一件茶叶末釉方盘，该墓纪年为大和四年（830）。扬州城遗址亦出土有白釉方盘，在洛阳城白居易故居遗址中还出土有白釉绿彩的方盘（图8、9）。

双鱼壶这种器形在唐代较为常见，不少窑口均有生产。1983年广东梅县

7

唐 越窑青釉海棠式碗
新加坡亚洲文明博物馆藏

8

唐 越窑青釉刻划荷叶纹方盘
新加坡亚洲文明博物馆藏

9

唐 『卍』字花卉纹金方盘
新加坡亚洲文明博物馆藏

墓葬出土了一件唐代水车窑的青釉双鱼壶（图 10），但其肩部多有一流。另外见有长沙窑的酱釉双鱼壶，邢窑的白釉双鱼壶，还有不少三彩的双鱼壶，如山东青州出土过一件并带有盖子，扬州唐城遗址也出土过三彩双鱼壶。双鱼壶可能是作为酒器使用的，白居易诗中就有“何如家酝双鱼榼，雪夜花时长在前”的描写。

穿带壶在晚唐至五代时期颇为流行，仅“黑石号”上就见有青釉（图 11）、白釉及白釉绿彩三种。1985 年河南省三门峡市张弘庆墓出土了一件与本品相似的越窑穿带壶，不过其腹部刻花纹样略有区别，整体腹部显得更加饱满。需要指出的是，其器盖完好，呈伞状，盖面有印花装饰，特征与“黑石号”出水的器盖基本一致。

10
唐 越窑青釉双鱼穿带壶
新加坡亚洲文明博物馆藏

11
唐 越窑青釉刻划荷花纹穿带壶
新加坡亚洲文明博物馆藏

邢窑

邢窑是中国北方著名窑场，创烧于北朝时期，鼎盛于隋唐，五代以后衰落，烧造区域位于河北内丘、临城一带。邢窑白瓷与南方著名的越窑青瓷相提并论，形成了唐代“南青北白”的瓷业格局。

邢窑白瓷堪称唐代白瓷的杰出代表，造型规正、器体轻薄、胎质细白、釉色莹润，受到文人阶层的广泛好评，唐代陆羽在《茶经》中称赞邢窑白瓷“类雪”“类银”。西安唐大明宫遗址中出土有带“盈”字和“翰林”款的邢窑白瓷，说明当时已作为贡物进入到唐代宫廷生活。在海上丝绸之路沿线国家的港口、城市遗址也发现了不少邢窑生产的瓷器。“黑石号”出水的中国陶瓷中邢窑白瓷有 300 多件，器形有碗、花口碗、杯、把杯、花口盏托、执壶、罐等等。数量和器形虽然不是很丰富，但其产品的质量却是极为精湛，属于唐代贸易瓷器中的高档产品。

盏托亦称“茶船”，亦称为“茶托”，六朝时已经出现。花口盏托的造型仿自金银器，多见四曲、五曲。尽管唐代邢窑模印工艺极为成熟，但“黑石号”出水的这几件盏托上的棱线却非模印而成，而是先切出花口，在胎体对应处贴以泥条，再以刀具修利而成，因此正面棱线尖锐，背面并无压棱，其中一件盏托尚可见贴塑痕迹，做工极为精细（图 12）。此类花口盏托，当时在国内亦使用颇多，洛阳白居易宅即出土与此相似的盏托。

把杯的造型除了白釉款（图 13）外，也会仿金银器，同船的出水品中有一件金质的八棱把杯（图 14），与何家村出土金银器中的团花纹把杯形制接近。

对高等级金银器的模仿，是唐代瓷器制作工艺与艺术风格中一个极其显著的特点。在大唐盛世，金银器皿因其材质贵重、工艺繁复以及装饰华美而深受皇室贵族喜爱，它们不仅是社会地位的象征，也是当时艺术审美和工艺技术的巅峰体现。制瓷工匠们开始尝试将金银器物上所体现的高贵气质、精致造型以及繁复精细的装饰手法移植到瓷器生产中，再现了金银器的立体感、光泽效果以及细腻图案，使得瓷器在保持实用功能的同时，也具备了极高的观赏性和艺

12

唐 邢窑白釉花口盏托
新加坡亚洲文明博物馆藏

13

唐 邢窑白釉把杯
新加坡亚洲文明博物馆藏

14

唐 人物纹八棱金杯
新加坡亚洲文明博物馆藏

术价值。因此，在评价唐代瓷器时，“对高等级金银器的模仿”不仅仅是指在外观上的直观反映，更是指深层次的文化融合和技术革新，这一特点充分展示了唐代手工业者卓越的艺术创造力和对时代风貌的捕捉能力，为中国古代陶瓷艺术增添了浓墨重彩的一笔。

巩义窑

巩义窑是我国北方重要的陶瓷窑场，创烧于北朝时期，唐代为鼎盛期。主要烧造区域在大小黄冶和白河村一带，是唐三彩主要产地之一，品种丰富，质量精美，釉彩艳丽。此外，巩义窑也是北方地区烧造白瓷的重要窑场，所烧白瓷也曾作为贡品进奉朝廷。巩义窑还烧造青釉、黑釉、黄釉、绿釉、绞胎、绿彩、蓝彩等多种陶瓷品种。尤其重要的是，巩义窑已被确认为唐青花的生产地，在黄冶和白河窑址均发现了唐青花的瓷片。

“黑石号”出水的中国陶瓷中，有200多件巩义窑的产品，最为罕见且极具研究价值的是三件保存完整的唐青花瓷盘。这些瓷盘以钴蓝作为装饰元素，展现出独特的艺术魅力和工艺水平(图15)。胎体坚实致密，表明烧制温度较高，超越了一般白釉蓝彩瓷器的标准，通常称为“唐青花”。尽管学术界对于这些唐青花瓷盘采用的具体制作工艺——究竟是先绘制图案再施釉形成釉下彩，还是在已施釉的胎体上直接绘画并经高温烧造成为釉中彩，尚存在不同的观点和讨论，但可以肯定其工艺与元代的成熟青花瓷略有不同。

值得注意的是，早前扬州唐城、三元路北基建工地、文化宫及邮电大楼等唐代遗址出土的大量与“黑石号”唐青花相似的残片，印证了扬州港在唐代是重要的对外贸易港口，这些精美的瓷器都是通过扬州这个交通枢纽远销境外的。此外，考古学家在河南巩义的黄冶、白河窑址的发掘中找到了与“黑石号”出水唐青花瓷风格一致的瓷片，进一步证实了这些青花瓷的确切产地就是在今天的河南省巩义市。在国内其他地区，虽然也有零星发现唐青花瓷器的痕迹，但无论是数量还是完整度，都无法与“黑石号”沉船以及扬州的出土物相提并论，

15

唐 巩义窑青花花卉纹盘

新加坡亚洲文明博物馆藏

这更加凸显了“黑石号”沉船出水唐青花瓷器的稀有性和历史研究意义。

广东窑场

唐代广东地区是中国南方青瓷生产的重要基地，其窑场分布广泛，涵盖粤东、粤中和粤西多个区域。在这些区域内，不同窑口各具特色，为唐代陶瓷业的发展作出了显著贡献。其中，梅县水车窑是其中的佼佼者，潮州北堤头窑、新会官冲窑、佛山奇石窑以及高明大岗山窑等都是广东青瓷产业中的重要代表，它们共同塑造了广东青瓷的独特风格。

“黑石号”沉船的发现，进一步证实了唐代广东陶瓷产品在国际海洋贸易中的活跃程度。这艘沉船出水的700多件产自广东地区的青瓷，尽管大部分由于缺乏明确标识或特征难以准确判定其具体的生产窑口，但其中一类质量上乘、釉色青翠明亮的器物，基本可以确认是梅县水车窑的产品（图16）。

值得注意的是，广东窑场生产的大型罐类器物，在当时主要作为实用容器

16

唐 梅县水车窑青釉双系壶
新加坡亚洲文明博物馆藏

使用，如储存粮食、酒水或其他商品。从“黑石号”出水现场的照片资料可以看到，一些大罐内部整齐地码放着长沙窑生产的碗（图 17）；而较小尺寸的罐内则装有铅锭、香料等各种贸易货物。

整体而言，“黑石号”的考古发掘成果为我们提供了珍贵的一手实物证据，揭示了唐代广东窑业与国内外市场的紧密联系，及其在促进东西方文化交流与物质传播中所扮演的关键角色。

近年来，在河南巩义黄冶窑址的考古发掘中，又发现了两件绿釉陶吸杯的残件，尽管其中的动物贴塑已脱落，但从遗留痕迹判断，原本亦应有生动的动物装饰。这两件窑址出土的吸杯与“黑石号”出水的吸杯在制作工艺和装饰手法上有着极高的相似度。

唐代文人将此类吸杯称为“碧筒杯”，段成式《酉阳杂俎》载：“取大莲叶置砚格上，盛酒三升，以簪刺叶，令与柄通，屈茎上轮菌如象鼻，传吸之，名为碧筒杯。历下学之，言酒味杂莲气，香冷胜于水。”唐代诗歌中也有对利用天然荷叶制成吸杯进行实际使用的描绘，戴叔伦在其诗作《南野》中便写下了“茶烹松火红，酒吸荷杯绿”的诗句，生动展现了当时社会对这种特殊饮酒器具的青睐及其使用情境。

除了吸杯以外，还有一件白釉绿彩贴塑龙纹花口碗（图 19）也颇为引人注目。四瓣花口，腹部弧线优美，碗心部位装饰有模印而成的立体浮雕团龙纹样，龙纹形态矫健有力，周围衬以珍珠地纹饰。整体覆盖着淡雅的绿色釉彩，其中碗心釉层汇聚处色泽更浓郁，釉面呈现出强烈的玻璃质感，并带有细腻的开片纹理。同类型的碗也在江苏扬州三元路唐代遗址中有过出土（图 20）。此外，伊朗萨法尔王朝旧都尼什布尔（Nishapur）遗址也曾发掘出白釉绿彩且具有贴塑龙纹碗的残片，其模印的图案设计与上述实例如出一辙。

晚唐至五代时期，各类釉陶和瓷器制品开始大规模模仿金银器皿的造型特征，这一趋势体现在南北各窑口的产品中，它们不仅在器型上竭力仿效金银器的样式，而且在装饰艺术方面也追求实现类似的视觉效果。如这件瓷碗中心所采用的模印贴花凸起技术，就是对金银器锤揲工艺制作出的立体感的成功模拟。碗心的团龙纹饰是唐代极具代表性的装饰主题，广泛应用于当时的铜镜及金银器物之上。例如陕西西安何家村金银器窖藏中有一件錾刻龙凤纹银碗上的团龙图案，无论从尺寸比例、构图布局还是装饰手法上看，都与这件贴塑龙纹碗有着较高的相似性。

综上所述，“黑石号”沉船出水的大量陶瓷器，犹如一部深藏海底的历史

19

唐 白釉绿彩贴塑龙纹花口碗
新加坡亚洲文明博物馆藏

20

唐 绿釉模印堆塑龙纹碗
扬州博物馆藏

宝典，为我们揭示了唐代陶瓷制造技术与社会文化的生动画卷。通过对这批珍贵遗物的研究，不仅能够深入了解唐代各大窑场如长沙窑、越窑、邢窑、巩义窑等在生产品种上的多元性与创新性，它们所采用的不同装饰技法和烧造工艺，诸如釉下彩绘、印花、贴花、刻划、堆塑等手法，展现了当时工匠们高超的艺术创造力和卓越的技艺水平。这些研究成果无疑为重构和完善唐代陶瓷史的整体面貌提供了丰富的实物证据和理论支持。

另一方面，从“黑石号”出水的陶瓷器物的造型设计及其装饰纹样中，我们可以捕捉到唐代社会生活诸多方面的鲜活信息。例如，日常生活器具的种类和功能反映了当时的生活习惯和生活方式；而陶瓷上表现出来的动植物图案、人物、诗文、警句等，则体现了当时人们对自然的认知、对生活的期待以及伦理道德观念。此外，不同地区窑口产品的交融也揭示了唐代商贸繁荣、文化交流频繁的特点，以及社会审美取向的变化与发展。

通过对“黑石号”出水陶瓷器的深入研究，我们不仅可以细致探究其工艺技术和艺术表现形式，更能在微观层面上洞悉唐代社会的文化生态、价值观念、精神追求等诸多层面的内容，从而更加立体地还原那个时代的社会生活面貌，挖掘出其中蕴含的深厚文化内涵，为现代人理解和传承中华优秀传统文化提供重要的参考依据。

扫码收听《大唐传器——“黑石号”出水宝物》音频内容

第十讲

周 祥
上海博物馆研究馆员、
国家文物鉴定委员会委员

江间波浪兼天涌
——谈谈西汉货币的发展

钱不是万能的，但没有钱却是万万不能的，因为在以商品经济为主导的社会生活中，“钱”这个东西是始终无法绕开的一个话题。中国文明上下五千年，从货币的产生与发展的历程可以触探历史的脉动。

货币，是商品经济发展到一定历史阶段的产物。从目前发现的青铜器《亢鼎》和《三年卫盉》铭文来看，大致从西周早中期开始，中国已经进入了一个由简单的物物交换到使用一般等价物进行商品交换的崭新阶段。《亢鼎》和《三年卫盉》铭文表明，当时充当商品交换一般等价物的是天然贝（即海贝）。

一件商品之所以能够成为货币，除了其要具有一般等价物的职能外，还得具有货币的另一个重要条件，即具有流通手段。目前，我们从青铜器铭文中还无法证明天然贝在商品流通领域中具有流通手段的职能。所以，从严格意义上来说，天然贝还不是货币。

大致在西周晚期开始，随着社会剧变、商人阶层和商品交易市场（当时已经有官方指定的市场与管理）的出现，中国产生真正意义上货币（即铸币）的条件日趋成熟。根据目前掌握的考古资料，我们可以判断出春秋时期的王畿之地首先出现了中国最早的青铜铸币：平肩弧足空首布。所以，我们说中国是世界上最早使用货币的国家之一。

战国时期，“战国七雄”中的各诸侯国大多从战国中期开始铸造各自的货币，并逐渐形成了布币、刀币、圜钱和楚国货币四大体系。公元前221年，秦始皇统一六国，推行以方孔圆形的半两钱为主导的货币体系，为后来的货币发展奠定了基础。

在这里，主要谈谈西汉时期的钱币发展。

西汉铜钱的铸行

秦始皇于公元前221年统一中国。秦代只传了一代。到秦二世的时候，爆发了陈胜、吴广农民起义。之后，发生了“楚汉之争”。刘邦在打败了项羽之后，建立了汉政权。汉高祖刘邦建立汉政权之后，碰到了一个很大的问题，即社会经济凋敝，《史记·平准书》和《汉书·食货志》中都有比较相同的记载：

> 汉兴，接秦之敝，丈夫从军旅，老弱转粮饷，作业剧而财匮，自天子不能具钧驷，而将相或乘牛车，齐民无藏盖。于是为秦钱重难用，更令民铸钱，一黄金一斤，约法省禁。

汉初一开始继续使用秦代半两钱，但这对于一个经济凋敝的社会来说，由于连年战争等因素，致使社会铜钱投放量和流通量严重不足，秦代半两钱虽然“然各随时而轻重无常”（《汉书·食货志》），但购买力一直居高不下。怎么办呢？刘邦就想出了一个办法，取消秦代确立的货币铸造权由中央所有的制度，让老百姓自己铸钱，实行“令民铸钱”的政策。然后，规定一块黄金的重量为一斤。

西汉的一斤相当于今天的250克左右，也有人说是248克，也有人说是251克。由此可以知道汉代的一两大概是在15.6克左右，一铢是0.65克左右。

汉初既然实行“令民铸钱”的政策，政府只要求老百姓铸造的半两钱上面有“半两”两个字就可以了，钱币的具体大小、重量一概不管，导致当时铸的钱币越铸越小，秦代铸造的半两钱则全部被毁掉重铸。汉初这种方孔四周的钱身窄如榆树叶子的半两钱，被称为榆荚半两（图1）。这种钱非常轻薄，有的甚至比白衬衫上的一粒纽扣还要小。

由于汉初采取无为而治的“令民铸钱”政策，符合当时社会经济发展的需求，所以，到了高后的时候，社会经济开始慢慢地得到了恢复。《汉书·食货志》：

孝惠、高后时，为天下初定，复驰商贾之律。孝惠、高后之间，衣食滋殖。

随着社会经济的向好发展，高后二年（前186年），开始推行八铢钱。如果说按照汉代一铢重0.65克来算的话，一枚八铢半两钱的重量应该在5克左右（图2）。但由于货币铸造权没有收归中央，结果造成了政府和百姓各行其道的现象，中央政府推行八铢钱，老百姓则继续铸行榆荚半两钱，最后劣币驱逐良币，市场上流通的仍旧是这种很轻薄的榆荚半两。

我们都知道汉代有个“文景之治”。之所以会出现“文景之治”，是与一个

1

榆荚半两
上海博物馆藏

2

八铢半两
上海博物馆藏

良好的经济环境相关联的。一个良好的经济环境与一个相对稳定的货币铸行是密不可分的。《汉书·食货志》记载道：

孝文五年，为钱益多而轻，乃更铸四铢钱，其文为“半两”。除盗铸钱令，使民放铸。

《史记·平准书》有着相同的记载。汉文帝五年（前175年）规定半两钱要重四铢，钱币的名称仍旧叫“半两”，即“四铢半两”（图3）。一铢为0.65克，四铢的重量就在2.6克左右。由于“使民放铸”，汉代建立以来一直实行“令民铸钱”政策，政府的一纸条令对百姓并不具有很大的约束力，出现了“今半两钱法重四铢，而奸或盗摩钱里取鋊，钱益轻薄而物贵，则远方用币烦费不省”（《史记·平准书》）的情况。针对这种情况，官方铸造“法钱”（类似于今天的砝码）（图4），官府收缴四铢半两钱时以一百枚法钱的重量为单位，轻于一百枚法钱重量的，要追加若干钱币。当时规定法钱一百枚的重量“当重一斤十六铢”，即相当于260.4克。通过这样的方式，汉代文景之时维系了四铢半两钱的相对稳定。我们现在看见的四铢半两钱有两种，一种是有外郭的，另一种是没有外郭的。有外郭的一种，有人认为是汉武帝时候再次推行四铢半两钱的时候铸造的。

因为任民铸钱，不管是谁，只要有铜，就可以铸钱。这个政策，不仅使大夫级别的邓通通过铸钱而富甲一方，而且使吴王刘濞因为有铜矿，自己铸钱，

3

四铢半两
上海博物馆藏

4

四铢『法钱』
上海博物馆藏

富足一方，形成势力。“吴有豫章郡铜山，即招致天下亡命者盗铸钱，东煮海水为盐，以故无赋，国用饶足。”（《汉书·荆燕吴传》）因为财富的聚集，刘濞便诈病不朝，无视皇帝。当汉景帝听取晁错的建议进行削藩的时候，吴王刘濞便起了叛乱之心。所谓的“七国之乱”，就是以吴王为首的七国之乱。《史记·平准书》曰：

故吴，诸侯也，以即山铸钱，富埒天子，其后卒以叛逆。邓通，大夫也，以铸钱财过王者，故吴、邓氏钱布天下，而铸钱之禁生焉。

由于货币铸造权一直为民间所有，汉代在推行四铢半两时采取了相应的措施，但依然挡不住钱币减重现象的发生。建元元年（前140年）汉武帝推行三铢钱（图5），“令县官销半两钱，更铸三铢钱，重如其文”（《汉书·食货志》），以减重的方式对钱币重量进行了一次重新规定，但收效不大。于是，建元五年（前136年），只好废除三铢钱，重新推行四铢半两，但“自孝文更造四铢钱，至是岁四十余年，从建元以来，用少，县官往往即多铜山而铸钱，民亦间盗铸钱，不可胜数。钱益多而轻，物益少而贵。”（《史记·平准书》）

有司言三铢钱轻，轻钱易作奸诈，乃更请郡国五铢钱，周郭其质，令不可得摩取鋊。（《汉书·食货志》）

（元狩五年，前118年）罢半两钱，行五铢钱。（《汉书·武帝纪》）

从汉初到元狩五年（前118年），为了发展经济，为了稳定货币，汉政权在不同时期采取了不同的措施，但这些措施因为始终没有改变“令民铸钱”的

5

三铢
上海博物馆藏

政策而收效甚微。公元前 118 年汉武帝开始“更请郡国五铢钱”，意思就是开始推行由地方郡国铸造的五铢钱，意味着将货币铸造权收归到地方郡国一级，民间开始不再有铸造货币的权利了。郡国五铢钱的正、背都有外郭（图 6）。

由于允许郡国铸钱，为了追逐利益，造成了各个郡国铸造出来的五铢钱在质量上参差不齐的现象，更何况民间私铸不绝。所以，元鼎二年（前 115 年）“郡国铸钱，民多奸铸，钱多轻，而公卿请令京师铸官赤仄，一当五，赋官用非赤仄不行。”（《汉书 · 食货志》）为了保证财政收入，开始铸造专门用于赋官纳税的赤仄五铢钱，其形制特征为：正面有外郭、穿上有一横画，背平、素面。为了推行赤仄五铢钱，汉政府采取了比较严厉的惩罚措施，《汉书 · 高惠高后文功臣表》记载道：

（侯皇柔）元鼎二年，坐为汝南太守知民不用赤仄钱为赋，为鬼薪。

（侯仲居）元鼎三年，坐为太常收赤仄钱不收，完为城旦。

由于赤仄五铢一枚币值相当于郡国五铢钱的五枚，而重量却与一枚郡国五铢相当，所以，是一种虚价的钱币，其结局如《史记 · 平准书》所言：

其后两岁，赤仄钱贱，民巧法用之，不便，又废。

元鼎四年（前 113 年），“于是悉禁郡国毋铸钱，专令上林三官铸。钱既多，而令天下非三官钱不得行，诸郡国前所铸钱皆废销之，输入其铜三官。而民之铸钱益少，计其费不能相当，唯真工大奸乃盗为之。”（《汉书 · 食货志》）上林三官五铢钱的铸地在汉长安城内的建章宫和上林苑。上林三官五铢钱形制特征：正面有外郭、穿上有一横画，背面有外郭（图 7）。它的铸造，标志着货币铸造权再次为中央政府所掌控，完成了货币铸造权的迁移。

从汉武帝元鼎四年一直到西汉末年，上林三官五铢钱的这种形制一直没有改变过，这可以从目前发现的有纪年的西汉钱范中得到证实，反映出上林三官五铢钱适合当时社会经济发展对钱币重量的需求。《汉书 · 食货志》曰：

自孝武元狩五年三官初铸五铢钱，至平帝元始中，成钱二百八十亿余云。

6 东汉 郡国五铢 上海博物馆藏

7 东汉 上林三官五铢 上海博物馆藏

白鹿皮币和白金三品

经过休养生息，汉武帝的时候，“富商大贾或滞财役贫，转毂百数，废居居邑，封君皆低首仰给。冶铸煮盐，财或累万金，而不佐国家之急，黎民困重。”（《史记·平准书》）那时国家内忧外患，对外要打匈奴、伐胡人，对内赈灾等，都需用钱，导致财政困难。“于是天子与公卿议，更造钱币以赡用，而摧浮淫兼并之徒。”（《汉书·食货志》）

是时禁苑有白鹿而少府多银锡。……乃以白鹿皮方尺，缘以藻缋，为皮币，直四十万。王侯宗室朝觐聘享，必以皮币荐璧，然后得行。（《史记·平准书》）

白鹿皮被裁成方形，镶以五彩边饰，作价四十万，规定王侯之间朝觐、聘问和献纳，都必须以此进献璧玉。

因为少府多银锡，所以，汉武帝时又造白金三品。《汉书·食货志》记载道：

又造银锡白金。以为天用莫如龙，地用莫如马，人用莫如龟，故白金三品：其一曰重八两，圜之，其文龙，名“白选”，直三千；二曰以重差小，方之，其文马，直五百金；三曰复小，椭之，其文龟，直三百。

如淳曰：“杂铸银锡为白金。”晋灼曰：“一半斤之重差为三品，此（马纹币）重六两，则下品重四两也。”

《史记·平准书》与《汉书·食货志》有相同的记载，索隐顾氏案：《钱谱》（龙纹币）“其文为龙，隐起，肉好皆圆，文又作云霞之象。”索隐：谓以八两差为三品，此（马纹币）重六两，下小隋重四两也。云“以重差小”者，谓半两为重，故差小重六两，而其形方也。索隐引《钱谱》：“肉好皆方，隐起马形。肉好之下又是连珠文也。”索隐引《钱谱》:（龟纹币）“肉圆好方，为隐起龟甲文。”按索隐引《钱谱》可知，白金三品重的龙纹币、马纹币和龟纹币都有方孔。汉代一两相当于今天 15.6 克，龙纹币重八两，相当于 124.8 克；马纹币重六两，相当于 93.6 克；龟纹币重四两，相当于 62.4 克。

无论是白鹿皮币还是白金三品，其实都是汉武帝时推行的一种虚价货币，目的在于“摧浮淫并兼之徒”，搜刮钱财，增加国家财政收入。

既然推行白鹿皮币和白金三品，便不允许妄议。当时大司农颜异就因为议论，而招来杀身之祸。

> 初，异为济南亭长，以廉直稍遣至九卿。上与张汤既造白鹿皮币，问异。异曰：“今王侯朝贺以苍璧，直数千，而其皮荐反四十万，本末不相称。”天子不悦。张汤又与异有卻，及有人告异以它议，事下正汤治异。异与客语，客语初令下有不便者，异不应，微反唇。汤奏当异九卿见令不便，不入言而腹诽，论死。（《史记·平准书》）

据报道，1986 年安徽六安一个农民在挖土时曾发现龙纹币 2 枚（图 8）、方形马纹币 1 枚（图 9）、椭圆形龟纹币 2 枚（图 10）；1990 年 10 月陕西眉县长兴镇的一个西汉窖藏里也发现龙纹币 1 枚、方形马纹币 3 枚、椭圆形龟纹币 2 枚；2015 年扬州西汉 15 号墓也出土有龙纹币 26 枚、龟纹币 6 枚，龙纹币背面为二十八宿星象符号。前面两个报道因为不存在地层关系，所以，很难确切判断它们的时代。扬州西汉 15 号墓随之伴随的出土物有釉陶壶、釉陶鼎，而一般来说，釉陶器在东汉以后才盛行。钱币上有星宿符号的，也在东汉之后。另据报道，1955 年湖南长沙燕家山岭 4 号汉墓出土有长方形和椭圆形两种冥币，长方形的平底、背微隆起，长 13.5、宽 7.7、厚 2 厘米；椭圆形者作龟壳状，平底、背微隆，长 10.5、宽 6.7、厚 1.5 厘米。因为是冥币

8

龙纹币

9

马纹币

10

龟纹币

性质，上面也没有可见的纹饰，所以，比较难以判断是否是白金三品的仿制品。

所谓的白金三品在形制上都不具有方孔，在重量上除了所谓的龙纹币接近外，马纹币和龟纹币都相差甚远。

所谓白金三品的实物背面都加盖有一个“少”的戳记，有人认为这个“少”字就是西汉的少府，少府当时是掌管皇室财产的，所以这就是西汉少府所造的白金产品。但仔细推敲这一戳记，发现这个“少”字却具东汉风格，与西汉少府的关联度不大。

所谓的龙纹币，背面有一圈符号，根据北京大学林梅村教授的解读，这一圈符号应该是草体希腊文。按照他的解释，如果所谓的龙纹币是汉武帝所铸造的白金三品之一的话，那么在它背面怎么会出现草体希腊文呢?

史书明确记载白金三品是银锡白金。经过成分测定，这些所谓的白金三品实物只含铅，不含银。事实上通过实验，银和锡是不兼容的，也不会产生银锡合金，因为熔炼银的过程中，银的熔点是961.93℃，锡的熔点是231.96℃，当银熔化成液体时，加入的锡早就成为气体被蒸发。因此，我们今天看见的白金三品实物，都为铅质，与史书记载不能吻合，其时代和真实性还有讨论的余地。如果说它是东汉的东西，那么就跟汉武帝的白金三品没有任何关联了。

> （元狩四年，前119年）有司言关东贫民徙陇西、北地、西河、上郡、会稽凡七十二万五千口，县官衣食振业，用度不足，请收银锡造白金及皮币以足用。(《汉书·武帝纪》)

根据史书的记载，白鹿皮币和白金三品制作、铸造和发行的时间应该在元狩五年之后到元鼎四年间。无论是白鹿皮币还是白金三品都是虚价货币，所以，盗铸涌起。当时的处罚是相当严重的，连王侯都不放过，《汉书·高惠高后文功臣表》:“(侯贾之）元狩五年，坐铸白金，弃市。”即使如此，也阻止不了盗铸的势头。《汉书·食货志》记载曰：

> 盗铸诸金者钱罪皆死，而吏民之盗铸白金者不可胜数。
>
> 自造白金五铢钱后五岁，而赦吏民之坐盗铸金钱死者数十万人。其不

发觉相杀者，不可胜计。赦自出者百万余人。然不能半自出，天下大抵无虑皆铸金钱矣。犯法者众，吏不能尽诛，于是遣博士褚大、徐偃等分行郡国，举并兼之徒守相为利者。

由于白金三品盗铸盛行，其名目价值与实际价值严重背离，导致了“白金稍贱，民不宝用，县官以令禁之，无益。岁余，白金终废不行。”（《史记·平准书》）

褭蹏金、麟趾金的发现

（太始二年）三月，诏曰：“有司议言，往者朕郊见上帝，西登陇首，获白麟以馈宗庙，渥洼水出天马，泰山见黄金，宜改故名。今更黄金为麟趾褭蹏以协瑞焉。”因以班赐诸侯王。（《汉书·武帝纪》）

从上面所引史料可以知道，太始二年（前95年）汉武帝在巡幸时见到了白麟和天马，为协祥瑞，将黄金改铸成麟趾形和褭蹏形两种。麟趾，指白麟足趾。褭蹏，即天马的蹄。汉武帝铸造的麟趾金和褭蹏金，是用来班赐给诸侯王的。从字面上理解麟趾金和褭蹏金不难，难的是如何将目前已经发现的西汉黄金实物与之联系起来。

上海博物馆收藏有一枚被称为“马蹄金”的黄金实物（图11），口小底大、中空、呈蹄形、蹄壁没有任何装饰，与之相同形制的马蹄金在陕西西安、咸阳、河南襄城、江苏盱眙、辽宁辽阳、新金、北京怀柔等地都有发现，这种马蹄金是否就是汉武帝协祥瑞而铸造的麟趾金或褭蹏金呢？

1973年河北定县发现了西汉中山怀王刘修的墓葬，其中出土有大小“马蹄金”各2枚、麟趾金1枚。

大马蹄金两枚形如马蹄，壁面饰以四道较为规整的横向波纹，上壁周缘以金丝掐成的纹样镶饰，主体为两周连珠纹中间夹一周珠花纹，下面为一周单线缠绕纹，上口略小于底径，一枚镶嵌玻璃薄片，底为素面，底径59×50毫米，上口径46×35毫米，前壁斜高41毫米，马蹄金垂直高度35毫米，重

11

马蹄金
上海博物馆藏

272.85 克（图 12）；另一枚上口为敞口，底面铸有一阳文“上”字，底径 58×50 毫米，上口径 53×25 毫米，前壁斜高 46 毫米，垂直高 40 毫米，重 248.02 克，与汉代一斤的重量 250 克接近（图 13）。

小马蹄金两枚（图 14），壁饰三道横向波纹，金丝掐成的单线缠绕纹有微小差别，一枚上口镶不完整的绿色琉璃面，底径 26×20 毫米，上口径 20×17 毫米，前壁斜高 21 毫米，垂直高 19 毫米，重 31.84 克；另一枚底径 26×20 毫米，上口径 20×16 毫米，镶嵌物缺失，里面露出支撑镶嵌物的四个小凸起，前斜壁高 18 毫米，垂直高 17 毫米，重 30.93 克。汉代一两重 15.6 克，两枚小马蹄金的重量相当于汉代的二两。

麟趾金一枚（图 15），掐丝贴花镶白玉面，整体似趾瓣形，中空，长斜壁，前壁斜度较大，后壁较短，上壁周缘以金丝掐成的纹样镶饰，主体纹饰为单线缠绕纹，后侧有一金丝盘成的珠花状结节，上口镶嵌一椭圆形白玉面。底部略呈椭圆形，前部略尖，后部略圆。通体经抛光后华丽精美。底径 48×15 毫米，上口径 27.5×12.5 毫米，前壁斜高 55 毫米，垂直高 34 毫米，加镶嵌面重 65.67 克。

河北定县 40 号中山怀王刘修墓葬出土的“马蹄金”，与我们通常见到的马蹄金尽管在形式上类同，但在铸造工艺和装饰工艺上却存在着很大的不同，明显出自宫廷，表明我们通常见到的如上海博物馆收藏的马蹄金相对于宫廷来

12

河北定县40号中山怀王刘修墓出土的大裹蹏金

13

河北定县40号中山怀王刘修墓出土的大裹蹏金

14

河北定县40号中山怀王刘修墓出土的小裹蹏金

15

河北定县40号中山怀王刘修墓出土的麟趾金

说，属于宫外的作品。刘修墓中出土的有大、小之分的“马蹄金”应该就是太始二年铸造的“**裹蹏金**”。

刘修嗣位中山王是在西汉宣帝地节元年（前69年），而汉武帝协祥瑞铸造麟趾金和**裹蹏**金之事发生在太始二年（前95年），显然，刘修墓随葬的马蹄金和麟趾金不是直接受到汉武帝班赐而获得的。从西汉中山王系排列来看，刘修墓出土的麟趾金和**裹蹏**金应该来源于中山康王刘昆侈太始二年受汉武帝班赐的遗传。中山康王刘昆侈在位时间是公元前110年—前89年。

2011年江西南昌西汉海昏侯刘贺墓被发现，因为它没有被盗过，完整地保留着汉代墓葬形制与随葬品，并且出土文物、其中黄金器件数量巨大，而引起轰动。墓中出土有大“马蹄金”17枚，小“马蹄金”31枚，它们与河北定县40号刘修墓出土的“**裹蹏**金”一样，所以，应该同样被称为“**裹蹏**金”。除**裹蹏**金外，海昏侯墓还出土有麟趾金25枚。

大、小**裹蹏**金面上发现分别有上、中、下三种文字，有的是铸就的，有的是錾刻的，有的则是焊接的，也有素面的（图16、17）。两枚面上有“上”

16

海昏侯墓出土的大裹蹏金

17 海昏侯墓出土的小裹蹏金

字的大裹蹏金，一枚重量是251.406克，另一枚重量是253.012克，差不多相当于汉代的一斤。北京大学和江西文物部门联合做的实验表明，裹蹏金底面有的覆盖有薄片，这些薄片分别属于四种物质，一种是软玉的，一种是铅钡玻璃，一种是蛋白石，还有一种是高铅腐蚀产物。两枚小的裹蹏金中，一枚的重量是37.923克，另一枚的重量是38.21克。如果按照汉代一两为15.6克来算的话，相当于汉代的二两多一点。另外两枚小的裹蹏金，一个重量是28.974克，一个重量是29.335克，那么也差不多是汉代的二两。而没有字的小裹蹏金重量是51.313克，要比有字的重将近20克，也就相当于三两重。当然，在称重的时候，有的上面没有加盖玉片或玻璃片，有的是加盖的，所以它们在称重上面有差落，这是很正常的。这是一点。第二点，因为当时的铸造技术不像今天这么精密，所以它们在铸造上稍有差别也是很正常的。

海昏侯墓出土的麟趾金（图18），面上有的没有玉片，有的有玉片。也分底面上有字的和没有字的两种。有字的分别有上、中、下三种，为錾刻而成。“上”字的两枚重量分别是82.53克和81.585克，“中”字的两枚是77.73

克跟 75.76 克,“下”字的一枚是 75.76 克,没有字的一枚重量为 94.111 克,没有字的显然要比有字的重得多。

海昏侯出土的褭蹏金和麟趾金与河北定县 40 号中山怀王刘修墓出土的褭蹏金和麟趾金一样，上部都装饰有花丝纹样，由赶丝文、赶珠丝圈、赶珠丝和码丝组成，这种花丝纹样分别采用掐、填、攒、焊的细金工艺。

有许多专家学者对海昏侯墓出土的褭蹏金和麟趾金上面“上”“中”“下”的意义进行了探讨，但到目前为止，还没有一个令人信服的观点或结论。

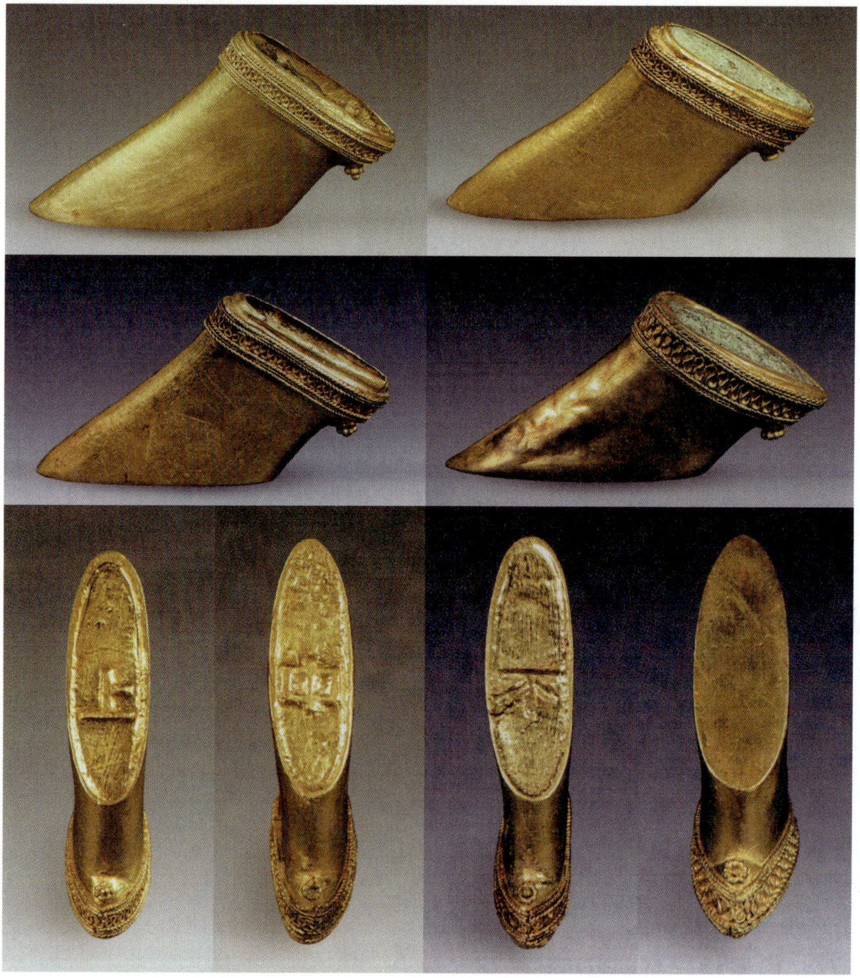

海昏侯刘贺其人

元平元年（前 74 年）四月，西汉昭帝驾崩，因为没有嫡嗣，于是，群臣推举汉武帝之子广陵王刘胥继位，但遭到了昭帝的托孤大臣、大将军霍光（霍去病的兄弟）以刘胥失去道义、是武帝昭帝都不用的人为理由反对。

元平元年，昭帝崩，亡嗣。武帝六男独有广陵王胥在。群臣议所立，咸持广陵王。王以本行失道，先帝所不用。(《汉书·霍光传》)

虽然霍光对群臣举荐广陵王刘胥继位的意见表示了反对，但心里总感到不安。有人上书说“周太王废太伯立王季，文王舍伯邑考立武王，唯在所宜，虽废长立少可也。广陵王不可以承宗庙。”（《汉书·霍光传》）霍光一听，正合自己心思，于是将这封上书发给丞相张敞等人，马上请皇太后下诏，“遣行大鸿胪事少府乐成、宗正德、光禄大夫吉、中郎将利汉迎昌邑王贺。”（《汉书·霍光传》）

刘贺本来继承了其父亲、中山哀王刘髆的爵位，在封地昌邑国享受着自己应得的荣耀，心里也蛮安逸的，但谁曾想到“天将降大任于是人也”，自己居然幸运地被选为皇帝的继任者了。所以，刘贺一接到皇太后诏书后，立即从自己的封国昌邑出发，元平元年六月，“王受皇帝玺绶，袭尊号。”（《汉书·武五子传》）刘贺由昌邑王转换成皇帝，位置变了，理应胸怀天下，勤政为民，却行淫乱事，并不听劝阻，史书说“即位二十七日，行淫乱”，弄得一手举荐刘贺当皇帝的霍光也感到忧愤，提出“昌邑王行昏乱，恐危社稷，如何？”霍光召集群臣开会商议，并见皇太后，“具陈昌邑王不可以承宗庙状”。于是，皇太后移步到未央承明殿后，召见刘贺，并禁止昌邑群臣入内，“光与群臣连名奏王”，历数狂乱失道，有违祖制之罪责，废黜了刘贺，将刘贺送回到了昌邑封地。

大将军光与群臣议，白孝昭皇后，废贺归故国，赐汤沐邑二千户，故王家财物皆与贺。及哀王女四人各赐汤沐邑千户。……国除，为山阳郡。(《汉书·武五子传》)

霍光利用手中的权力，通过皇太后，既立了刘贺，又废了刘贺。刘贺被废掉后，不仅得到了食邑 2000 户和昌邑王家的财物，而且连其姐妹也得到食邑千户。正是因为刘贺得到了王家财物，我们才能在海昏侯墓中看到其父亲、昌邑哀王刘髆太始二年受汉武帝班赐所得的裹蹏金和麟趾金遗物。后来昌邑国被废除后，刘贺住到了山阳郡。

光坐庭中，会丞相一下议定所立。广陵王已前不用，及燕刺王反诛，其子不在议中。近亲唯有卫太子孙号皇曾孙在民间，咸称述焉。光遂复与丞相敞等上奏曰："……太宗亡嗣，择支子孙者为嗣。孝武皇帝曾孙病已，武帝时有诏掖庭养亲，至今年十八，师受《诗》《论语》《孝经》，躬行节俭，慈仁爱人，可以嗣孝昭皇帝后，奉承祖宗庙，子万姓。臣昧死以闻。"皇太后诏曰："可。"（《汉书·霍光传》）

废黜了刘贺，霍光继续寻找皇帝的继位者，于是推举汉武帝的曾孙做了汉宣帝。汉宣帝是因为刘贺被废后，才做了皇帝，所以，对曾经的皇帝刘贺心存忌惮。元康二年（前 64 年），汉宣帝派遣使者令山阳太守张敞时刻关注刘贺的动向。张敞依令，将观察到的刘贺情况事无巨细地禀报朝廷：

臣敞地节三年五月视事，故昌邑王居故宫，奴婢在中者百八十三人，闭大门，开小门，廉吏一人为领钱物市买，迺宫清中备盗贼。臣敞数遣丞吏行察。四年九月中，臣敞入视居处状，故王年二十六七，为人青黑色，小目，鼻末锐卑，少须眉，身体长大，疾痿，行步不便。衣短衣大绔，冠惠文冠，佩玉环，簪笔持牍趋谒。臣敞与坐语中庭，阅妻子奴婢。臣敞欲动观其意，即以恶鸟感之，曰："昌邑多枭。"故王应曰："然。前贺西至长安，殊无枭。复来，动至济阳，乃复闻枭声。"臣敞阅至子女持辔，故王跪曰："持辔母，严长孙女也。"臣敞故知执金吾严延年字长孙，女罗紨，前为故王妻。察故王衣服言语跪起，清狂不惠。（《汉书·武五子传》）

从张敞的报告中可以看出，刘贺似乎经这么一折腾，表现得战战兢兢，谨小慎微，甚至变得“清狂不惠”了。其实，刘贺的这一切都是假象，目的在于自保。

汉宣帝闻得张敞的报告，觉得刘贺几成废人，便不再忌惮刘贺，于是：

其明年（元康三年）春，乃下诏曰：“盖闻象有罪，舜封之，骨肉之亲，析而不殊。其封故昌邑王贺为海昏侯，食邑四千户。”侍中卫尉金安上上书言：“贺天下之所弃，陛下至仁，复封为列侯。贺嚚玩放废之人，不宜得奉宗庙朝聘之礼。”奏可。贺就国豫章。（《汉书·武五子传》）

汉宣帝虽然封刘贺为海昏侯，但又接受侍中卫尉金安上的建议，刘贺“不宜得奉宗庙朝聘之礼”，也就是既不能参加祭祀祖庙的活动，也不能参加朝聘的礼仪，这对刘贺来说却是致命的一击。从海昏侯墓出土的简牍可以知道，刘贺在元鼎三年之后，与汉宣帝一直保持着联系，并通过夫人，与太后也保持着联系。

几年之后，扬州刺史与原来的太守卒史孙万世一起探望刘贺。史书记载道：

万世问贺：“前见废时，何不坚守毋出宫，斩大将军，而听人夺玺绶乎？”贺曰：“然。失之。”万世又以贺且王豫章，不久为列侯。贺曰：“且然，非所宜言。”有司案验，请逮捕。制曰：“削三千户”。后薨。（《汉书·武五子传》）

从孙万世与刘贺的对答中，我们发现，尽管孙万世的提问直入其中，但刘贺的回答也并没有什么不妥之处，但关键是他们之间的答问触犯了禁忌，所以遭到了惩罚，原来食邑不过四千户，结果被削掉了三千户，只剩下了一千户。海昏侯墓出土的《海昏侯国除诏书》曰：“……贺常与诸妻子饮酒歌炊（吹）瑟，无恐惧之心，陛下仁恩，不忍加诛，削邑户三千。”并认为“贺不悔过自责，乃恨于废大罪”，所以，提出“暴乱废绝之人，不宜为太祖。陛下恩德，宜独施于贺身而已，不当嗣后”。不久以后，刘贺就驾鹤西天了，时间在汉宣帝神爵三年（前59年）。

酎金、朝请

海昏侯墓葬中除了出土麟趾金、褭蹏金外，还出土有表面微凹的金饼385枚。因为看上去像柿子，所以，有的书上也有将金饼称之为“柿子金”的。汉代的金饼时有发现。海昏侯墓出土的金饼有素面的，也有上面有刻划文字或符号的。最有意思的是，有的金饼上面还书有墨书文字。编号为M1;1829-37的金饼（图19）上墨书文字曰：

南藩海昏侯

□臣奉元康

三年酎黄金一斤

其中提到了“酎黄金”三字。提到“酎黄金”的，在海昏侯墓出土的奏牍中也有呈现，编号M1:499-7的奏牍（图20）墨书文字写道：

……□再拜谨使陪臣行家□事仆□

……年酎黄金……两

中庶子臣□□□饶□……

……

元康四年

19

海昏侯墓出土M1:1829-37金饼

20

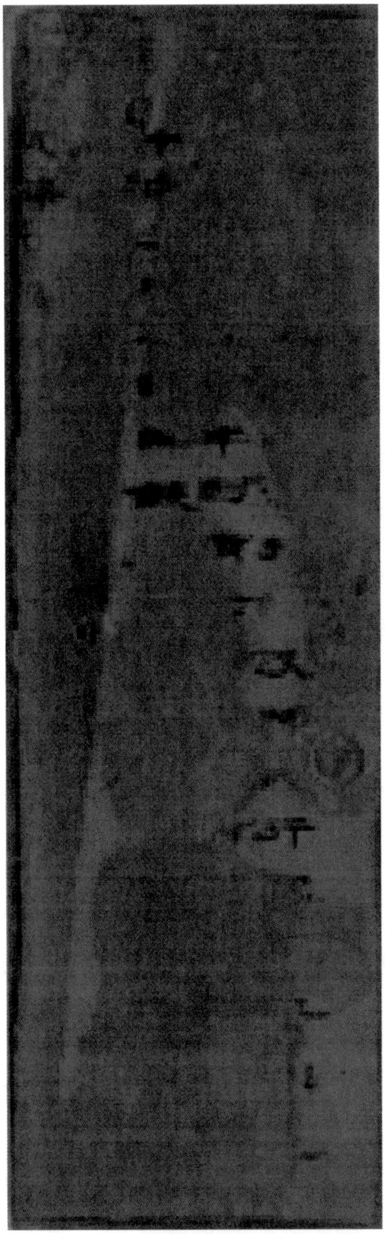

海昏侯墓出土M1:499-7简牍

宗庙献金用的。

所见西汉有重一斤的金饼之外，还有一种轻薄的小金饼。河北定县 40 号中山怀王刘修墓还出土有 40 枚锤击而成的小金饼（图 22）。小金饼厚薄不匀，一面凸，一面凹，边缘切割痕迹明显，直径 32×33 至 47×57 毫米，厚 2 至 5 毫米，重量从 42.47 至 75.78 克不等，40 枚合计重 2301.86 克，平均枚重约 57.55 克。从发表的数据表看，这些小金饼的重量不一，平均重量近似西汉三两半。这种小金饼，在 1968 年发现的河北满城汉墓里面出土 69 枚，均重 15 克左右，相当于汉代一两。1995 年 -1996 年发掘的山东长清县双乳山西汉济北王刘宽墓出土有一枚直径 3.2 厘米，重 66.5 克。这种小的金饼应该属于生前使用的。

22

河北定县 40 号中山怀王刘修墓出土小金饼

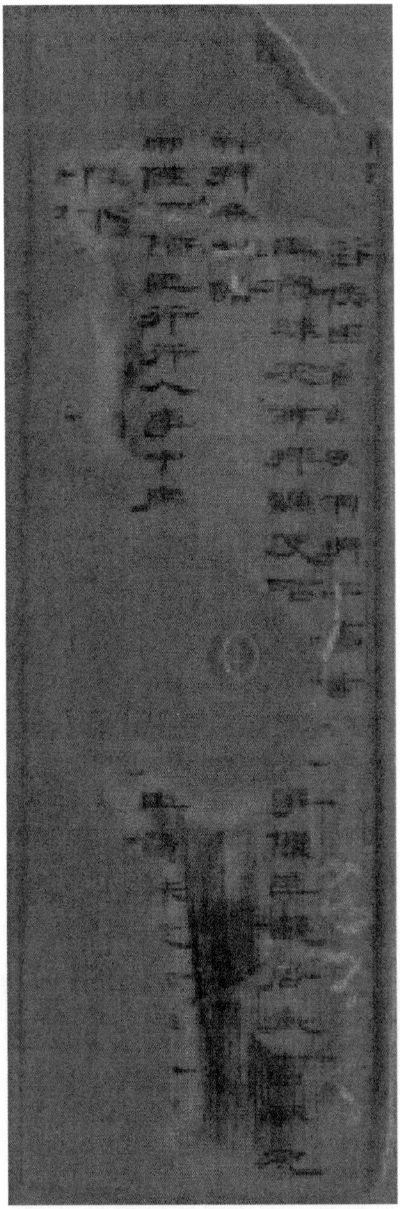

24

海昏侯墓出土M1:499-48简牍

因为“秋请”，诸侯王列侯是可以派家臣代行的。所以，海昏侯墓中出土的编号 M1:499-48 简牍文字表现出了在元康四年刘贺奏请汉宣帝，允许自己派家臣行“秋请”的意愿。

由 M1:499-48 简牍文字，我们找到了另一或与“秋请”有关的简牍（图 25）文字：

……书言

……贺再拜谨使陪臣行家丞事仆臣饶居奉书……

……再拜□以请

皇……

皇……

在海昏侯墓出土的简牍中，我们没有发现有关“春朝”的文字。

关于西汉黄金数量

我们打开《史记》或《汉书》，会看到里面有大量使用黄金的记载，特别是黄金的赏赐，动辄几百斤、几千斤、几十万斤。近代著名货币史专家彭信威先生在其《中国货币史》一书中对《汉书》中有关赐金统计的数目就达到了几百万斤，合今天 277338 公斤。所以，在人们的意识中，西汉盛行黄金，黄金使用数量极高。但事实是，从今天考古发现来看，汉代黄金出土的数量并没有我们想象的那么多。所以，有人便提出了西汉黄金消失之谜这样一个问题。

西汉黄金的获得，主要靠前代的存量、矿藏的开发和冶炼、对外贸易和战争，以及外来供奉。前代的存量包括官府的存量和民间的存量两个部分。有学者在彭信威先生统计西汉黄金赏赐数量的基础上进一步提出，终汉一代，皇帝赏赐的黄金量当在 250 吨左右。关于西汉巨量黄金的消失，原来就在学界有不同的说法，有佛寺消耗说、对外贸易说和西汉黄金系黄铜说。有学者则提出，从生产、消费、交换等环节来看，都没有导致西汉的巨量黄金消失，其原因在

25

海昏侯墓出土M1:499-48简牍

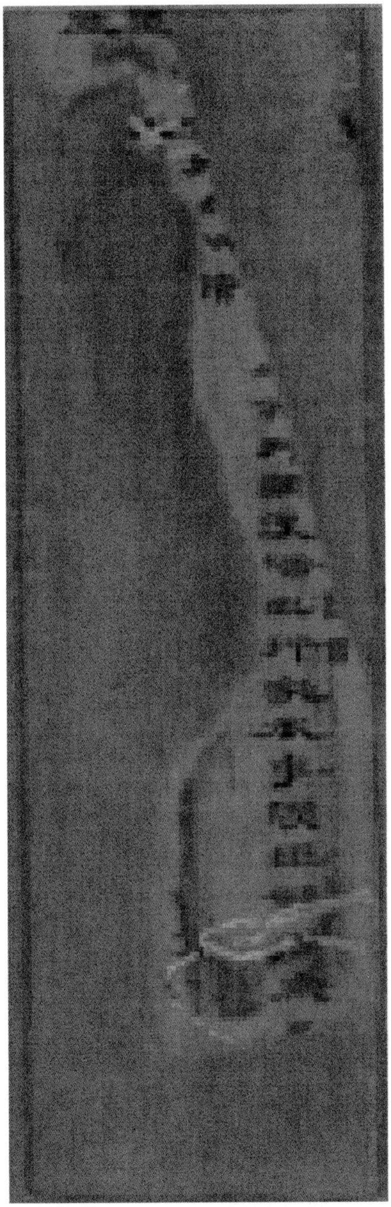

上博讲坛诞生的初衷，其实就是搭建平台，培养普通人看展兴趣、打造文博朋友圈。一边汇聚上博的英才与大家，一边联接着普通老百姓，这样的系列文博讲坛，努力传播弘扬中华优秀传统文化，也尝试丰富美好着百姓的日常生活。以讲坛为媒，将大家聚在一起，听专家的讲解，解自己的疑惑，还可通过互动来提问甚至点单感兴趣的选题……让同道人相聚在上博讲坛，相遇、相识、交流、交往，岂不乐哉?

今年，上博讲坛已是第四季了。一路走来，我们遇到过各种情况、有过不少新尝试：除线下讲座，开线上直播，尝试户外等；传播讲坛的模式也不断多元化：除纸质报，还有客户端、微信公众号、视频，此外在上博、新民、学习强国、小红书等多渠道联动。

所有的变，是为了不变：一如既往飞入寻常百姓家的初衷不变，坚守文化惠民为百姓服务的初心不变。今年也是新民晚报创刊 95 周年，这也是我们一直以来孜孜以求、努力向前的宗旨。

如今，每一次上博讲坛报名踊跃，现场坐满了人。在这里，要感谢团队所有的人，以及众多的参与者、关注者，有你们持续的努力与忠心的陪伴，才有了不断在扩容的“上博讲坛朋友圈”，我们也有了更多底气与自信，将讲坛，一次一次、一季一季更好办下去。

阎小娴
（《新民晚报》副总编辑）
2024 年 7 月 16 日

图书在版编目（CIP）数据

对话至宝 ： 上博讲坛． 第一辑 ／上海博物馆， 新民晚报主编． -- 上海 ： 文汇出版社， 2024. 8. -- ISBN 978-7-5496-4286-1

Ⅰ． G269.26

中国国家版本馆 CIP 数据核字第 2024JV9155 号

对话至宝 ： 上博讲坛第一辑

上海博物馆　新民晚报　主编

责任编辑 ／ 陈屹
装帧设计 ／ 董春洁
书名题字 ／ 刘一闻

出 版 人 ／ 周伯军

出版发行 ／ 文匯出版社
上海市威海路 755 号
（邮政编码 200041）
经　　销 ／ 全国新华书店
印刷装订 ／ 上海颛辉印刷厂有限公司
版　　次 ／ 2024 年 8 月第 1 版
印　　次 ／ 2024 年 8 月第 1 次印刷
开　　本 ／ 720×1000　1/16
字　　数 ／ 266 千字
印　　张 ／ 19.25

ISBN 978-7-5496-4286-1
定　　价 ／ 128.00 元